IT会計帳簿論

IT会計帳簿が変える経営と監査の未来

中村元彦 著
Motohiko Nakamura

東京 白桃書房 神田

はじめに

　会計帳簿は1494年のパチョリの「ズムマ」をはじめとして，長い歴史を持っている。会計学において，複式簿記の仕組みとともに，会計帳簿により財務諸表が作成されることを理解するが，会計帳簿は会計におけるインフラの位置付けにあると考えている。この会計帳簿の基本的な仕組みは歴史的に大きな変化はないが，ITという視点で考えると大きな変化が生じていると考えている。また，筆者は公認会計士として実務を行う中で，会計帳簿は単に財務諸表を作成するだけではなく，経営のために必要な情報を提供することが可能であり，適正かつ効率的に会計帳簿を作成するために，内部または外部データを利用した自動的に仕訳を計上するなどITを活用する動きを見てきている。

　本書は，ITによって作成され電子媒体に保存されている会計帳簿をIT会計帳簿とし，紙媒体によって作成され保存されている会計帳簿である伝統的会計帳簿との対比を意識しながら，法的な位置付け，歴史，内部統制・監査・経営・教育の観点からの研究を行ったものである。また，IT会計帳簿のツールである会計ソフトについても，4社にご協力いただき，発売当初からのパンフレットなどの資料をご提供いただき，歴史的変遷や機能などに関して分析を実施している。

　最近はクラウド会計などインターネット経由で銀行データやクレジットカードデータを取り込んだり，領収書などの紙の証憑からスキャナやスマホでデータを取り込んだりし，そのデータに基づき自動的に仕訳を行うことも中小企業で行われてきている。大企業では銀行データ等を購入して，債権の自動消しこみや会計における自動仕訳を行うことは一般的であったが，この動きが中小企業，特に小規模企業にも広がってきており，会計情報の活用の観点からは望ましい動きととらえている。ただし，クラウド会計の自動的に仕訳を計上しているものは，必ずしも適正な仕訳が起票される保証はなく，まだ発展途上にあると考えている。

　本書をまとめるに当たり，多くの方々からのご指導とご高配をいただいた。

ここで全員の方々の個別のお名前を記さない非礼をお詫び申し上げながら，博士課程でご指導いただいた太田三郎先生，佐藤正雄先生，水野伸宏先生，山本守之先生にこの場を借りて深く感謝の念を示したい。特に，新井益太郎先生の門下である佐藤正雄先生には，博士課程で実務家の視点で常識に固まった考えを，再構築していただくととともに，丁寧なご指導をいただいた。また，博士課程において吉田寛先生，吉田靖先生も様々な論点やアドバイスをいただき，感謝している。

　また，会計ソフトとして貴重な資料をご提供いただいた，ピー・シー・エー株式会社，弥生株式会社，株式会社オービックビジネスコンサルタント，株式会社TKCには，感謝をお伝えしたい。特に，ピー・シー・エー株式会社の水谷学社長には，他社にも資料提供について声をかけていただき，研究を進めることができた。心から感謝している。

　本書出版に当たり，白桃書房の大矢栄一郎社長には，スケジュールも厳しい中，ご対応いただき，心より御礼申し上げる次第である。

　最後に私事となるが，ここまでの日々を支えてくれた両親，仕事も含めパートナーとして支えてくれた妻，友理香に心から感謝したい。

　また，本書の出版に当たっては，筆者の所属する千葉商科大学から，平成29年度学術図書出版助成金をいただいた。ここに記して，謝辞としたい。

2018年2月
中村元彦

目 次

はじめに ……i

序章　問題提起 　1

第1章　本研究における会計帳簿に関する概念　5

第1節　会計帳簿の法的記載と概念　5
1.1　会社法　5
1.2　会社計算規則　8
1.3　企業会計原則　11
1.4　財務諸表等の用語，様式及び作成方法に関する規則　12
1.5　中小企業の会計に関する指針　14
1.6　中小企業の会計に関する基本要領　15
1.7　法人税法　16
1.8　法律等における会計帳簿に求められる相違　19
第2節　帳簿組織の概念　20
第3節　伝統的会計帳簿の概念　26
第4節　IT会計帳簿の概念　29
第5節　伝統的会計帳簿とIT会計帳簿の相違点　31

第2章　会計帳簿の変遷とIT会計帳簿の現状　33

第1節　伝統的会計帳簿の変遷　33
1.1　欧州を中心とした海外における伝統的会計帳簿の変遷　34
1.2　日本における伝統的会計帳簿の変遷　43

第2節　日本におけるIT会計帳簿の変遷 ································· 48
　　　　2.1　会計ソフトにおけるメリットとデメリット ······················· 48
　　　　2.2　会計ソフトを中心としたIT会計帳簿の変遷 ······················· 52
　　　　2.3　具体的な会計ソフトにおける変遷 ····························· 58
　　第3節　IT化の進展と会計ソフトの導入状況 ··························· 104
　　　　3.1　上場会社における会計ソフトの導入状況 ······················ 105
　　　　3.2　大会社・中小企業における会計分野のIT化の進捗状況 ······· 107
　　　　3.3　中小企業における会計分野のIT化の方法 ···················· 110
　　　　3.4　会計ソフトの導入状況に関する結論 ·························· 111
　　第4節　電子帳簿保存法から求められるIT会計帳簿 ··················· 112
　　　　4.1　電子帳簿保存法の概要 ······································· 112
　　　　4.2　国税関係書類のスキャナ保存等によるIT会計帳簿の発展 ···· 114
　　第5節　IT会計帳簿が取り込むデータの変化とIT会計帳簿への影響 ···· 118

第3章　内部統制の観点から求められるIT会計帳簿　123

　　第1節　法律で求められる内部統制 ··································· 123
　　　　1.1　会社法で求める内部統制 ····································· 123
　　　　1.2　金融商品取引法で求める内部統制 ···························· 126
　　第2節　内部統制を意識した会計帳簿 ································· 129
　　第3節　ITを意識した内部統制 ······································· 132
　　第4節　IT会計帳簿自体に求められるもの（リスクの観点） ·········· 135
　　　　4.1　会計システムの構成要素の観点による検討 ··················· 135
　　　　4.2　内部統制の観点から求められるIT会計帳簿 ·················· 146
　　第5節　内部統制の観点から生じるIT会計帳簿の問題 ················ 158

第4章　監査の観点から求められるIT会計帳簿　163

第1節　IT監査及びIT評価の概念　163
1.1　監査の概念と背景　164
1.2　IT監査及びIT評価の概念と背景　167

第2節　会計不正へのIT監査及びIT評価　172
2.1　会計不正と会計監査の発展の歴史　172
2.2　会計監査におけるITへの対応　175
2.3　内部統制の評価としてのIT評価　181

第3節　試査を前提とした監査の限界とCAATによるIT精査及びDual Trackingの実現　193
3.1　監査基準等における試査と精査　195
3.2　IT精査の実務における動きと課題　200
3.3　見積りの監査へのITの活用とDual Trackingの実現　214

第4節　深度ある監査の実現のための提言　223

第5章　経営の観点から求められるIT会計帳簿　227

第1節　会計報告のためのIT会計帳簿　227
第2節　会計情報活用のためのIT会計帳簿　231
2.1　IT会計帳簿が提供する会計情報　231
2.2　予算管理情報　232
2.3　資金管理情報　235
2.4　原価管理情報　240
2.5　業績評価情報等　242

第3節　IT会計帳簿による情報利用の発展と対応 …………………… 244
　　3.1　IT会計帳簿が具備する一般的要件 …………………………… 244
　　3.2　IT会計帳簿が保有する情報の質の変化 ……………………… 250
　　3.3　IT会計帳簿が保有する情報の量の拡大 ……………………… 254
　　3.4　IT会計帳簿と会計情報の信頼性 ……………………………… 258
第4節　経営に活用できる会計情報実現のための提言 ……………… 261

第6章　教育の観点から求められるIT会計帳簿　265

第1節　教育機関における簿記論等におけるIT会計帳簿 ………… 265
　　1.1　高等学校学習指導要領解説商業編における簿記 …………… 266
　　1.2　会計大学院コアカリキュラムにおける簿記 ………………… 272
　　1.3　教育機関における簿記の相違 ………………………………… 281
第2節　IT会計帳簿と求められる会計倫理 …………………………… 282
第3節　検定試験におけるIT会計帳簿 ………………………………… 289
第4節　会計帳簿についてIT会計帳簿を前提とした教育の課題と提言 … 296

第7章　結論　301

参考文献 …… 307

序章
問題提起

　今日の企業活動において，情報システムを利用している企業は多数を占めており，電子商取引など高度に利用しているケースも多く存在する。これは歴史的に見ると，情報システムが大型汎用機により処理する時代から，サーバー機とPC（パーソナルコンピュータ）により処理される時代に移り，高度な性能を持つハードウェアを安価で入手できることが情報システムの利用に大きな影響を与えていると考えられる。また，ソフトウェアに関しても，ハードウェアの価格低下による企業への普及が価格の低下につながっている。これは，ソフトウェアは，一度製作することによって，何度もコピーしても劣化しないという性格を有しており，規模のメリットが享受できることが影響している。さらにクラウドの利用により，従来のように自社でハードウェアやソフトウェアを所有しないことも可能となっている。このような情報システムの変化が起きる中で，会計帳簿についても，紙による会計帳簿であったものが，情報システムの利用，すなわちIT（Information Technology）化によって紙から電子へと変化している。

　会計帳簿は企業活動を簿記というツールで記録したものであり，株式会社であれば上場会社のみならず中小零細企業まで会計帳簿を備え付けている。また，株式会社のような営利企業だけでなく，公益法人や特定非営利活動法人などの非営利法人も同様である。会計帳簿という言葉は，実務の中で一般的に使われており，会社法等でも用語として使用されている。財務諸表や計算書類という法律で定められた一般的に決算書といわれる企業の活動及び財政

状況を示す財務書類を作成する基本は会計帳簿であるが，IT化に対応してどのような要件が求められるかは重要である。しかしながら，会社法において，会計帳簿の電磁的記録が明文化されており，会計帳簿のIT化自体は明らかとなっているが，この要件自体は明示されていない。

　会計帳簿がIT化していく中で，公認会計士・税理士として上場会社を中心とした金融商品取引法による会計監査業務，中小企業や公益法人も含めた税務業務，また，会計大学院での講義を行うという実務における3つの観点から疑問を感じている。第一は監査法人等の会計監査（IT監査）の観点であり，第二は経営に活用するための会計数値の観点，第三は会計帳簿に関する教育の観点である。企業における情報化の進展に合わせて，会計帳簿も紙媒体（伝統的会計帳簿）から電子媒体（IT会計帳簿）へと変化しているが，3つの観点からとらえたときに，大きな変化に対応する必要があり，このことが会計実務や監査実務の変革につながるものと考えている。

　第一に監査法人等の会計監査の観点であるが，会計監査は試査（サンプリング）によって母集団を推定する手法が原則となっている。株式会社など法人の株主や金融機関などの債権者の視点に立てば，会計帳簿の適正性のためには試査よりも精査によってすべてを検討することが望まれるが，費用対効果により実現は困難となっている。しかし，試査を行う対象の母集団が電子媒体として入手できるのであれば，対応する証憑類まで検討することはできないにせよ，母集団を直接対象としてIT精査（ITを活用した限定的な精査）が可能となるのではないかと考える。特に，不適切な会計処理が社会的にも問題となる中，会計監査は積極的にIT精査を前提とした深度ある監査を推進する必要があるのではないかと考える。また，会計情報は過去情報ではあるが，IT会計帳簿の活用により，リアルタイム監査，さらには人工知能（AI）等による予測分析の実施につながるのではないかと考えている。

　第二に経営に活用するための会計数値の観点であるが，本来，会計情報は経営に活用するために有用な情報であり，分析の実施や他社との比較も行うことが可能となる。IT会計帳簿は伝統的会計帳簿と比較すると，データの加工・再利用やシミュレーション等の機能があり，過去情報のみならず将来情報や非財務情報も扱うことができるため，優位性があると考える。また，会

計数値の根拠となる証憑等（販売データ等）の電子化も進んでおり，自動で会計データに取り込み，より早いタイミングで会計情報の入手が可能となる。さらに，通信環境の進展やクラウドの活用により，海外も含めていつでもどこでも会計記録の作成や閲覧が可能となってきている。制度面でも紙の証憑（領収書や契約書等）も制度的にスキャナ保存による電子化が認められており，電子ベースで証憑との連動ができ，管理上も電子媒体のみで完結できる。このように，IT会計帳簿の活用により経営に会計数値を活用する環境が整ってきており，この推進と，さらに自社の位置付けの把握のために，社会全体として統計情報の環境整備の必要性があると考えている。

　第三に会計帳簿に関する教育の観点であるが，簿記論などの教育において，紙媒体（伝統的会計帳簿）が基本となっており，IT会計帳簿を前提とした教育は中心ではない。簿記の学習において，仕訳の起票からはじまり，総勘定元帳への転記，試算表の作成の流れを理解するとともに，実際に練習問題などで理解をより実践的に身につける。この流れにおいて，総勘定元帳への転記，試算表における勘定科目ごとの残高集計及び試算表への転記は機械的な作業である。この作業でIT化された会計ソフトを利用すると，総勘定元帳と試算表における転記や残高の集計が自動的に行われ，ミスのチェック自体も会計ソフト側で検証することになる。また，最近は領収書等の証憑をスキャナなどで読み取り自動で仕訳作成する動きもある。その反面，例えば情報セキュリティ対策の必要や会計倫理を含めた不正・誤謬への対応などの問題もある。このため，現行の伝統的会計帳簿を前提とした教育も必要であるが，IT会計帳簿を前提とした教育を組み込む必要があると考える。

　先行研究では，沼田（1968）は，「機械記入は単に記入手段についての特殊方法」[001]と述べているが，現在のIT会計帳簿は単に記入手段から，新たな付加価値を持つのではないかと考えた。また，3つの観点で述べたように，IT会計帳簿を前提として，最近のAIなど情報化の進展や制度の変更の動向により，更なる発展につながる段階にあると考える。個別企業のみならず，社会全体においてもIT会計帳簿に求められるのは，信頼性のある情報とその情報の活

001　沼田嘉穂（1968）『帳簿組織』中央経済社，28ページ。

用であり，このためにどうするべきかを考える必要が高まっている。このような問題意識から，IT会計帳簿について研究するとともに，政策提言を行うものである。

第1章
本研究における会計帳簿に関する概念

　この章においては，まず会社法をはじめとする法律や基準等の中で会計帳簿という言葉がどのように使われているかを述べるとともに，多くの法律や基準等が正規の簿記の原則を求めている中で，先行研究として飯野（1983）の正規の簿記の原則の解釈に基づき議論を進めていく。また，沼田（1968）と同様に会計帳簿自体の定義ないし概念を示すのではなく，証憑，伝票を含むより広い帳簿組織という概念の中で会計帳簿の検討を行い，内部統制を含め管理や監査の観点を意識する。また，沼田（1968）では，手記簿記に対する機械簿記としてITの利用が述べられているが，現在では内部統制機能の組み込み，分析など経営への活用がなされ，大きく変化しており，IT会計帳簿という新しい用語を提示してこの概念を検討している。

第1節　会計帳簿の法的記載と概念

　会計帳簿については，法律の中に記載も多く存在している。まず，会社法を中心とした法律等における会計帳簿の位置付けを確認すると，次の通りである。

1.1　会社法

　会社法（平成17年7月26日法律第86号，最終改正：平成28年6月3日法律第62号）では，第432条第1項において，「株式会社は，法務省令で定める

ところにより，適時に，正確な会計帳簿を作成しなければならない。」と定めており，会計帳簿の作成が義務付けられている。また，同条第2項において，「株式会社は，会計帳簿の閉鎖の時から十年間，その会計帳簿及びその事業に関する重要な資料を保存しなければならない。」として，作成後も保管の義務を法律上，義務付けている。会計帳簿は，内部的な書類であるが，第433条では一定条件下での株主の会計帳簿の閲覧等の請求を認めているとともに，第434条では裁判所による会計帳簿の全部又は一部の提出命令も認めており，適切な保管が求められることになる。

特に，第433条第1項第2号では，「会計帳簿又はこれに関する資料が電磁的記録をもって作成されているときは，当該電磁的記録に記録された事項を法務省令で定める方法により表示したものの閲覧又は謄写の請求」を規定しており，IT化する場合は，書面と異なり閲覧又は謄写が可能となることを必要な要件として求められることになる。ここで謄写が規定されているが，第442条の計算書類及びその附属明細書の場合は株主に閲覧請求とともに謄抄本の交付請求が認められ，会社が写し（謄抄本）を作成するのに対して，会計帳簿・資料については謄抄本の交付請求は認められておらず，請求者が自ら写しを作成する必要がある[002]。

ここで，電磁的記録とは，会社法第26条第2項で，「電子的方式，磁気的方式その他人の知覚によっては認識することができない方式で作られる記録であって，電子計算機による情報処理の用に供されるものとして法務省令で定めるものをいう」としている。また，会社法施行規則（平成18年2月7日法務省令第12号，最終改正：平成28年1月8日法務省令第1号）第224条では，「磁気ディスクその他これに準ずる方法により一定の情報を確実に記録しておくことができる物をもって調製するファイルに情報を記録したものとする」とし，書面に代わるものとしての電磁的記録媒体を認めること及び電磁的記録の情報が見読可能となる機器装置を備えることを要求する規定と考えられる[003]。

---

[002] 久保田光昭（2011）「第433条（会計帳簿の閲覧等の請求）」江頭憲治郎・弥永真生編『会社法コンメンタール第10巻計算等（1）』商事法務，140ページ。

[003] 鈴木茂（2006）「電子会計帳簿の要件と帳簿組織」『自由が丘産能短期大学紀要』第39号，24ページ。

この電磁的記録の動きの背景としては，e-文書法の動きがある。e-文書法とは，正式には「民間事業者等が行う書面の保存等における情報通信の技術の利用に関する法律」（平成16年12月1日法律第149号，最終改正：平成27年9月9日法律第65号）をいう。e-文書法の第1条において，「この法律は，法令の規定により民間事業者等が行う書面の保存等に関し，電子情報処理組織を使用する方法その他の情報通信の技術を利用する方法（以下「電磁的方法」という。）により行うことができるようにするための共通する事項を定めることにより，電磁的方法による情報処理の促進を図るとともに，書面の保存等に係る負担の軽減等を通じて国民の利便性の向上を図り，もって国民生活の向上及び国民経済の健全な発展に寄与することを目的とする。」としている。

　e-文書法は，各種法令により義務付けられている書面での文書保存は，民間の経営活動や業務運営の効率化の阻害要因となると考え，IT化の進展に対応して民間の文書保存に係る負担の軽減を図るものである。企業の業務において，コンピュータを利用した業務処理が浸透しており，日常の業務は，紙ではなくディスプレイを通してデータを閲覧，処理していくにも関わらず，もし電磁的記録による保存が認められないと，法定保存義務がある文書については，書面での保存が要求されているためにやむを得ず文書を書面で出力して，保存することとなる。

　ここで，電磁的記録による保存として対象としているのは，当初から電磁的記録で作成された文書を電磁的記録で保存することのみならず，書面で作成された書類をスキャナ読み込みして電磁的記録により保存することも含まれている[004]。ただし，当該文書の内容や性格により，真実性・見読可能性を確保するための要件，すなわち改ざん防止措置等の要請の程度が異なるため，電子保存の方法等についてはe-文書法で個別に定めるのではなく，それぞれの主務省令で具体的に定めることとなっている。政令での対象外としているものとして，国税庁の電子帳簿保存法（電子計算機を使用して作成する国税関係帳簿書類の保存方法等の特例に関する法律（平成10年3月31日法律第25号，最終改正：平成19年3月30日法律第6号））のスキャナ保存がある。

004　内閣官房情報通信技術（IT）担当室編集（2005）『逐条解説e-文書法』ぎょうせい，25ページ。

なお，会計帳簿に類する言葉として，商業帳簿という言葉が商法（明治32年3月9日法律第48号，最終改正：平成26年6月27日法律第91号）第19条第2項に記載されているが，この商業帳簿は「会計帳簿及び貸借対照表をいう」としており，会計帳簿とは異なることがここから読み取れる。会社法制の現代化の中で，会社法では株式会社について第2編株式会社に会計帳簿の規定が置かれ，商法総則に存置される商業帳簿規定は適用されないため，この商業帳簿規定は個人商人のみを対象とする規定として残されている。[005]

1.2 会社計算規則

　会社法第432条第1項の法務省令の定めであるが，会社計算規則（平成18年2月7日法務省令第13号，最終改正：平成28年1月8日法務省令第1号）において，第二編が会計帳簿となっており，第二編の最初の条文である第4条第1項において，会社法第432条第1項の規定を受けて，「会社が作成すべき会計帳簿に付すべき資産，負債及び純資産の価額その他会計帳簿の作成に関する事項」は，第二編の定めるところによるとしている。この第二編自体は資産や負債の評価など会計帳簿に記載する金額に関する内容となっており，会計帳簿の具体的な記載はなされていない。また，同条第2項において，「会計帳簿は，書面又は電磁的記録をもって作成しなければならない。」として，書面のみならず，電磁的記録によるIT化が認められている。これは，会社法第433条で株主の会計帳簿の閲覧等の請求において，電磁的記録をもって作成されている場合を規定していることからも認められることになる。

　株式会社の計算書類に関して，第59条第3項で，「法第四百三十五条第二項の規定により作成すべき各事業年度に係る計算書類及びその附属明細書は，当該事業年度に係る会計帳簿に基づき作成しなければならない。」と，計算書類及び附属明細書は会計帳簿から誘導して作成することが定められている。企業における取引は会計帳簿に記録され，その集計されたものが最終的に計算書類及びその附属明細書という最終生産物という形で作成される。会社法及び会社計算規則の規定によると，最初の会計帳簿と最終の計算書類及び附

005　鈴木学（2010）「わが国における商業帳簿規定の史的考察」『龍谷大学経営学論集』第50巻第1号，21ページ。

属明細書を明示するとともに，会計帳簿に基づくことが明らかとなっている。

会社法及び会社計算規則では，適時に，正確な会計帳簿の作成を求めるとともに，書面又は電磁的記録での作成を認めるとしているだけで，具体的な記載はなされていない。会社法では第431条で，「株式会社の会計は，一般に公正妥当と認められる企業会計の慣行に従うものとする。」と規定している。ここで，「一般に公正妥当と認められる企業会計の慣行」が何を指すかが問題となるが，会社計算規則第3条では，「この省令の用語の解釈及び規定の適用に関しては，一般に公正妥当と認められる企業会計の基準その他の企業会計の慣行をしん酌しなければならない。」として，より具体的な記載となっている。

ただし，会社法上は，一般に公正妥当と認められる企業会計の基準は必ずしもひとつとは限らないという見解が通説とされており[006]，企業会計審議会または企業会計基準委員会が公表した会計基準が唯一の「一般に公正妥当と認められる企業会計の基準」ではないと考えることができる。企業会計基準委員会が公表している企業会計基準第24号「会計上の変更及び誤謬の訂正に関する会計基準」（平成21年12月4日）第5項，「会計方針の変更の分類」に関連して，企業会計基準適用指針第24号「会計上の変更及び誤謬の訂正に関する会計基準の適用指針」（平成21年12月4日）第5項において，「会計基準等」として図表1-1-1を掲げている。

弥永（2013）は，金融商品取引法の下での「一般に公正妥当と認められる企業会計の基準」にいう「一般に公正妥当と認められる」ものであるか否かは，「企業会計の基準」の内容よりも，その設定主体や設定プロセスに注目して判断されるという面を有すると考えられてきたのではないかと思われると[007]している。有価証券報告書提出会社に関しては，図表1-1-1に記載したように明確となっているところであるが，対象とならない中小企業や株式会社とは法人形態が異なる公益法人[008]などは，有価証券報告書提出会社とは異なる会計

006　弥永真生（2011）「会社法会計の現状と課題」安藤英義・古賀智敏・田中建二編『企業会計と法制度（体系現代会計学第5巻）』中央経済社，53ページ。
007　弥永真生（2013）『会計基準と法』中央経済社，917ページ。
008　公益法人会計基準（平成20年4月11日，改正平成21年10月16日，内閣府公益認定

図表1-1-1　企業会計基準適用指針第24号第5項における会計基準等

> （1）企業会計基準委員会が公表した企業会計基準
> （2）企業会計審議会が公表した会計基準（企業会計原則等を含む）
> （3）企業会計基準委員会が公表した企業会計基準適用指針
> （4）企業会計基準委員会が公表した実務対応報告
> （5）日本公認会計士協会が公表した会計制度委員会報告（実務指針），監査・保証実務委員会報告及び業種別監査委員会報告のうち会計処理の原則及び手続を定めたもの

出所：企業会計基準委員会（2009）「会計上の変更及び誤謬の訂正に関する会計基準の適用指針」，3ページより編集。

基準が適用されることが会計情報の目的からも認められる。ただし，最終的には裁判所の判断に委ねるものと解すると[009]されている。

　なお，中小企業においては，いわゆる税法基準を採用しているケースが多い。この点に関して，税法と会社法との目的は異なることから，「公正な」会計慣行であるか否かは，税法等の個々の規定及びその適用の仕方によって異なるのであって，個別的に検討を加える必要があった[010]とされている。例えば，法人税における減価償却は，国税庁が公表している耐用年数に従って，通常の実務は会計処理を行っているが，監査上も認められる。ただし，法人税上は減価償却を行わないことも許容されるが，これは会計上，認められない。

　以下において，一般に公正妥当と認められる企業会計の基準として考えられるものとして，①企業会計原則，②財務諸表等の用語，様式及び作成方法

等委員会）は公益法人会計に関する一般的，標準的な基準を示したものであるが，この「2 一般原則」において，「（2）財務諸表は，正規の簿記の原則に従って正しく記帳された会計帳簿に基づいて作成しなければならない。」と企業会計原則と同様，正規の簿記の原則に従った正しく記帳された会計帳簿を求めている。公益法人の公認会計士等による会計監査において，監査報告書上，「一般に公正妥当と認められる公益法人会計の基準に準拠して財務諸表等を作成し適正に表示」という文言を使用しており，一般に公正妥当と認められる企業会計の基準の企業の部分が公益法人に置き換えられている。
日本公認会計士協会（2016）「非常利法人委員会実務指針第34号 公益法人会計基準を適用する公益社団・財団法人及び一般社団・財団法人の財務諸表に関する監査上の取扱い及び監査報告書の文例」。
009　弥永真生（2013），988ページ。
010　弥永真生（2013），924ページ。

図表1-1-2　正規の簿記の原則の3要件

網羅性のある記録	会計帳簿に記録すべき事実がすべて，正しく記録されなければならない（記録すべきことが漏れたり架空であったりしてはならない）
検証性のある記録	記録は監査等に当たって容易に検査証明できるものでなければならない（記録は正当な証拠書類に基づき，明瞭でなければならない）
秩序性のある記録	記録は一定の法則に従って秩序正しく行わなければならない（会計帳簿から財務諸表の作成が誘導できるような組織的秩序性がなければならない）

出所：飯野利夫（1983）『財務会計論』同文舘出版，2-17ページより編集。

に関する規則，③中小企業の会計に関する指針，④中小企業の会計に関する基本要領，⑤法人税法をとりあげる。そして，この中で会計帳簿についてどのように規定されているかを検討する。③中小企業の会計に関する指針，④中小企業の会計に関する基本要領は，中小企業に関する基準であるとともに任意であることから，⑤法人税法に基づく処理も実務では行われている。

1.3 企業会計原則

　企業会計原則では，第一 一般原則の二において，「企業会計は，すべての取引につき，正規の簿記の原則に従って，正確な会計帳簿を作成しなければならない。」として，いわゆる，正規の簿記の原則による正確な会計帳簿を求めている。正規の簿記の原則について，企業会計原則での詳細な説明はないが，会計帳簿作成の原則と呼ばれるべきものであり，図表1-1-2のように，①網羅性のある記録，②検証性のある記録，③秩序性のある記録の3要件が求められている。また，この要請を満たしうる簿記法のひとつが複式簿記であるとされている。なお，記録に関する原則に加え，正当な処理を行わなければならないという要請も含められるという解釈もある。

011　飯野利夫（1983）『財務会計論』同文舘出版，2-17ページ。
012　単式簿記との対比で考えると，単式簿記は特定の資源の増減を記録し，複式簿記は取引を記録することができ，取引は仕訳として表現される。
　　吉田寛（2008）『新公会計制度のための複式簿記入門』学陽書房，40ページ。
013　飯野利夫（1983），2-18ページ。

図表1-1-3　貸借対照表の様式（抜粋）
様式第五号
【貸借対照表】　　　　　　　　　　　　　　　　　　　　　　　　　　　　　　　（単位：円）

	前事業年度 （平成　年　月　日）	当事業年度 （平成　年　月　日）
資産の部		
流動資産		
現金及び預金	×××	×××
受取手形	×××	×××
貸倒引当金	△×××	△×××
受取手形（純額）	×××	×××
売掛金	×××	×××
貸倒引当金	△×××	△×××
売掛金（純額）	×××	×××

出所：金融庁（2017）「財務諸表等の用語，様式及び作成方法に関する規則」様式第五号より編集。

1.4 財務諸表等の用語，様式及び作成方法に関する規則

　財務諸表等の用語，様式及び作成方法に関する規則（昭和38年11月27日大蔵省令第59号，最終改正：平成29年6月30日内閣府令第35号）において，会計帳簿という言葉の記載はない。なお，第1条の適用の一般原則では，金融商品取引法において，一般に公正妥当と認められる企業会計の基準に該当するものとして，企業会計審議会の会計基準及び企業会計基準委員会（ASBJ）の会計基準があることが記載されている。連結財務諸表の用語，様式及び作成方法に関する規則（昭和51年10月30日大蔵省令第28号，最終改正：平成29年5月25日内閣府令第28号）においても，同様である。

　会計帳簿に関する記載はないが，会計帳簿の仕訳において必要となる勘定科目については，様式で基本的なものを示すとともに，勘定科目に関する詳細な記載がなされている。さらに，「「財務諸表等の用語，様式及び作成方法に関する規則」の取扱いに関する留意事項について（財務諸表等規則ガイドライン）」も金融庁から公表され，そこでも詳細な記載がなされている。これは，規則の各条における具体的な規定は，いずれも表示方式を規制する方式によっており，特に，比較可能性という見地から統一的処理を期待するため

図表1-1-4　流動資産の区分表示及び流動資産の範囲

（流動資産の範囲）

第十五条　次に掲げる資産は，流動資産に属するものとする。

一　現金及び預金。ただし，一年内に期限の到来しない預金を除く。

二　受取手形（通常の取引に基づいて発生した手形債権をいう。ただし，破産更生債権等で一年内に回収されないことが明らかなものを除く。以下同じ。）

二の二　通常の取引に基づいて発生した電子記録債権（電子記録債権法（平成十九年法律第百二号）第二条第一項に規定する電子記録債権をいう。第三十一条の五，第四十七条第一号の二及び第五十一条の五において同じ。ただし，破産更生債権等で一年内に回収されないことが明らかなものを除く。）

三　売掛金（通常の取引に基づいて発生した営業上の未収金をいう。ただし，破産更生債権等で一年内に回収されないことが明らかなものを除く。以下同じ。）

（以下，十二号まで省略：筆者注）

（流動資産の区分表示）

第十七条　流動資産に属する資産は，次に掲げる項目の区分に従い，当該資産を示す名称を付した科目をもつて掲記しなければならない。

一　現金及び預金

二　受取手形

三　売掛金

（以下，十三号まで省略：筆者注）

2　前項の規定は，同項各号の項目に属する資産で，別に表示することが適当であると認められるものについて，当該資産を示す名称を付した科目をもつて別に掲記することを妨げない。

出所：金融庁（2017），第15条・第17条より編集。

の最低限の措置が必要と認められると考えられる[014]。例えば，流動資産の一部の項目[015]を対象とすると，図表1-1-3にあるように様式としての貸借対照表を

014　淺地芳年・松土陽太郎・藤田厚生（1997）『財務諸表規則逐条解説（第3版）』中央経済社，6-7ページ。
　　松土陽太郎・藤田厚生・平松朗（2010）『新版財務諸表規則逐条詳解』中央経済社では同様の記載はないが，趣旨に関する変更はないと考える。

015　項目は，規定の上で，ある種類の資産，負債，収益，費用等を他のものと区別するための総括的な呼称として用いるもので，それらと同一の性格のものが財務諸表に実際に記載されている場合にはこれを科目と呼んでいる。
　　松土陽太郎・藤田厚生・平松朗（2010），356-357ページ。
　　なお，EDINETによる開示により，EDINETタクソノミという財務報告のための電子

第1章　本研究における会計帳簿に関する概念　13

図表1-1-5　流動資産に関する留意事項

15-1　規則第15条第1号の現金及び預金に関しては，次の点に留意する。
1　規則第15条第1号の現金には，小口現金，手元にある当座小切手，送金小切手，送金為替手形，預金手形，郵便為替証書及び振替貯金払出証書等を含むものとする。ただし，未渡小切手は，預金として処理するものとする。
　なお，期限の到来した公社債の利札その他金銭と同一の性質をもつものは，規則第15条第1号の現金に含めることができるものとする。
2　規則第15条第1号の預金は，金融機関（銀行，協同組織金融機関の優先出資に関する法律（平成5年法律第44号）第2条第1項に規定する協同組織金融機関及び金融商品取引法施行令（昭和40年政令第321号）第1条の9各号に掲げる金融機関をいう。以下同じ。）に対する預金，貯金及び掛金，郵便貯金並びに郵便振替貯金に限るものとする。
　なお，預金には，契約期間が1年を超える預金で1年内に期限の到来するものを含むものとする。
15-2　規則第15条第2号の手形債権は，得意先との間に発生した営業取引に関する手形債権をいう。
15-3　規則第15条第3号の売掛金は，得意先との間の通常の取引に基づいて発生した営業上の未収入金をいい，役務の提供による営業収益で未収のものを含むものとする。

出所：金融庁（2016）「「財務諸表等の用語，様式及び作成方法に関する規則」の取扱いに関する留意事項について（財務諸表等規則ガイドライン）」15-1から15-3より引用。

示すとともに，図表1-1-4のように，第15条で範囲，第17条で科目を示している。また，対応して図表1-1-5として，財務諸表等規則ガイドラインによる留意事項が示されている。

1.5 中小企業の会計に関する指針

　中小企業の会計に関する指針は，日本公認会計士協会，日本税理士会連合会，日本商工会議所，企業会計基準委員会が主体となって設置している「中小企業の会計に関する指針作成検討委員会」が作成しているものである。この指針は，中小企業が，計算書類の作成に当たり，拠ることが望ましい会計処理や注記等を示すものという位置付けとなっており，特に，会計参与を設置している場合には推奨されている。ここでは，総論の中で，「1．中小企業の会計―計算書類の作成義務」として，「会社計算規則の定めるところにより，

的ひな形を作成しており，基本的な科目に関しては基本タクソノミの勘定科目として定められ，財務諸表の比較可能性を向上させることにつながっている。

適時に正確な会計帳簿の作成」を記載している。中小企業の会計に関する指針は，総論の「3．本指針の目的」において，「一定の水準を保ったもの」としており，一般に公正妥当と認められる企業会計の基準のひとつと考えられる。なお，中小企業の特性を考慮した簡便的な方法が設けられている場合もあり，また，会計実務では，具体的な規定が会計基準において定められていないような場合など，一定の状況下では，法人税法で定める処理が参照されている。[016]

1.6 中小企業の会計に関する基本要領

　中小企業の会計に関する基本要領は，中小企業の多様な実態に配慮し，中小企業の経営者が理解しやすく自社の経営状況の把握に役立つものとするとともに，会社計算規則に準拠しつつ，中小企業に過重な負担を課さないものとすること等を目的として策定されている。中小企業関係者等が主体となって設置された「中小企業の会計に関する検討会」が策定し，平成24年2月に公表されたものであり，中小企業庁が中心となって，普及を進めている。中小企業の会計に関する指針に比較して，簡便となっており，国際基準の影響を排除し，法人税法に従った処理を配慮したものとなっている。

　この中小企業の会計に関する基本要領では，総論の8に「記帳の重要性」として，経営者が自社の経営状況を適切に把握するために記帳が重要であるとして，次の記載がなされている。「本要領の利用にあたっては，適切な記帳が前提とされている。経営者が自社の経営状況を適切に把握するために記帳が重要である。記帳は，すべての取引につき，正規の簿記の原則に従って行い，適時に，整然かつ明瞭に，正確かつ網羅的に会計帳簿を作成しなければならない。」[017]

　この記帳の重要性に関して，中小企業の会計に関する基本要領の英文解説書では，中小企業の会計の理論的な構造として，図表1-1-6のように説明し

016　日本公認会計士協会・日本税理士会連合会・日本商工会議所・企業会計基準委員会（2017）「中小企業の会計に関する指針」，3ページ。

017　中小企業の会計に関する検討会（2012）「中小企業の会計に関する基本要領」，3ページ。

図表 1-1-6　中小企業の会計の理論的な構造

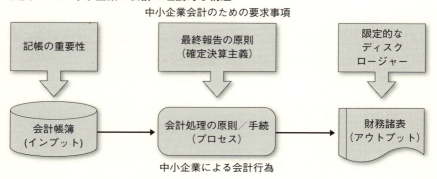

出所：Kawasaki, Teruyuki, and Takashi Sakamoto（2014）*General Accounting Standard for Small- and Medium- sized Entities in Japan,* Wiley Publishing Japan K.K., p.27 より翻訳・編集。

ており，この中でインプットにおける記帳の重要性を強調している。さらに，適切な記帳のための3つの重要な特徴として，①整然性と明瞭性（order and clarity），②正確性と網羅性（accuracy and completeness），③適時性（timeliness）[018]を述べている。

1.7 法人税法

　法人税法（昭和40年3月31日法律第34号，最終改正：平成29年6月23日法律第74号）において，会計帳簿という言葉の記載はない。法人税法施行令（昭和40年3月31日政令第97号，最終改正：平成29年11月27日政令第292号）には会計帳簿という言葉が3箇所に見られるが[019]，会計帳簿に関する説明がなされたものではない。また，法人税法施行規則（昭和40年3月31日大蔵省令第12号，最終改正：平成29年9月29日財務省令第56号）では，会計帳簿という用語は，別表の記載要領にある程度で，内容も記載する金額に関して会計帳簿に記載された金額によることを求めているものであり，会計帳簿

018　Kawasaki, Teruyuki, and Takashi Sakamoto（2014）*General Accounting Standard for Small- and Medium- sized Entities in Japan,* Wiley Publishing Japan K.K., p.26.
019　第14条の4は特定受益証券発行信託における政令で定める要件の記載であり，第141条の4及び188条は負債の利子に関して，会計帳簿に記載した資産又は負債の金額による帳簿価額であることを記載している。

図表1-1-7　青色申告書の提出の承認を受けようとする法人の帳簿の記載事項（一部）

区分	記載事項
（一）現金の出納に関する事項	取引の年月日，事由，出納先及び金額並びに日々の残高
（二）当座預金の預入れ及び引出しに関する事項	預金の口座別に，取引の年月日，事由，支払先及び金額
（三）手形（融通手形を除く）上の債権債務に関する事項	受取手形，支払手形別に，取引の年月日，事由，相手方及び金額
（四）売掛金に関する事項	売上先その他取引の相手方別に，取引の年月日，品名その他給付の内容，数量，単価及び金額

出所：国税庁（2017）「法人税法施行規則」別表二十より編集。

の説明ではない。

　ただし，法人税法施行規則第54条に「取引に関する帳簿及び記載事項」として，「青色申告法人は，すべての取引を借方及び貸方に仕訳する帳簿（次条において「仕訳帳」という。），すべての取引を勘定科目の種類別に分類して整理計算する帳簿（次条において「総勘定元帳」という。），その他必要な帳簿を備え，別表二十に定めるところにより，取引に関する事項を記載しなければならない。」と記載されている。ここでは，仕訳帳と総勘定元帳が必要であることが明示されている。別表二十に記載されている青色申告書の提出の承認を受けようとする法人の帳簿の記載事項は，図表1-1-7であるが，詳細な記載となっている。

　また，法人税法施行規則第55条に「仕訳帳及び総勘定元帳の記載方法」として，第1項で，「青色申告法人は，仕訳帳には，取引の発生順に，取引の年月日，内容，勘定科目及び金額を記載しなければならない。」と記載されている。また，第2項として，「青色申告法人は，総勘定元帳には，その勘定ごとに記載の年月日，相手方勘定科目及び金額を記載しなければならない。」と記載されている。そして，「別表二十一　貸借対照表及び損益計算書に記載する科目」において，例えば，貸借対照表に記載する科目の資産の部であれば，「現金，当座預金，預金，受取手形，売掛金，未収入金，仮払金，貸付金」などの例示がなされている。

　正規の簿記の説明は国税庁の資料においてなされており，「正規の簿記」と

は，「「資産，負債及び資本に影響を及ぼす一切の取引を正規の簿記の原則に従い，整然と，かつ，明瞭に記録し，その記録に基づき，貸借対照表及び損益計算書を作成しなければならない」との規定に基づく記帳方法」としている[020]。また，損益計算書と貸借対照表が導き出せる組織的な簿記の方式であり，一般的には複式簿記を指すとしており，さらに，法人税法施行規則第53条では，青色申告法人は複式簿記の原則に従い，整然と，かつ，明瞭に記録し，その記録に基づいて決算を行うことを求め，税制上の特別控除と関わらせて規定している。

なお，法人税における帳簿等の電磁的記録としての保存であるが，「1.1 会社法」で述べたように，電子帳簿保存法のスキャナ保存において，国税庁により別途の定めがなされている。電子計算機を使用して作成する国税関係帳簿書類の保存方法等の特例に関する法律施行規則（平成10年3月31日大蔵省令第43号，最終改正：平成28年3月31日財務省令第26号）第3条3項では，スキャナ保存の対象外の書類として，貸借対照表及び損益計算書をあげている。貸借対照表及び損益計算書を除外している趣旨は，会計ソフトで貸借対照表及び損益計算書を作成しているのに，出力したものを再度スキャナ保存すること自体は問題と考えているためである。

電子計算機を使用して作成する国税関係帳簿書類の保存方法等の特例に関する法律施行規則第四次改正の平成26年7月9日財務省令第61号では，第3条3項で3万円以上の契約書・領収書を除外していた。しかし，規制緩和の

020　国税庁（2015）「帳簿の記帳のしかた―事業所得者用―」。
https://www.nta.go.jp/tetsuzuki/shinkoku/shotoku/tebiki2012/pdf/44.pdf，2015年8月23日，9ページ。

　事業所得者用であることから，本来は所得税法の記載となるが，所得税法施行規則第58条第1項において，「青色申告者は，すべての取引を借方及び貸方に仕訳する帳簿（次条において「仕訳帳」という。），すべての取引を勘定科目の種類別に分類して整理計算する帳簿（次条において「総勘定元帳」という。），その他必要な帳簿を備え，財務大臣の定める取引に関する事項を記載しなければならない。」と法人税法施行規則と同様な記載があるため，引用している。

　また，記載の中に，「会計ソフトを利用すれば，日々の取引内容を入力するだけで，簡単に記帳できます。」という文言が入っており，国税庁としても会計ソフトの有用性を認識していると考える。

一環で平成27年度の税制改正に対応した第五次改正の平成27年3月31日財務省令第36号において，3万円以上の契約書・領収書の制限を廃止がなされている。会計帳簿に関しては会計ソフトによる会計帳簿を税務署長の承認を条件として認めており，IT会計帳簿自体を法人税上も認めている。さらに，スキャナ保存に関しても第五次改正で，3万円以上の契約書・領収書の制限が撤廃され，証憑類から計算書類まですべての電子化が認められており，帳簿組織に関して電子データとして保存・検索・抽出が可能となることは実務上も影響が大きいと考える。また，平成28年度の税制改正に対応した第六次改正の平成28年3月31日財務省令第26号において，国税関係書類の読み取りを行うスキャナについて「原稿台と一体型に限る」という要件を廃止し，スマホでの読み取りも可能とする等の改正がなされている。

1.8 法律等における会計帳簿に求められる相違

法律等による会計帳簿に求められているものをまとめたものが図表1-1-8となる。基本としては，会社法・会社計算規則が求める，適時，正確，また，一般に公正妥当と認められる企業会計の基準のひとつである企業会計原則にある正規の簿記の原則が基本となる。会社法・会社計算規則の適時について，企業会計原則では記載されていないが，平成17年商法改正で明示されたものであり，適時性を欠く記帳は人為的な数字の調整など不正が行われる温床ともなりかねず，あえて明文規定が設けられたとされている。ここで，適時とは①取引と記録，②記録と記録との時間的感覚があまり隔たらない時期（通常の時間内）に実行することをいう。網羅に関しては，正規の簿記の原則が網羅性を包含していると考えられる。

これに対して，中小企業の会計に関する基本要領や法人税法は，整然，明

---

021 和久友子（2008）「会計帳簿・計算書類等」江頭憲治郎・門口正人他編『会社法大系 機関・計算等』青林書院，415ページ。
022 尾崎安央（2011）「第432条会計帳簿の作成及び保存」江頭憲治郎・弥永真生編『会社法コンメンタール10―計算等（1）』商事法務，127ページ。
023 坂本孝司（2003）「適切な記帳を促す具体的方法」武田隆二編著『中小会社の会計』中央経済社，228ページ。

図表1-1-8　法律等における会計帳簿に求められる相違

法律等	会計帳簿に求められているもの	キーワード
会社法・会社計算規則	適時に，正確な会計帳簿	適時，正確
企業会計原則	すべての取引につき，正規の簿記の原則に従って，正確な会計帳簿	網羅，正確，正規の簿記の原則
財務諸表等の用語，様式及び作成方法に関する規則	該当なし	該当なし
中小企業の会計に関する指針	適時に正確な会計帳簿	適時，正確
中小企業の会計に関する基本要領	すべての取引につき，正規の簿記の原則に従って行い，適時に，整然かつ明瞭に，正確かつ網羅的な会計帳簿	網羅，適時，整然，明瞭，正確，正規の簿記の原則
法人税法	一切の取引を正規の簿記の原則に従い，整然と，かつ，明瞭に記録（仕訳帳：取引の発生順に，取引の年月日，内容，勘定科目及び金額を記載）	網羅，整然，明瞭，正規の簿記の原則

出所：中村元彦（2012）「IT監査下の会計帳簿論」『CUC Policy Studies Review』No.33・34, 44ページより引用・編集。

瞭が加わっている。これは，両者は中小企業を特に意識するが，中小企業の属性として，①内部統制機構がないかあっても十分に機能しない，②経営と資本が分離しておらず，経営者の専断的決定が行われやすい，③ステークホルダーの範囲が限定され，間接金融志向的行動様式がとられること等があげられる[024]。整然，明瞭は昭和49年改正前商法第32条１項に記載されていたが，企業会計原則における明瞭性の原則により当然に要請されていると解されている[025]。中小企業の属性から記帳の重要性を意識した記載と考えられる。

第2節　帳簿組織の概念

　会計帳簿について本研究は対象としているが，ここでは会計帳簿より広い

024　武田隆二（2003）「中小企業会計の見直しの必要性」武田隆二編著『中小会社の会計』中央経済社，30ページ。
025　尾崎安央（2011），124ページ。

概念として帳簿組織を検討し，帳簿組織における会計帳簿を検討する方法で進めていく。先行研究として沼田（1968）があり，ここで帳簿組織とは，簿記上の固有の帳簿に限らず，証憑，伝票をはじめ，あらゆる取引上，伝達上，記録・計算・管理上及び監査上の書類を含むものであり，すなわち，企業の経済活動のための記録書類全般に及ぶものとしている。このようにとらえることによって，例えば，取引の発生に対応する証憑から会計の記録として会計帳簿に記載され，最終的に計算書類や財務諸表の作成までを一連の流れとして把握することが可能となる。また，管理上及び監査上を意識することによって，取引からの時間の流れのみならず，計算書類や財務諸表から伝票や原始証憑まで遡ることも考慮することが可能となり，このために備えるべき要件の検討を行うことは有用と考えたためである。

ただし，沼田（1968）は，日本における実務で使用されている書類，帳簿などを収集し，これから標準的な組織と形式を求めようとしたが，その体系と原則を樹立することは到底不可能と述べている。これは，各企業はそれぞれ自己の取引形態，分課制度をはじめとする諸因襲を前提として事務書類の形式と組織を定めているからとしている。IT会計帳簿となったとしても，使用している会計ソフトは多種多様であり，企業の商慣習も統一的ではないため，先行研究と同様に，統一的な普遍原則を樹立することは困難と考え，複数の異なる場合を想定するとともに分類し，検討を進めていく。

会計帳簿であるが，簿記書で帳簿の定義ないし概念を明確に示したものはない。概念的なものとしては，「帳簿とは企業の経済活動を数値（主として貨幣金額）で継続的に記録したものをいう」という定義がある。一般的な説明で多いのは，帳簿を色々な観点から区分し，会計帳簿を説明するものである。区分として一般的なものは，すべての取引が記帳されているかどうかによって，主要簿と補助簿とに分けるものである。主要簿は，すべての取引

026　沼田嘉穂（1968）『帳簿組織』中央経済社，3ページ。
027　沼田嘉穂（1968），25ページ。
028　沼田嘉穂（1968），104ページ。
029　沼田嘉穂（1968），105ページ。
030　佐藤正雄（1998）『簿記入門』同文舘出版，212ページ。

図表 1-2-1　会計帳簿の主要簿・補助簿による区分

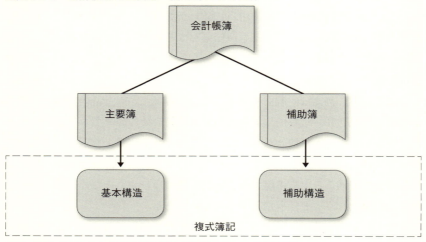

出所：佐藤正雄（1998）『簿記入門』同文舘出版，213ページより編集。

が記帳される帳簿であり，具体的には，仕訳帳と総勘定元帳との2つがある。これに対して，補助簿は，日常の営業活動を円滑に行うために，必要に応じて設けられる帳簿（補助記入帳，補助元帳）であり，具体的には現金出納帳，売上帳，売掛金元帳などがある。この区分を示したものが図表1-2-1である。[031]

沼田（1968）によると，その中で，帳簿組織の立案・設計について述べている。[032] まず企業全体の帳簿組織の設計として，①財務集計諸表（貸借対照表，損益計算書はじめその他の財務諸表，統計比率表，分類表，原価報告書など）の設計，②勘定科目表の設計，③元帳の設計，④仕訳帳の設計，⑤原始書類の設計をあげている。この5項目については，順序も意識しており，最初の項目から進めることを意識している。各項目におけるポイントは図表1-2-2の通りである。

沼田（1968）において重要な点は，会計帳簿が単独で存在するものではなく，最終成果物である財務諸表，また，取引の発生に対応して作成される証憑書類という大きな流れの中で会計帳簿をとらえているという点である。会計事象の発生を会計帳簿に記録する際に，紙媒体もしくは電子媒体としての

031　佐藤正雄（1998），212ページ。
032　沼田嘉穂（1968），37ページ。

図表1-2-2　帳簿組織の立案・設計におけるポイント

	ポイント
財務集計諸表の設計	会計の最終の結果であるから，帳簿組織の設計に当たり最初に設計が必要である。部門別，支店別などの下位集計表の作成が必要なケースもある。
勘定科目表の設計	勘定科目の設定，分類，配列を明らかにし，記号番号化（コーディング）も行うことが常である。
元帳の設計	どのような補助元帳を設けるべきか，各元帳への記載事項はどのようなものであるべきか等を検討する必要がある。転記について手記簿記と機械簿記で大きく異なり，手記簿記の場合にはなるべく手数を節約する必要がある。
仕訳帳の設計	仕訳帳は複式簿記における原始記録であり，仕訳によって取引がそのまま正しく示されることが要件であり，元帳への転記が確実にするための諸手続の設計などを行う必要がある。
原始書類の設計	複式簿記の記帳としては仕訳帳が最初の記帳であり原始簿というが，現実には取引自体について多種類の書類が作成され，また相手から送達される。これらを原始書類と呼び，法律的に証拠力が強いので，完全に保管するとともに十分に整理するなどが必要である。

出所：沼田嘉穂（1968）『帳簿組織』中央経済社，37-41ページより編集。

原始書類がなければ，現実的には仕訳の起票は行えないし，仕訳の根拠となる原始書類がない状態での仕訳の起票は行うべきではない。原始書類から計算書類や財務諸表までを情報でとらえると，情報のインプット段階からアウトプット段階までをひとつの流れでとらえることが可能となる。また，帳簿組織の設計において基本原則があるとして，図表1-2-3の7項目を述べている。

　沼田（1968）は，内部牽制制度及び内部統制制度という，現在の内部統制の基準上では広く内部統制[033]と呼ばれている仕組みを重視している。企業の規模が拡大していくと，企業の内部を課や係に分けて，業務を分担させるとい

033　企業会計審議会（2011）「財務報告に係る内部統制の評価及び監査の基準」。
　「内部統制とは，基本的に，業務の有効性及び効率性，財務報告の信頼性，事業活動に関わる法令等の遵守並びに資産の保全の4つの目的が達成されているとの合理的な保証を得るために，業務に組み込まれ，組織内のすべての者によって遂行されるプロセスをいい，統制環境，リスクの評価と対応，統制活動，情報と伝達，モニタリング（監視活動）及びIT（情報技術）への対応の6つの基本的要素から構成される。」として定義している。ここでは，内部牽制を「例えば，明確な職務の分掌，内部牽制，並びに継続記録の維持及び適時の実地検査等の物理的な資産管理の活動等を整備」として，ひとつの手段としてとらえている。

図表1-2-3　帳簿組織の設計における基本原則

項目	内容
①各企業の行っている取引をその内容によって分類すること	例えば、売上取引なら、現金売上、掛売上のような特殊取引に分類するなど、取引の種類別形態を明らかにして、その上で帳簿組織を定めることが基礎要件のひとつである。各種類の取引ごとにその発生度数を明らかにすることが考慮事項である。
②各種取引についての記帳内容・記帳方法を適正に定めること	各種の取引について必要な書類の形式、記帳内容、記帳方法並びにその集計などについての手続を立案する。なお、どのような取引でも原則として一連の原始書類(注文書、送り状、納品書など)は必要である。
③すべての取引について内部牽制制度及び内部統制制度を重視し、これを帳簿組織の中に織り込むこと	企業の内部活動についての牽制制度と統制・管理制度とは、財産の保全と適切な経済活動の上で欠くことのできない要件である。このため事務処理上、この2つの条件が最大限に行われることを目標として、帳簿組織を決定する必要がある。
④帳簿の設定を適切かつ高能率にしなければならない	記入順序から、帳簿を原始簿(仕訳帳または仕訳帳に代わる帳簿)、最終簿(総勘定元帳及び補助元帳)の2種類に分けることができる。補助元帳が多いほど総勘定元帳は集計簿となり、取引の記録は補助元帳に委ねられる。
⑤財務諸表をはじめ必要な報告書の調製を考慮のうちに入れること	財務諸表は取引の記録の重要性と並んで重要な記録であり、会計目標のひとつであり、帳簿記入の最終の集約表であることから、帳簿組織は日常の取引の適正な記録を行う上にさしつかえない限り、常に財務諸表及びその他の報告書を適切に作りうることを基礎条件とすべきである。
⑥会計監査の実施並びにそれが有効にできることを前提とすべきこと	帳簿組織の立案、実施について、内部牽制制度及び内部統制制度が十分に実行できるように仕組まれていると、内部監査もかなり楽となり、外部監査(会計監査)も試査を前提とすることができる。
⑦外部への提出書類を帳簿から容易に作りうることを前提とすべきこと	税務署への提出書類など、提出すべき報告書を規則的に帳簿などの記録から作りうることを要する。提出書類に記載された金額などの数字が帳簿記録を基礎としたものであることを、技術的に完全に示しうるよう帳簿組織が立案される必要がある。

出所：沼田嘉穂（1968），47-51ページより編集。

う分課制度を採用するが、分課制度のもとで記帳を行うと、ひとつの取引を2つ以上の係で相互に牽制させることができるようになる。この分課制度[034]

034　佐藤正雄（1998），214ページ。

図表1-2-4 帳簿組織と分課制度

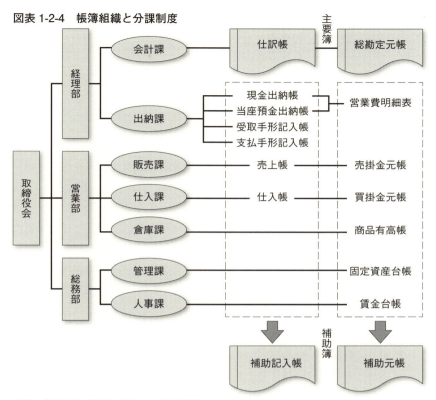

出所:佐藤正雄(1998), 214ページより編集。

と帳簿組織との関連を図で示したものが, 図表1-2-4である。例えば, 売掛金の回収時に出納係の現金出納帳に記入されるとともに, 販売係にも連絡され, 内部的な牽制が働き, 売掛金の回収金における着服や誤謬などの防止につながることになる。

ただし, 沼田(1968)において, IT化に関して機械会計として検討しているが, 単に記入手段としての特殊方法として取り扱っており, 手記入の代用にすぎないとしている。近年, 証憑書類も電子化されてきており, 財務諸表の開示も電子的な開示となり, 取引によっては取引の発生から財務諸表までが人間が介在せず完結するケースも生じている。また, 内部統制に関しても, IT特有のリスクが生じるとともに, ITを活用することによって効率的・有

効的に内部統制を構築することが可能となっている。このような変化の中で，IT化への対応に関しては検討していく必要がある。

第3節　伝統的会計帳簿の概念

　会計帳簿について，ここでは伝統的会計帳簿とIT会計帳簿という2種類に大きく分類して議論をしていく。まず，伝統的会計帳簿であるが，紙媒体によって作成され保存されている会計帳簿とする。会計業務に関して，IT化がなされていない状況ではすべてを紙媒体で対応することとなり，簿記の学習では，会計事実からはじまり，伝票もしくは仕訳帳，主要簿及び補助簿の起票，記入や転記や集計の実施等を習得する。例えば，簿記の検定試験としては，毎年多くの受験者が受験する日本商工会議所における簿記検定があるが，商工会議所簿記検定試験出題区分では，会計帳簿に関して図表1-3-1のような記載となっている。ここでの記載は，紙媒体を前提としていると考えられ，出題された問題にも元帳の締切処理や伝票の作成などの問題がある[035]。

　伝統的会計帳簿における取引の成立から決算書までの手作業における流れは，伝票と仕訳帳の違いにより差異が生じる。仕訳を記入する帳簿には仕訳帳があるが，実務においては，仕訳帳に代えて，仕訳伝票を利用することが多い[036]。伝票の歴史は古く，入金伝票，出金伝票及び振替伝票の用語は，明治時代から銀行をはじめ金融業の常用語の観があるとされる[037]。このように両者の違いは仕訳の起票を伝票によるか仕訳帳によるかにあり，基本的な流れに相違は生じない。伝票と仕訳帳における取引の成立から決算書の作成までの流れは，図表1-3-2及び図表1-3-3になると考えられる。

035　TAC簿記検定講座（2010）『合格するための過去問題集 日商簿記3級』TAC出版。第118回の第4問では，出金伝票，入金伝票，振替伝票の起票を行う問題が出題されている。また，第119回の第4問では，受取家賃勘定（標準式）の期首から決算締切までの記入の出題がされている。
036　佐藤正雄（1998），221ページ。
037　沼田嘉穂（1968），145ページ。

図表1-3-1　簿記検定試験における会計帳簿関連の記載

第一　簿記の基本原理	
4．帳簿	ア．主要簿（仕訳帳と総勘定元帳） イ．補助簿（記帳内容の集計・把握）
5．証ひょうと伝票	ア．証ひょう イ．伝票（入金，出金，振替の各伝票） ウ．伝票の集計・管理
第三　決算	
1．試算表の作成	
2．精算表（6桁）（8桁）	
4．収益と費用の損益勘定への振替	
5．純損益の振替	ア．資本金勘定への振替 イ．繰越利益剰余金勘定への振替
7．帳簿の締切	ア．仕訳帳と総勘定元帳（英米式決算法） イ．補助簿
8．繰越試算表	
9．損益計算書と貸借対照表の作成	（勘定式）（報告式）

出所：日本商工会議所（2017）「商工会議所簿記検定試験出題区分表」より編集。
https://www.kentei.ne.jp/wp/wp-content/uploads/2017/03/h29shokai1-3.pdf，2017年9月17日。

　図表における証憑書類としては，契約書や注文書，納品書，請求書，領収書などがあげられるが，取引の相手方との間で，自社が作成者となる場合と取引の相手方が作成者となる場合がある。これは売買における売り手であるか買い手であるかで考えると理解しやすいと思われる。また，決算手続であれば，取引の相手方がおらず，企業内部で完結することもあり，この場合は稟議書や場合によっては計算過程などを記載したメモ的なものであることもあり得る。図表では，決算手続を流れとしているため，別に記載しているが，決算手続においても同様に，決算整理仕訳では取引の成立からの一連の流れを踏まえており，そこに締切処理が加わることとなる。

　証憑書類の職能として，沼田（1968）によると，下記の4点を述べている。[038]

038　沼田嘉穂（1968），72-73ページ。

図表 1-3-2　伝票使用時の取引の成立から決算書の作成までの流れ（伝統的会計帳簿）

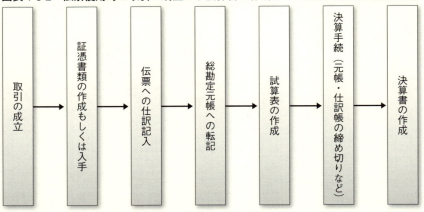

出所：中村元彦（2013）「IT会計帳簿と内部統制の諸問題」『CUC Policy Studies Review』No.35, 29ページより引用。

図表 1-3-3　仕訳帳使用時の取引の成立から決算書の作成までの流れ（伝統的会計帳簿）

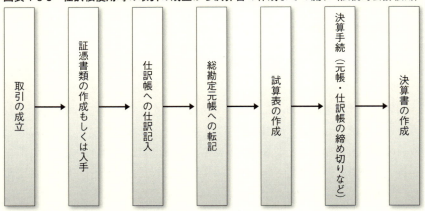

出所：中村元彦（2013），29ページより引用。

① 取引の発生から終了に至る一連の経過を記録によって明らかにする。なお，取引の証拠を後日に残す。
② 取引によって誤り，不正などをなくし，また責任の所在を明らかにする。
③ 企業と相手方または企業の内部の担当者に取引の伝達を行う。
④ その後の会計記録の基礎資料を提供する。

さらに，証憑書類のみならず，伝票や帳簿という会計書類をも含めて，帳簿組織上の書類における標準化の重要性を述べている。書類の種類・形式・記載内容などが標準化されると書類が明瞭となり，見やすくなり，また記入が単純化される。IT化では決められたものを決められた通りに処理することからも，この点は，IT会計帳簿においてはより重要となる。

　図表1-3-2及び図表1-3-3では主要簿の記載のみであり，補助簿の関係がわかりにくいため，この点を補足する。主要簿は，すべての取引が記帳される帳簿であり，流れとしては主要簿が中心となる。しかし，補助簿は，例えば現金出納帳，売上帳，売掛金元帳などのように，日常の営業活動を円滑に行うために，必要に応じて設けられる。そして，補助簿に記入される明細をそのまま主要簿に記載することもあるが，多くは会社で定めた一定の範囲で補助簿に記入された合計金額を仕訳として記入，もしくは元帳に記入される。このことからも，主要簿や補助簿という区分より会計帳簿としてとらえ，必要に応じて現金出納帳などに詳細の記入を行い，仕訳や元帳の明細がわかるものを作成していると考えて議論を進めていく。

第4節　IT会計帳簿の概念

　伝統的会計帳簿に対して，IT会計帳簿は，ITによって作成され電子媒体に保存されている会計帳簿とする。ここで，電子媒体に保存としていることは，伝票もしくは仕訳帳，総勘定元帳を紙で出力するかどうかは問わないことを示している。あくまでも電子媒体に保存がなされているかであり，保存されている状態を紙で出力するか画面で表示させて閲覧するかは利用者によって異なると考える。また，ITによってとしているのは，ITによる仕組みがあることを前提としている。例えば，表計算ソフトを利用して仕訳の合計額を勘定別に集計し，各元帳に入力するようなケースは，実態として電卓の機能を有しているにすぎず，ITによっているということはできない。マクロや計算式を組み込むことによって，各元帳に合計額が自動的に転記される等のように，ITによって集計作業や転記作業が行われることが少なくとも必要となる。

通常，会計ソフトやERPと呼ばれる会計に関するソフトウェアを利用することがIT会計帳簿では一般的であり，金額もソフトウェアの機能やカスタマイズの有無により大きな差が生じる。会計ソフトの利用における取引の成立から決算書の作成までの流れは，図表1-4-1になると考えられる。図表1-3-2及び図表1-3-3では仕訳を伝票もしくは仕訳帳に記入し，総勘定元帳への転記や集計したものを試算表へ転記する作業が発生する。これに対して，図表1-4-1のIT会計帳簿では仕訳データを入力すると，会計ソフト自体で転記や集計作業を自動で行うため，人間による転記や集計作業が不要となる。

　伝統的会計帳簿からIT会計帳簿としてシステム化された仕訳入力では，貸方科目・借方科目の欄を独立させて仕訳時に発生する誤謬の発見を容易にする[039]。そして，借方と貸方の金額が合計で一致しているかなどチェック機能も通常の会計ソフトには装備されているので，単純な記入ミスの問題も回避することができる。さらに，元帳・仕訳帳の締切りなどの決算手続も会計ソフト側で実施するのが一般的である。なお，別のシステムからデータを受取り，人手を介さず仕訳データを作成するケース（自動仕訳）もある。

図表1-4-1　会計ソフト使用時の取引の成立から決算書の作成までの流れ（IT会計帳簿）

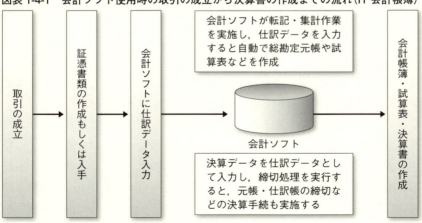

出所：中村元彦（2013），30ページより引用。

039　吉田寛（2008），41ページ。

第5節 伝統的会計帳簿とIT会計帳簿の相違点

　伝統的会計帳簿でもIT会計帳簿でも，会計帳簿として求められるものは同じであり，「1.3 企業会計原則」で述べたように正規の簿記の原則により，①網羅性のある記録，②検証性のある記録，③秩序性のある記録の3要件が満たされていなければならない。加えて，適時・正確も会社法で求められるが，これも伝統的会計帳簿でもIT会計帳簿でも変わりはない。ただし，同じ会計帳簿といいながら，両者の間には情報の保管されている媒体に差が生じており，また，統制に関する方法も大きく異なっている。

　伝統的会計帳簿では，手書きの会計帳簿の作成から決算書の作成までが可視化されており，決算書が会計帳簿に基づいて作成されていれば，会計帳簿の作成作業自体が決算書の作成作業であり，言葉を換えれば，決算書を作成した結果として必ず紙（書面）としての会計帳簿が残ることとなる。このことは，直接，肉眼で書面を確認することが可能となるため，理解がしやすいということができる。そして，作成された会計帳簿を保存することによって，検証が可能，すなわち監査を行うことが可能となる。また，手書きの会計帳簿であれば，作成後の改ざんは痕跡が残る可能性が高い。

　このように，伝統的会計帳簿としての特徴は，①書面で決算書の作成までの流れを確認できるという理解の容易性，②改ざんの困難性，③監査による検証可能性という3つの特徴をあげることができる。また，会社内部における牽制ということを考えると，通常，伝票の作成時に作成者や承認者による押印等によって，誰が作成し，誰が承認したかが会計帳簿において残されている。このため，取引が適切に会計記録となっているかが，各仕訳に対して会計帳簿の記録の面からも検証することが可能になると考えられる。このような内部牽制や承認手続という統制面からも，適切に運用されていれば，会計帳簿自体にその仕組みが内包されているということができる。

　これに対して，IT会計帳簿では図表1-4-1で示したように，伝統的会計帳簿とは取引の成立から決算書の作成までの流れが大きく変化し，会計帳簿としての性格も変化していると考えられる。IT会計帳簿は，ITによって作成され電子媒体に保存されている会計帳簿と述べたが，第一に，媒体が紙媒体から

電子媒体へと変化しており，第二に処理の過程が手作業から自動化されるとともに，複式簿記の機能を活用した統制（コントロール）がITの中に組み込まれている。

　このため，伝統的会計帳簿と対応したIT会計帳簿としての特徴は，①媒体が電子媒体となるとともに処理の自動化によって，直接，目視により決算書までの流れを確認することができず，紙への出力もしくは画面での表示によって，結果について見読が可能となるという点，②改ざんの容易性が伝統的会計帳簿より高まる点，③監査による検証可能性のためには一定の条件が必要となる点という3つの特徴をあげることができる。③として監査による検証可能性のためには一定の条件が必要と述べたが，例えば，伝統的会計帳簿で会社内部における牽制として，伝票の作成時に作成者や承認者による押印等に対応する仕組みがIT会計帳簿になければ統制面では弱くなってしまい，監査の検証可能性が低くなってしまう。会計ソフトに仕訳データを入力する前に紙の伝票を作成し，承認手続を実施しても，その通りに入力されていなければ意味はなく，統制と監査による検証可能性は密接な関係がある。このため，IT会計帳簿の妥当性を担保するためには，利用している会計ソフトなどのITに関する統制面，すなわち内部統制を十分に検討しなければならない。

第2章
会計帳簿の変遷とIT会計帳簿の現状

　伝統的会計帳簿は，1494年のパチョリの『ズムマ』が世界最古の複式簿記書としてあげられる。本研究において不正や誤謬に対する内部統制という観点からの検討を行ったところ，この時代にも内部統制の考え方があることが判明した。これは，江戸時代の商家の帳合法でも同様である。IT会計帳簿としてツールである会計システムや会計ソフトの変遷については，先行研究である今井（1991a，1991b）が歴史的な流れで三形態を示しているが，一定のシェアを保有する4社の会計ソフトで調査したところ，会社の規模や複雑性に応じて三形態に対応した製品を並存して販売していることが判明した。また，4社の会計ソフトの機能等における変遷を中心に検討したが，4社とも，本研究のような形では自社もしくは外部における変遷の検討は今までないと述べており，出力帳票や機能等の変遷に関する初めての分析であると考えている。また，税務面での電子化の動きが電子帳簿保存法として進んできており，この影響も検討する。

第1節　伝統的会計帳簿の変遷

　序章の問題提起において，会計帳簿を伝統的会計帳簿とIT会計帳簿という2種類に大きく分類しているが，歴史的には紙媒体によって作成され保存されている会計帳簿の期間が長く，現在でもIT会計帳簿と並存している。この

伝統的会計帳簿についてどのような歴史があるかについて，まず検討していく。また，歴史的に変遷していく中で，帳簿体系がどのように変わってきているか，作成の目的がどのような点にあるかを検討する。さらに，現在でも問題となる誤謬・不正への対応を内部統制という点からどのように会計帳簿において意識しているか，経営にどのように活用していくかという観点を意識して検討する。

1.1 欧州を中心とした海外における伝統的会計帳簿の変遷
（1）パチョリ簿記論における帳簿体系

　1494年のパチョリの『ズムマ』は世界最古の複式簿記書として[040]，また会計学の不朽の文献として有名であるとされている[041]。また，近代会計の発足点がパチョリ簿記とされている[042]。パチョリ簿記論では主要3帳簿としており[043]，時刻順に大小すべての取引を記録する帳簿である日記帳，仕訳帳，元帳からなる。商人達には，帳簿が全部満たされなくとも，年1回は帳簿を決算するように習慣付けられているものが多いとあり[044]，制度としてではないにしても現代と同じく年度の決算に当たる習慣があると考えられる。また，つまらぬ理由だけから，二重帳簿を保有している人が多いという記載があり[045]，不正の問題もこの当時にも同様に存在していることがわかる。

　日記帳は時刻順に大小すべての取引を記録する帳簿と説明されているが，取引量が増大したため必要となったとされており，ブレスチャ産の白い布を20

040　最も早い複式簿記の例は，イタリアの商人であるリニエリ・フィニー兄弟商会の帳簿（1296年）か，ファロルフィ商会の帳簿（1299〜1300年）だとされている（ジェイコブ・ソール（2015）『帳簿の世界史』村井章子訳，文藝春秋，34ページ）。
041　パチョリ（1975）『パチョリ簿記論』本田耕一訳，現代書館，41ページ。
042　世界最初の複式簿記文献は，1458年8月25日に，ラグーサ出身のベネデット・コトルリによって執筆された「商業技術の本」であるとされている。しかし，「コトルリ簿記論」と呼ばれている部分は約5頁にしかすぎず，短く簡単な解説にとどまっている。片岡泰彦（2012）「複式簿記の生成・発展と「パチョーリ簿記論」への展開」千葉準一・中野常男編『会計と会計学の歴史（体系現代会計学第8巻）』中央経済社，42ページ。
043　リトルトン（1952）『会計発達史』片野一郎訳，同文舘出版，3ページ。
044　パチョリ（1975），73ページ。
045　パチョリ（1975），75ページ。

反仕入れる場合の記載を具体的な記載の方法として次の記載がなされている。「この日に，われら，またはわたしは，ブレスチャのフェリボ・デ・ルフォニ氏から，ブレスチャ産白布を20反仕入れた。それらは聖ステファノ・タリア・ピエトロ氏等の倉庫に貯蔵され，契約では，1反がいく尋ある。1反当たり幾ダカット。ある数字が付いている。3撚糸製かどうか，4から5尋の方形で広幅か狭幅，高級品か中級品か，ベルガモ産かヴィヂェンツア産，ヴェロナ産，パトヴァ産，フィレンチェ産またはマンツア産かを述べる。全額現金取引か，一部現金，一部掛払いか述べる。決済日はいつか，支払は一部現金で一部商品かどうかを述べる。[046]」。ここから，すでに現金主義ではなく発生主義によって複式簿記が行われていることがわかる。

　この日記帳は現在の実務では使用されていない。日記帳はまもなく仕訳帳に合併され，必要に応じて仕訳に日記を付し，これを小書きと呼ぶようになっている[047]。ただし，現在でも仕訳帳という言葉だけではなく，仕訳日記帳と呼ぶこともあり，日記帳の要素は現代にも引き継がれていると考えられる。日記帳は取引の発生順にわかりやすく記載することが求められており，もし最初に日記帳に記入していなければ，決して仕訳帳に記入してはいけないとされており，取引→日記帳→仕訳帳という流れとなっている[048]。現在は，この流れが取引→仕訳帳となっており，小書きや商品有高帳などの補助簿で必要な情報を記載することとなる。

　仕訳帳では，「借方」「貸方」が使われており，具体的な仕訳帳記入の形式として次の記載がなされている。ここで，現金はお金または財布，資本は所有する財産の大量の集積のすべてを意味している。「1493年11月8日，ヴェニスにて　第一　「借方」現金：「貸方」私の資本，わたしは現在某所に現金保有　第二　「借方」多種の宝石：「貸方」資本[049]」。記載の方法は勘定科目の差異があるが，「借方」「貸方」の記載があり，現在の複式簿記書における原型が既にこの時点で形成されていることが具体的な記載からも理解できる。ま

046　パチョリ（1975），77ページ。
047　沼田嘉穂（1968）『帳簿組織』中央経済社，107ページ。
048　パチョリ（1975），79ページ。
049　パチョリ（1975），84-85ページ。

た，現在の複式簿記でも元帳への転記のミスが重要であるが，この点に関し，ひとつずつ日記帳の仕訳帳への転記がわかるように，／のような，ある１本の斜線で日記帳を抹消することが述べられており，この当時もミスの防止のための工夫がなされていることがわかる。

　日記帳，仕訳帳に続き，元帳であるが，流れとしては，取引→日記帳→仕訳帳→元帳という流れとなる。仕訳帳から元帳への転記であるが，帳簿は借方と貸方が同額でなければ締め切ることはできない[051]としており，現在の複式簿記と同様に貸借が一致するという自動的に誤りを発見する仕組みがすでに組み込まれていることがわかる。当時における取引にどの程度複雑なものがあるのか気になるところであるが，例えば，商品仕入について支払手段として，現金払い，掛払い，手形振出し，銀行振替払い，商品払いの単独もしくはこれらの組合せにより13種類を挙げており，仲介料も当時にあることが[052]示されていることから，複雑な仕訳が起票されていることが推測できる。この当時は，個人事業主となるため，資本と経営の分離，さらには家計との分離もなされておらず，利益の計算が目的と考えられる。

　なお，元帳のすべての勘定を１枚の紙に移して，借方金額の総計と貸方金額の総計とが等しいかどうか調べてみて，両者が等しいときは，元帳が秩序正しく記帳されているという，合計試算表に当たるものをスンマ・スンマリューム（合計の総計）として述べている[053]。日記帳，仕訳帳，元帳は例示の記載があるのに対して，スンマ・スンマリュームの例示はないが，内容から現代の合計試算表と考えられる。元帳の記帳におけるチェック機能を果たすことにより，帳簿の正確性や網羅性がより高まることとなる。13から15世紀の実際の商人の帳簿で試算表が見出せないのは，誤りのないことが検証されれば役割を終え，おそらくその時点で破棄されたからだという考えがある[054]。

050　パチョリ（1975），86ページ。
051　パチョリ（1975），92ページ。
052　パチョリ（1975），117ページ。
053　渡邉泉（2014）『会計の歴史探訪』同文舘出版，96ページ。
054　渡邉泉（2014），98ページ。

(2) パチョリ簿記論における誤謬・不正への対応

　日記帳, 仕訳帳に記載する内容について根拠として証憑等を求めることは現代と同様, この当時でも望まれていると考えられ, 例えば, 銀行に金を預ける場合, より安全のために, 手書きの領収書を銀行から貰うことが述べられている[055]。他にも, すべての商業帳簿にはページ数と記号を付けることや, 送った商品の受領書, 輸入の関税を計算した商品の証書等の記載もある。また, 日記帳の仕訳帳への転記忘れを防ぐための消し込みや借方と貸方が同額でなければ締め切ることはできないことは「(1) パチョリ簿記論における帳簿体系」で述べたとおりである。この他に, 不正を意識して, 元帳が書きふさがったときの元帳勘定の繰越方法として, 他の全部の勘定の後に勘定を移すが, 元帳のこの移された勘定と, 他の勘定の最後との間に, 余白を残してはならない[056]としている。このように余白にまで触れて注意を促しているのは, このような不正が実際にこの当時に発生していたからと考えることができる[057]。

　帳簿の記載誤りが実務上において生じる可能性はあるが, この点について下記のような方法を提示している[058]。これは帳簿の正確性の担保を図るためのものとなっている。

① 　誤って間違えた場所に記入された記入を訂正する方法（差戻し法）として, 例えば間違って借方欄に転記された金額について, 反対側の貸方に同じ金額を記入して,「某日, ここの反対に借方記入された金額は, このページに貸方記入されるべきである。何ページ」のように記入し, 誤った記入

055　パチョリ（1975）, 133ページ。
056　パチョリ（1975）, 144ページ。
057　パチョリ簿記論では,「商人はどの帳簿の初めでも, 主イエスの御名を記して業務を始めるべきで, 常に心の中に尊い神の名を留めるべきである。」として, 信仰による不正の防止を求めている。パチョリ（1975）, 62ページ。
　　この点について,「記帳に誤りや不正がないことを担保するために, 中世のキリスト教社会では, 帳簿の初めに十字架とともに「神の名において, アーメン」（In Nome di Dio,Amen）と書き込み, 帳簿の正確性を担保するために神の力を借りていたということができる。」「帳簿の中から十字架や神への誓いの言葉が消えていくのは, 16世紀後半から17世紀に入ってからのことである。」との記載がある（渡邉泉（2016）『帳簿が語る歴史の真実』同文舘出版, 20-21ページ）。
058　パチョリ（1975）, 150-153ページ。

第2章　会計帳簿の変遷とIT会計帳簿の現状　37

図表2-1-1 パチョリ簿記論における不正・誤謬対策と利用可能性

No.	項目	現在における適用可能性
1	すべての商業帳簿には，ページ数と記号を付ける	○
2	日記帳，仕訳帳に記載する内容について根拠として証憑等を求める（商品の受領書，輸入の関税を計算した商品の証書等）	○
3	日記帳の仕訳帳への転記がわかるように，／のような，ある1本の斜線で日記帳を抹消する	該当なし
4	仕訳帳から元帳への転記において，帳簿は借方と貸方が同額でなければ締め切ることはできない	○
5	元帳勘定の繰越方法として，元帳の移された勘定と，他の勘定の最後との間に，余白を残してはならない	○
6	記入を訂正する方法として，反対側（借方もしくは貸方）に同じ金額を記入するとともに正しい箇所を記入し，誤った記入についてはX印か他の記号を付ける	○（訂正として，削除ではなく逆仕訳）
7	新しい元帳に勘定を繰越す際に，仕訳帳の最初の記入から記入されている元帳のページ数を，助手に読み上げさせ元帳との一致を確認	該当なし
8	仕訳帳の中の記入と，元帳のそれが同じとわかったら，チェック・マークか点か，または適当なしるしを，金額の上などに書く	○

出所：パチョリ（1975）『パチョリ簿記論』本田耕一訳，現代書館，74・84-86・92・133・144・150-153ページより編集。

についてはX印か他の記号を付ける。
② 新しい元帳に勘定を繰越す際に，「帳簿の審査」として，仕訳帳の最初の記入から記入されている元帳のページ数を，先に借方を，次に貸方を，助手に読み上げさせ元帳との一致を確認する。
③ 仕訳帳の中の記入と，元帳のそれが同じとわかったら，チェック・マークか点か，または適当なしるしを，金額の上などに書く。そして，仕訳帳の確認を終えた後で，元帳の借方または貸方に，まだ突き合わされていないある勘定か，記入が見つかったら，元帳に誤りが行われていることが判明する。

誤謬や不正の問題が当時も存在していることが上述の記述からもわかるが，それと同時に帳簿の正確性の担保を図るための内部統制の考え方が取り

込まれていることもわかる。この当時は貸借対照表や損益計算書などの財務諸表が作成されていないが，損益勘定により利益は算定することが可能であり，帳簿管理の重要性は当時と現在でも変わりはない。すべての帳簿にページ数と記号を付けることを記載しており，何者かが詐欺行為をしようとすれば，そのうちの1ページをちぎり捨て得ると詐欺行為は日付によって発見できないとしている。このように，記帳のルールを明示するとともに，チェック・マークなどの網羅性のための方法や証憑等の根拠の要求など図表2-1-1に記載のように現在にも当てはまるものが多く存在している。

(3) パチョリ簿記論後における帳簿体系の変化

パチョリ簿記論は今日の簿記の神髄が立派に取り込まれており，またこの背景にあるのは実務における必要性にあると考えられる。パチョリ簿記論が書かれた時代は現在のような株式会社形態は存在していない。この後，株式会社制度により所有と経営の分離と所有の分散がもたらされ，さらに大規模な株式会社の出現となる。これに合わせて，15世紀末において世に知られていながらその後長く停滞していた簿記が，19世紀末になって大躍進をみるようになった。パチョリの時代は個別的に損益の計算される委託販売・組合販売の集積であったが，固定資本を大規模に使用することとなり事業の期間利潤計算を昔に比べて著しく困難としたことが簿記の進歩をうながしたとされる。

会計の職能は，責任の所在を明らかにし，詐偽不正を予防し，産業を指導し，出資者の持分を決定し，経営上の最も本質的な問題である「期間利益」

059　パチョリ（1975），228ページ。
060　パチョリ（1975），74ページ。
061　リトルトン（1952），8ページ。
062　現在のような株式会社形態は存在していないが，組合に関する記述がある。組合員による出資の方法としては現金出資，フランス産羊毛などの現物出資（商品出資，債権などの出資）があり，組合に関する帳簿の記述方法も触れられている（パチョリ（1975），122-124ページ）。
063　リトルトン（1952），18ページ。
064　リトルトン（1952），19ページ。

を決定し，政府に財政活動の便益を供し，経営者に能率判定の手段を提供するにある。そして，その会計の記録方式として複式簿記が形成された。この複式簿記について，ゲーテは人智の産んだ最大発明のひとつであるとしている。リトルトンの「会計発達史」が出版されたのは1933年であるが，パチョリ簿記論から新たに追加された記録技術はほんのわずかであり，また，途中消滅したものもあまりない。付加されたものとしては，原始記入帳簿の分割，ルーズリーフ式の採用，合計転記の原則などがあり，定期決算や収益・費用損益配分が重視され，財務諸表の作成が行われるようになってきている。

東インド会社のような株式会社の出現により，多数の出資者は自己の投資につき報告を求めたことから，帳簿より分離した財務諸表が重要となった。

---

065 リトルトン（1952），21ページ。
066 リトルトン（1952），21ページ。
067 同様のことは，「会計の基本は，500年以上前にパッチョーリが『スムマ』を執筆して以来，さほど変わっているわけではない」として述べられている（ジェイコブ・ソール（2015），98ページ）。
068 リトルトン（1952），128ページ。
069 例えば，ドイツでは1927年ベルリン商工会議所による有名な鑑定がそのまま帝国財務大臣によって採用されて，ルーズリーフ式簿記が一般に承認されている（坂本孝司（2011）『会計制度の解明』中央経済社，87-88ページ）。ルーズリーフ式簿記の採用は帳簿の証拠力の問題であり，1976年のHGB（商法典）改正と及び1977年AO（国税通則法）により法の表面的な問題が解決されている。ポイントは，「専門的知識を有する第三者への全容提供可能性」，「取引の追跡可能性」，「記帳の完全網羅性・適時性・正確性・整然性」という一般的で普遍的な記帳の条件を設定したことにある。
070 リトルトン（1952），128ページ。
071 オランダ東インド会社のオランダ本国では，海外の支店では当たり前になっていた複式簿記を中心とした新しいシステムが導入されず，依然として先駆会社時代からの管理法を継続していた（橋本武久（2012）「株式会社の誕生と株式会社会計の起源」千葉準一・中野常男編『会計と会計学の歴史（体系現代会計学第8巻）』中央経済社，121ページ）。
072 リトルトン（1952），221ページ。
073 オランダが世界の貿易の中心であって，それを支えるのは複式簿記だということを示す有名な木版画として『商業の寓意』（初版1585年）があり，仕訳帳をつける会計係の横には，「私は毎日仕訳帳をつけます」，元帳の横には，「借方を左に，貸方を右に」と書かれている。『商業の寓意』のメッセージは，商売では複式簿記が必須だとしている。それでも人間の技術には限界があり，破滅は起こりうるということを示すために，版画には骸骨と煙を出す花瓶が描かれている（ジェイコブ・ソール（2015），138-139ページ）。

そして，決算が定期的に行われるようになり，試算表と棚卸表の報告によって財務諸表が作成される。この流れの中で，取引の原始記録が日記帳から各種の書類となり，個々の取引ごとに仕訳帳に記入したものが多数の特殊多桁式原始記入簿に記入と変化してきている。株式会社により永久投資の出現となり，投下資本の維持を図る必要が生じ，19世紀には配当は収益を限度とすべきという法律上の明文規定を生むにいたった。すなわち資本と収益の明確な分離であり，株式会社こそは永久投資と簿記とを接合すべき媒接剤であったとされている。

(4) パチョリ簿記論後における誤謬・不正への対応

複式簿記が世に現れてからこの方，簿記上の誤りを検索するには記録の突き合わせを行うべきことを簿記書は教えてきた。この点は現在も変わりはないが，会計監査が登場し，発達したことは大きな変化となる。会計監査は，単に数字合計の誤りの検出や仕訳帳から元帳への転記の誤記脱漏を調査程度にとどまらず，数字記録が真正であるか虚偽であるかを判断しようとする監査人の批判的検査にほかならない。初期の会計監査は，当時の問題は一般に財務上の責任を正直に遂行したかであり，この責任を正当に果たしているかを調べることが監査の目的となっていた。初期時代には勘定科目を聴取する

074　リトルトン（1952），125ページ。
075　リトルトン（1952），124・125ページ。
076　リトルトン（1952），318ページ。
077　リトルトン（1952），318ページ。
078　リトルトン（1952），371ページ。
079　リトルトン（1952），371ページ。
080　監査を行う監査人について専門性を求める動きもある。例えばイギリスの鉄道会社では，資金調達は主としてロンドン証券取引所であり，資本と経営の分離が進行していたことから，監査の必要性が生じていた。しかし，担い手は自分の財産にかかわるからとして，いわゆる株主監査人に限定されていた。鉄道会社をめぐる不正を受けて1856年の株式会社法で，監査人は株主であることを要しないとし，1862年の会社法で監査人は株主であってもよいとされた。1947年には監査人の専門性が積極的に求められ，会社法で監査人を特定の会計士団体のメンバー（特定の会計士）等に限定した（友岡賛（2010）『会計士の誕生』税務経理協会，82-86ページ）。

ことによって行われており，"audit"という言葉それ自体は聞くという意味である[081]。

しかし，監査は単に実際の取引が原始記録に真実に載っているかどうかを確かめ（証憑書類照合），原始記入が正確に転記されているかどうかを確かめ，貸借対照表が元帳に一致するかどうかを確かめるという形式的な手続を以ておわるものではない[082]。企業の出現とともに，受託責務の計算に代わって財産計算・損益計算の会計問題が登場し，監査は会計責任者の責任履行を耳で検査することではなくなり，いまや，目によって記録を吟味追及する手続であり，書類上の証拠によって記録を検査証明する手続に変わってきた[083]。株式会社の発展とともに，この時代において貸借対照表は，株主にとっては配当にあて得べき利益を知る手段として重要な意味を持ち，真の利益，真の資本を算定するに必要な事項を考慮することが会計監査にも求められている[084]。評価の問題や原価計算などの会計が発展していく中で，監査では誤謬の統制に関して特別の信頼が被監査会社の内部統制システムにおかれてきている。また，現在では，不正に対しても内部統制が一定の有効性があると考えられている[085]。

内部統制はあくまでも被監査会社自体が構築し，運用するものであり，監査人はその評価を行うことによって会計帳簿，最終的には財務諸表が適正であるか判断するために利用する。経営の形態が個人事業主から株式会社へと発展する中で，規模の拡大も生じ，経営者としても組織内部における誤謬・不正への対応がより必要となり，「（2）パチョリ簿記論における誤謬・不正への対応」で帳簿の正確性の担保を図るための内部統制の考え方が取り込まれていると述べたが，より発展的に職務分掌，承認手続，職務規程や業務手順の作成などによる内部統制の構築と運用が経営のリスクを許容できる範囲に低減するためにも要求されるものとなっている。この内部統制が機能する

---

081 リトルトン（1952），375ページ。
082 リトルトン（1952），422ページ。
083 リトルトン（1952），379ページ。
084 リトルトン（1952），422ページ。
085 アメリカ会計学会（1982）『基礎的監査概念』青木茂男監訳・鳥羽至英訳，国元書房，72ページ。

ことによって，会計帳簿も形式的な正確性のみならず，実質的な面での信頼性が実現できるのである。

1.2 日本における伝統的会計帳簿の変遷
(1) 江戸時代の商家の帳合法

　日本において，江戸時代の商家の帳合法（簿記法）は，大福帳式簿記法であるといわれている。大福帳という言葉からすると，精緻ではないというイメージを浮かべてしまう。しかし，概して，一定の規模を有する商家は，財産計算と損益計算の2系列の複式決算であり，一帳簿一勘定的な各種の帳簿から，決算簿へと巧みにまとめ上げ，計算結果としての決算内容は，複式簿記に比べて遜色ないものとなっていた。商家の帳合法は，西洋式簿記（複式簿記）のような貸借二面形式の記録法（取引対置記録法）を採らず，取引並置記録法となり，金額の貸借平均の原理を自動的に成立させず，機械的・組織的な複式決算の計算原理をも阻んだ。

　明治初年に，わが国，商法典編纂の参考資料として，徳川時代からの中級商家の商慣習一般を調べた「商事慣例類集」があり，その中の商業帳簿の項にある東京，大阪，京都の商家について，商業上欠くべかざるものとして掲げられた帳簿名は図表2-1-2の通りである。現在の会計の知識である程度名前から内容が想像できると考えられ，西洋式簿記（複式簿記）に代わられたことは，借方，貸方の対照形式による記録法は採用しなかったという，簿記の基本的技術が欠けていたことが災いしたといえる。なお，出雲・田部家や出羽・本間家が大正期まで，伝統的な和式帳簿によって帳付がなされており，

086　日本における最古の商業帳簿は，冨山家の正味身代（純財産）の増減を，元和元年（1615）から寛永17年（1640）までの25年にわたって記録した大福帳である「足利帳」である（河原一夫（1977）『江戸時代の帳合法』ぎょうせい，8ページ）。
087　河原一夫（1977），1ページ。
088　河原一夫（1977），1ページ。
089　河原一夫（1977），2ページ。
090　わが国において商業帳簿が史上に見えはじめるのは室町時代であり，「集古文書」に従うと永正17年（1520年）の掟に「土倉（今の質屋）には土倉帳あり，訴訟には之によりて決すべし。」とある（河原一夫（1977），337ページ）。

図表2-1-2　江戸時代の商業帳簿

No.	帳簿名	都市別		
		東京	大阪	京都
1	当座帳	○		○
2	大福帳	○	○	○
3	仕入帳	○		○
4	仕切帳	○		
5	蔵入帳	○		
6	水揚帳	○		
7	金銭判取帳	○	○	○
8	荷物判取帳	○		
9	金銭出入帳	○	○	
10	注文帳		○	○
11	入金帳			○
12	出金帳			○
13	日勘定帳			○
14	荷物出入帳			○
15	買帳		○	
16	売帳		○	
17	荷物渡帳		○	

出所：河原一夫（1977）『江戸時代の帳合法』ぎょうせい，339ページより編集。

それが実質的に複式簿記であったが故に，何ら不都合がなかったことの証左であると思われるとの意見もある。[091]

(2) 江戸時代の商家の帳合法における誤謬・不正への対応

　商業帳簿はその種類によって，他人に対し，証拠となる効力があるとして，具体的に下記を提示している。[092]

091　岩辺晃三（1993）『天海・光秀の謎―会計と文化―』税務経理協会，185ページ。
092　河原一夫（1977），350ページ。

① 金銀受取帳，荷物渡帳，質台帳の如きその印章を捺印するものは，証拠力を有する。
② 自記したものを以て，他人に対し証拠となるものは，当座帳，市売帳，糶（せり）帳，売上帳，直組帳等で，空行余白なく，売あるいは買を一切附込んだものは最も効力がある。
③ また，堂島米商仲買の手帳等についても同様である。
④ 大福帳は，諸帳簿を総括し，緊要のものであるが，結局，自家においてのみ緊要なものであるから，他人に対しては証拠となる効力はない。なお，貫目帳，升廻し帳，水揚帳あるいは蔵入帳のような帳簿は，その関係する事件について，時には証拠となり得る。

②において，「空行余白なく，売あるいは買を一切附込んだものは最も効力がある」と記載があるが，誤謬・不正の防止の観点と考えられ，この点は「1.1 欧州を中心とした海外における伝統的会計帳簿の変遷（２）パチョリ簿記論における誤謬・不正への対応」で述べた内容と共通している。また，出羽坂田の本間家では，図表2-1-3のような帳簿組織となっているが，以下のような転記の誤りなどを防ぐための工夫が随所になされている。このことから，各商家での程度の差はあるが，一定レベルの内部統制機能を有していると考えられる。[093]

A）万覚帳又は万指引之帳へ移記した検印として，日々銭指引帳に附替の印が捺印される。
B）万覚帳，万指引之帳において，短期取引・長期取引に分けて勘定科目別に整理記帳された後，１カ月ごとに，これらの収入・支出が万控帳に移記集結される。万控帳には月初の金銭残高を記すため，１カ月ごとに収入合計金額と支出合計金額とは一致する。
C）貸付を行ったとき，当年中に入金しなかった場合，翌年の新帳簿（万指引之帳）に移記（繰越し）を行い，移記した印を捺印する。また，入金時

---

093 河原一夫（1977），203-205・209・219ページ。帳簿は各商家によって異なり，重要な取扱いがされていたため，記帳担当者は，帳簿の内容については他言を禁じられ，たとえ，妻子といえども漏らさないという誓約書を提出し，それだけに特別手当も支給され厚遇されていた。

図表 2-1-3　本間家の帳簿組織

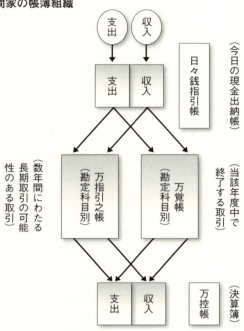

出所：河原一夫（1977），204ページより編集。

には万指引之帳に入金の旨が追記され，金額に抹消のカギ印が付される。

（3）江戸時代の商家の帳合法後における帳簿体系の変化と誤謬・不正への対応

　日本に複式簿記の知識と技術が紹介されたのは明治時代初期であり，福澤諭吉の「帳合之法」が1873（明治6）年に出版された[094]。原書は1871年アメリカ商業学校の先生であるブライアンとスタラットンの二人が書いた学校用「ブックキーピング」という本である[095]。帳合之法では単式簿記と複式簿記とが説明されており，単式簿記を略式，複式簿記を本式と呼んでいる。「（1）江戸時代の商家の帳合法」において，江戸時代の商家の帳合法が統一されたものではないと述べているが，帳合之法では，あちこちの大商家の帳簿の付け

094　中野常男（2007）『複式簿記の構造と機能』同文舘出版，216ページ。
095　福澤諭吉（2009）『帳合之法』水野昭彦訳，高運堂印刷所，1-1ページ。

方を見るにつけ，いずれも大変混乱していて，一商家の店中総掛かりで行っても2カ月掛けてもなお解らないことが多いと帳簿の付け方がきちんとしていないと述べている[096]。

帳合之法において主として用いる帳簿は，日記帳，清書帳（仕訳帳），大帳（元帳）の3つであり，時に日記帳と清書帳とをひとつにして両用兼ねることがあるとしている[097]。日記帳は，パチョリ簿記論における主要3帳簿のひとつである日記帳と同じく取引の手続を日付順に従って記入するものである。翻訳であるが，例えば，取引先を甲州屋や山城屋などと記すとともに，練習問題も翻訳しており，数値によって理解が行うことが可能となっている[098]。また，平均之改（試算表）により，元帳の貸借金額の一致を確認し，誤りの有無を発見することが可能となっている。そして，最終的に貸借対照表と損益計算書を作成する。

また，紙幣頭書記官であった英国人シャンドによって原述されたものを翻訳紹介した「銀行簿記精法」は「帳合之法」の初編が公刊された同じ年の1873年に大蔵省から刊行された[099]。帳合之法が複式簿記の本式部分の出版が1874年であることから，銀行簿記精法は日本で複式簿記書の最初といわれている[100]。銀行簿記精法は帳合之法の内容が一般または商業簿記であるのに対し，技術制度と密着した業種別または応用簿記である[101]。すなわち，わが国最初の株式会社銀行・第一国立銀行以下百五十余行が設立され，それらの新設銀行に統一的に実施される目的で編集されたものである[102]。

パチョリ簿記論と帳合之法・銀行簿記精法についての相違点として，パ

096　福澤諭吉（2009），1-3ページ。
097　福澤諭吉（2009），3-6ページ。
098　簿記を学習したものからすると非常に解りやすい内容であるが，福沢全集緒言では，帳合之法について，最も面倒にして筆を労したるものは帳合之法なりと書かれており，日本の数字の用法などで苦労したことが述べられている（福澤諭吉（2003）福澤諭吉著作集 第12巻 福翁自伝福澤全集緒言』慶応義塾大学出版会，483-485ページ）。
099　中野常男（2007），216ページ。
100　アラン・シャンド（1979）『銀行簿記精法』西川孝治郎編集解説，雄松堂書店，解題1。
101　アラン・シャンド（1979），解題3。
102　アラン・シャンド（1979），解題5。

チョリ簿記論は誤謬・不正への対応に関する記載がなされているのに対して，帳合之法・銀行簿記精法は記載がほとんど見られない点があげられる。帳合之法は学校用の本を翻訳したものであり，銀行簿記精法は銀行に統一的に実施される目的で編集されたものであることから，仕方がない面もあるが，パチョリ簿記論では二重帳簿を保有している人が多いという記載があるように，不正の問題もこの当時でも存在することを意識して書かれている。誤謬・不正への対応は内部統制の問題であるが，日本が西洋簿記に切り替わり，そのスタートとなる書籍の中で内部統制に関連する記載がパチョリ簿記論との比較で少ないことは，現代の会計帳簿の内部統制へ何らかの影響をもたらした可能性があると考える。

第2節 日本におけるIT会計帳簿の変遷

2.1 会計ソフトにおけるメリットとデメリット

伝統的会計帳簿からIT会計帳簿への大きな流れの中で，IT会計帳簿が利用されている割合は高い状況ではあるが，伝統的会計帳簿も利用されているのは，伝統的会計帳簿及びIT会計帳簿にそれぞれメリット・デメリットがあるためであり，この点を検討していく。なお，ITによって作成され電子媒体に保存されている会計帳簿をIT会計帳簿と定義しており，ツールとして開発もしくはパッケージの会計ソフトを利用するケースが一般的と考えられるため，会計ソフトを中心として検討を行う。

まず，会計ソフトのメリットとして，簿記処理の流れに沿って検討すると，下記の5点があげられる。[103]

① 日々の入力記帳の自動化
② そこでの正確性の保証
③ 転記，合算など処理の自動化
④ 決算整理処理における省力化，自動化

---

103 田中浩（2005）「コンピュータ会計ソフトの利用可能性」『松本大学研究紀要』第3号，91ページ。

図表 2-2-1 伝統的会計帳簿及びIT会計帳簿における流れの比較

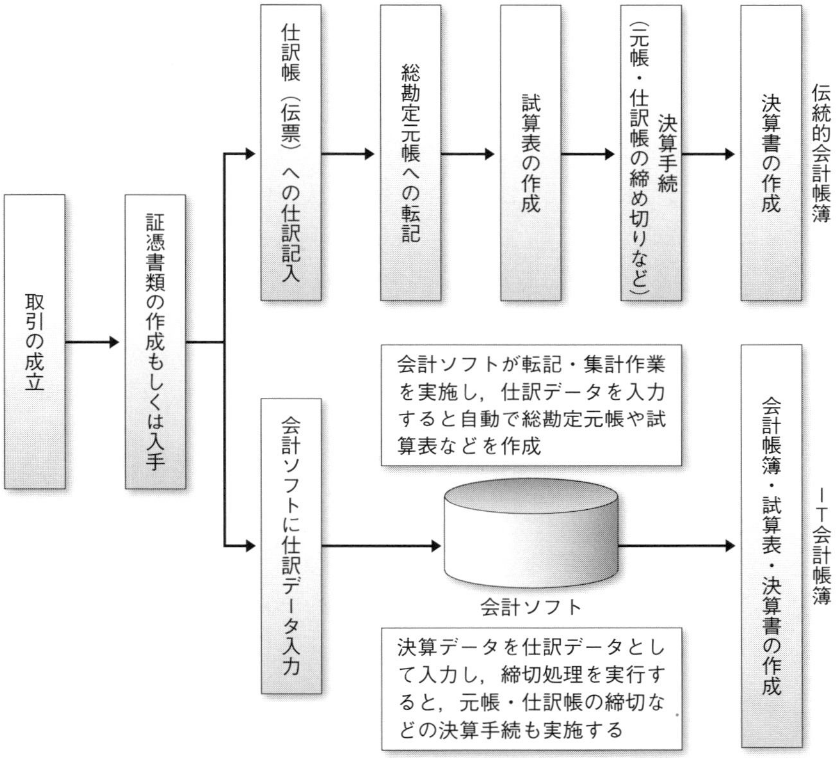

取引の成立 → 証憑書類の作成もしくは入手 →

伝統的会計帳簿: 仕訳帳（伝票）への仕訳記入 → 総勘定元帳への転記 → 試算表の作成 → 決算手続（元帳・仕訳帳の締め切りなど） → 決算書の作成

IT会計帳簿: 会計ソフトに仕訳データ入力 → 会計ソフト → 会計帳簿・試算表・決算書の作成

会計ソフトが転記・集計作業を実施し，仕訳データを入力すると自動で総勘定元帳や試算表などを作成

決算データを仕訳データとして入力し，締切処理を実行すると，元帳・仕訳帳の締切などの決算手続も実施する

出所：中村元彦（2013）「IT会計帳簿と内部統制の諸問題」『CUC Policy Studies Review』No.35, 29・30ページより引用，編集。

⑤ 報告書作成の省力化，自動化

　これは，伝統的会計帳簿及びIT会計帳簿における取引成立から決算書の作成までの流れを図表2-2-1により比較すると明確となる。図表2-2-1の流れの中で，伝統的会計帳簿における総勘定元帳への転記や試算表の作成などは，機械的に転記や集計作業を行うものであり，ここに判断の要素は入らない。このため，会計ソフトを利用することによってその正確性が担保されるとともに，事務作業という点からも省力化が期待される。IT会計帳簿では仕訳データを会計ソフトに入力すると会計ソフトが転記や集計作業を行い，最終生産物が人手による集計作業等を経ずに完成されることを示している。

第2章　会計帳簿の変遷とIT会計帳簿の現状　49

伝統的会計帳簿では，時系列で流れが記載されており，仕訳帳もしくは伝票の記載に始まり，作業によって総勘定元帳，試算表，決算書が作成される。これに対して，IT会計帳簿では仕訳データの入力により，同時に仕訳帳，総勘定元帳，試算表，決算書が作成される。会計ソフトのメリットとして，①から⑤の5点を挙げたが，図表2-2-1からわかるように，IT化が自動化，省力化につながるとともに，正確性の確保にも役立っている。②，③，⑤について，会計ソフトの機能として備えられているものと考えられる。

　ただし，①日々の入力記帳の自動化については，すべてが自動化されるケースは現実的に少ないと考えられる。例えば，電子商取引に対応した販売管理システムから仕訳データが自動で作成され，会計ソフトに取り込まれるケースなどは入力記帳の自動化となるが，現金での支払など自動化できない取引も多く存在しているのが通常である。その一方で最近は，インターネットバンキングの情報を連携ができるケースも増えてきており，日々の入力記帳の自動化及び省力化の動きは進んでいると考えられる[104]。また，④決算整理処理における省力化，自動化であるが，決算整理処理では決算仕訳として見積要素などが入るため，自動化は難しいものも多い。その一方で，前払費用の実現仕訳のような計上した仕訳の逆仕訳のケースでは，決算整理時に翌年度の実現仕訳を先日付で入力することも可能としている会計ソフトもあり，このような場合は，計上忘れを防ぐとともに，自動で逆仕訳が計上されるのであれば自動化の要素もあると考えられる。

　また，会計ソフトが提示するそのソフトの便益から目的別の区分として，下記の6点があげられる[105]。

104　経済産業省（2017）「FinTechビジョン（FinTechの課題と今後の方向性に関する検討会合報告）」27ページでは，「世界的に見ても，例えば，店舗やインターネット上での取引や決済，在庫等の商流データを用いて運転資金等を融資するサービス（トランザクション・レンディング等）や受発注に伴う送金データ等を自動処理してリアルタイムに財務状況を把握し経営管理の支援やアドバイスを行うサービス等，様々な企業支援サービスが勃興している。」との記載があり，現金から電子マネーの動きも進んでいることから，自動化の動きは今後進んで行くと考える。
　　http://www.meti.go.jp/report/whitepaper/data/pdf/20170508001_1.pdf，2017年9月17日。
105　田中浩（2005），92ページ。

① 通常の会計業務の単なるパソコン化（アドホック的導入）
② コスト削減を狙う目的でのパソコン化
③ 会計処理の適正性を担保するためのパソコン化
④ 各種提出書類の印刷業務の簡略化のためのパソコン化
⑤ IT化の一環としての会計処理のパソコン化
⑥ 管理会計目的からの会計処理のパソコン化

会計ソフトがコスト面だけではなく，付加価値として機能する部分として，③や⑥があげられ，独自のメリットと考えることができる。

　次に，会計ソフト導入のデメリットを考える。第一にハードウェアとしてのPC（パソコン）やソフトウェアとしての会計ソフト等の準備が必要になる点があげられる。仕訳の起票数が多数でなく，手作業や表計算ソフトなどで集計を行っても，大きな負担とならないのであれば，導入・維持費と記帳作業を行う人件費もしくは外部への委託費用を比較し，導入しないという判断が生じることは当然と考える。第二に，PCの操作や会計ソフトの習得やセキュリティ対策という伝統的会計帳簿を使用している際には必要ではなかった新たな作業が発生することがあげられる。特に，会計ソフトはソフトをインストールすればすぐに使用できるものではなく，勘定マスタの登録や使用者のIDやパスワードの設定など使用するまでの多くの作業が必要であり，この点は導入時のハードルとなってしまう。

　デメリットで挙げた2つの点は，コストの面から生じるものと考えられるため，最終的には，人件費もしくは外注費とハードウェアを含めた会計ソフトの導入・維持費とのトレードオフ関係と考えることができる。しかしながら，会計情報を単に税務申告のため，もしくは金融機関に提出のために作成するということであれば，コストとの比較になるが，会計情報は企業の実態を簿記というツールによって表すものであり，経営に活かすための手段にも利用できる。数値で表示することで，予算や中期計画を作成していれば，過去情報と将来情報との連続性も保持でき，より経営への活用が可能となる。

　経営への活用という観点からは，会計ソフトの利用には大きなメリットが生じる。例えば，経営分析などは会計ソフトのデータを再利用することで容易に実施することが可能と考えられ，また，入力データにおいて製品別や得

意先別などセグメント単位の情報を付加していれば，セグメント単位での分類や集計も容易となる。確かに会計ソフトを利用しなくとも，同様のことは可能ではあるが，作業効率は大幅に低下する。また，経営への活用の観点では数値の算出までのスピードと正確性が求められるが，この点からも会計ソフトは手作業よりも大きく有利に立つ。会計情報活用の観点では，活用した結果として業績すなわち売上や利益等への影響が効果であり，この視点では経営に必要な情報を入手するために導入する範囲で，どの程度費用対効果が出すことができるのかという点が重要となる。

2.2 会計ソフトを中心としたIT会計帳簿の変遷

(1) 会計ソフトの初期段階

　会計システム[106]のコンピュータ化の問題が，初めてアメリカで取上げられたのは，IBM社がプライスウォーターハウス会計事務所に会計システムのコンピュータ化が進展した場合の問題点について調査を依頼した1956年とされている[107]。また，実務的に会計のコンピュータ化が始まったのは，磁気テープベースの事務用マシンであるIBM1401が発売された1959年以降とみてよいとされる[108]。1969年当時のアメリカのソフトウェア会社における代表的プログ

106　先行研究で会計システムという用語が使用されているが，日本における用語としては，会計システム以外に，会計ソフト，会計パッケージ等が使用される。正式な用語の使用法は定義されていないが，カスタマイズが不可もしくは一部に限定されているものを会計ソフト，会計パッケージと呼び，カスタマイズの余地が大きいもしくはすべてが作り込みのケースも含めて会計に関するソフトウェアを指すときに会計システムという用語が使用されることが一般的である。また，ソフトウェアに加えて，ハードウェア等も加えた広い概念で会計システムと考えることもある。

　なお，会計システムについて，IT統制のための財務会計パッケージソフトウェア向けプロテクション・プロファイルでは，下記のような定義がある。

　「サーバやクライアントPCなどのハードウェア，OSやDBMS，市販会計パッケージなどのソフトウェアから構成されるシステム。」

　経済産業省（2007）「システム管理基準追補版（財務報告に係るIT統制ガイダンス）追加付録」付録8。

107　W.S.バウレル（1967）『監査業務とEDP』江村稔監訳，日本経営出版会，87ページ。
108　今井二郎（1991a）「コンピュータ会計の展開と先行会計情報Ⅰ」『JICPAジャーナル』平成3年3月号，18ページ。

ラム・パッケージとして，一般元帳会計として会計システムが存在している[109]。パチョリの「ズムマ」は1494年であることから，伝統的会計帳簿が約520年の歴史があるのに対して，IT会計帳簿はわずか約60年の歴史しかない。

　IT会計帳簿の初期の段階では，アメリカと比較して日本におけるコンピュータによる会計，財務の水準はかなり遅れている[110]との指摘がある。アメリカに関して，「1966年8月の調査によれば，アメリカのコンピュータ利用は，経理と事務処理に主力が注がれ，特に計画統制と意思決定の面におけるシステムの改善と拡大が積極的にはかられて」[111]いる。日本に関しては，1960年には利用分野の全体を100％とすると，営業35.9％，経理20.6％という割合で，財務会計は第2位となっている。ただし，「完全に100％会計をコンピュータにのせているところはおそらく1社もないのではないか」[112]としており，販売伝票や給与計算など部分的にコンピュータで処理するのが一般的としている。これは，財務諸表をコンピュータで自動的に作成する段階ではないことであり，アメリカと比較して遅れている理由として次の3点があげられている[113]。

　第一は，日本ではパンチカード・システムの時代がほとんどないままにコンピュータが導入されたことがあげられ，導入時に事務の流れを見直しする必要が生じることがあげられる。第二は，まず管理資料の作成にコンピュータを利用し，会計は漸次導入する方式を採用したことがあげられる。第三は，経理部門が会計をコンピュータで処理するのに消極的ということがあげられる。アメリカは従来，会計処理が機械化され，日常的な会計データの処理を基盤として，販売管理や原価管理のための資料が作成されるという背景があるが，日本の遅れは，毎年の会計にのせる範囲が徐々に広げられており，差が縮まっていることが述べられている。

109　財団法人日本経営情報開発協会編（1970）『コンピュータ白書1970』コンピュータ・エージ社，66-67ページでは，例えば，Delta Data System社のプログラム名General Ledger Systemが，用途が一般元帳会計として会計システムの具体例として記載されている。
110　日本電子計算開発協会編（1967）『コンピュータ白書1967年版』日本電子計算開発協会，176ページ。
111　日本電子計算開発協会編（1967），176ページ。
112　日本電子計算開発協会編（1967），176ページ。
113　日本電子計算開発協会編（1967），177ページ。

現在のアメリカにおける会計ソフトの利用状況についての統計情報は入手できていないが，アメリカの監査法人に日本から出向し，駐在した公認会計士数名にヒアリングを実施したところ，会計監査の対象となる企業は当然ながら，ERPやパッケージの会計ソフトを導入しており，中小企業も監査等で関与した先は会計ソフトをすべて導入していたとの回答を得ている。アメリカでの会計ソフトで，中小企業向けは単なる会計機能だけではなく，販売管理機能も持ち，請求書の発行や売掛金等の管理が可能であるQuickBooksのようなソフトが多く利用されているようだと聞いている。[114]

（２）日本の会計ソフトにおける三形態

　会計ソフトを中心としたIT会計帳簿の変遷を先行研究に基づき，三形態により検討する。ただし，三形態は内容的な変化はあるとしても，現在も三形態が並存しており，利用者の企業規模や会計ソフトに求めるレベルによって使い分けられている。第一形態は，会計伝票インプットによる会計専用システムである[115]。これは会計伝票をインプットして財務諸表等をアウトプットするという基本的な形態であり，他の業務システムとはデータのやり取りは生じない閉じたシステムとなっている[116]。この形態をシステムの概念図として示すと図表2-2-2のように示すことができる。コンピュータは定型的な処理に適しているが，転記や集計作業が自動化されることとなり，効率性，正確性，コスト削減につながる。

---

[114] QuickBooksのホームページで，QuickBooks Desktop Enterpriseという製品について確認したところ，accounting, payroll, payments, inventory等の機能を有している。また，Advanced Reportingとして，例えばSales by City, Job Type, and Customer Dashboardなどの種類別の売上のレポートなどが表示できるとしている。なお，多くの機能を有しているが，QuickBooks Desktop EnterpriseはERPではなく，ERPの代替製品（会計ソフトウェアの高度なバージョン）と説明されている。
　https://enterprisesuite.intuit.com/resources/faq/，2018年1月14日。
　https://enterprisesuite.intuit.com/resources/erp/，2018年1月14日。

[115] 今井二郎（1991a），18ページ。

[116] 上東正和（2001）「コンピュータ会計の発展プロセスとその将来的展望」『高岡短期大学紀要』Vol.16, 146ページ。

図表 2-2-2　第一形態のシステムの概念図

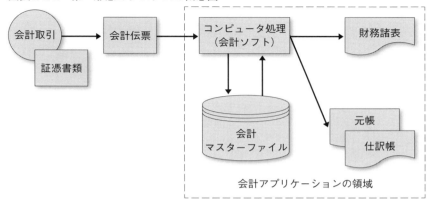

出所：今井二郎（1991a）「コンピュータ会計の展開と先行会計情報Ⅰ」『JICPAジャーナル』平成3年3月号，18ページより編集。

　第二形態は，現業業務処理システムとの融合である[117]。会計に関する業務のみがIT化されるのではなく，販売業務や購買業務など企業活動の基幹ともいえる業務にもIT化，すなわち業務処理システムが導入される。第一形態のシステムでは，例えば，販売管理システムから出力した帳票をもとに会計ソフトに入力することとなるが，効率性の観点からは作業の重複が発生するとともに，手作業による入力ミスの問題が生じてくる。第二形態では，現業業務でインプットされたデータをコンピュータ・システムの中で自動的に会計ソフトに振替えて使用することになる[118]。この形態をシステムの概念図として示すと図表2-2-3のように示すことができる。
　会計ソフトに業務別システム経由で会計情報が取り込まれ，人間による仕訳入力をせずに仕訳データとなる時，この仕訳データを自動仕訳データと一般的に呼んでいる。業務別システム経由で自動では取り込めない場合は，業務別システムで作成した電子ファイルをUSBメモリや電子メールの利用などにより会計ソフトへ取り込むことになる。また，業務別システム経由で会計情報が取り込まれるタイミングは，コンピュータ化の初期の段階では，月次

117　今井二郎（1991a），20ページ。
118　今井二郎（1991a），20ページ。

図表 2-2-3　第二形態のシステムの概念

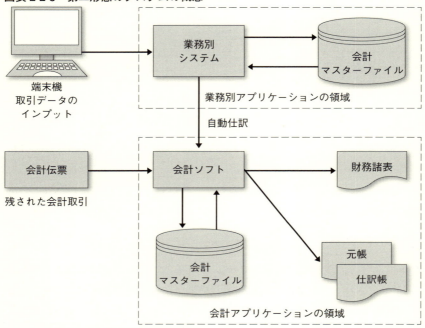

出所：今井二郎（1991a），20ページより編集。

で処理させることが多い[119]。現在は，コンピュータ化の進展により，取引の都度，仕訳の計上ということもあるが，会計監査業務の中で色々な企業のシステムを監査した経験上，販売管理システムなどの業務システムのデータを月次の処理を行い，確定してから会計ソフトに取り込むケースも一定割合存在していると考える。

　第三の形態は，統合データベースによる会計情報の合成である[120]。現業業務処理システムのコンピュータ化領域の拡大と，それによって生じるシステム相互間の調整と統合化の進展が生じる中で，各アプリケーションの中のデータの相互利用の推進とデータの信頼性と一貫性の確保をどう解決していくか

119　中央青山監査法人（2002）『よくわかる会計情報システム』税務経理協会，8ページ。
120　今井二郎（1991b）「コンピュータ会計の展開と先行会計情報Ⅱ」『JICPA ジャーナル』平成3年4月号，29ページ。

図表2-2-4　第三形態のシステムの概念図

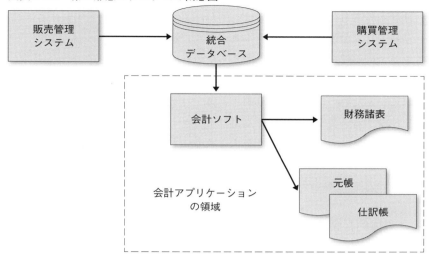

出所：今井二郎（1991b）「コンピュータ会計の展開と先行会計情報Ⅱ」『JICPAジャーナル』平成3年4月号，29ページより編集。

が重要となる。そして，この課題はアプリケーション・プログラムから独立したデータベースの構築という形で解決されることになる[121]。この形態をシステムの概念図として示すと図表2-2-4のように示すことができる。図表2-2-4における統合データベースには，販売データや購買データなどに加えて，会計データも含まれており，言葉の通りデータが統合されている。仕訳データと各業務システムを一体化して処理するため，当該処理は一般的にERPパッケージを採用した統合システムで実現される[122]。

　第三の形態では仕訳データと取引データとの連携が図られているため，下記のような特徴が生じる[123]。

① 　仕訳として財務情報の鮮度が高くなる
② 　経理処理の効率化及び迅速化
③ 　ドリルダウンによる会計残高取引まで遡れる

121　今井二郎（1991b），29ページ。
122　中央青山監査法人（2002），9ページ。
123　中央青山監査法人（2002），10ページ。

④　仕訳件数が増加する

　経営への活用という観点からは，①から③は有用であるとともに，④はITの活用で対応することが可能となる。また，第二形態で業務システムのデータを月次の処理を行い，確定してから会計ソフトに取り込むケースも多く存在していると述べたが，第三形態では仕訳データと取引データとの連携が図られているため，月次での業務処理システムと会計ソフトとのデータの整合性を検証する必要がなくなる。なお，メリットも大きい反面，適切に運用されるためには，入力者の範囲が拡大されることから入力者の教育が必要である点，権限のある入力者に限定するためのアクセスコントロールが必要である点，入力者の証跡が必要となる点が求められる[124]。

2.3　具体的な会計ソフトにおける変遷

　ここでは，特定の会計ソフトにおける出力帳票や機能に焦点を当て，各ソフ

図表2-2-5　財務会計ソフトの利用パッケージ名（全体）

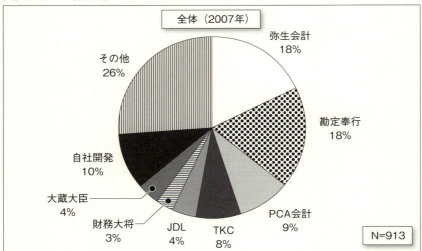

出所：日本商工会議所・株式会社ノークリサーチ（2008）「中小企業のIT活用に関する実態調査」，9ページより編集。
　　http://www.jcci.or.jp/IT/2007jITtaichosa.pdf，2015年2月19日。

124　中央青山監査法人（2002），11-12ページ。

図表 2-2-6　財務会計ソフトの利用パッケージ名（従業員数）

	弥生会計	勘定奉行	PCA会計	TKC	JDL	財務大将	大蔵大臣	自社開発	その他
20人未満	35.7%	9.3%	7.2%	10.7%	4.8%	2.7%	3.1%	5.8%	20.7%
20人～49人	12.0%	18.8%	12.0%	11.0%	2.6%	2.6%	4.2%	10.5%	26.3%
50人～99人	14.1%	25.8%	7.6%	7.6%	3.0%	3.0%	4.5%	8.6%	25.8%
100人以上	5.2%	21.0%	9.0%	2.6%	4.3%	6.0%	3.0%	16.7%	32.2%

20人未満(N=291)，20人～49人(N=191)，50人～99人(N=198)，100人以上(N=233)

出所：日本商工会議所・株式会社ノークリサーチ（2008），9ページより編集。

トの変遷について検討する。対象の会計ソフトとして，2007年に日本商工会議所・株式会社ノークリサーチの調査によりシェアが高い市販の3社（ピー・シー・エー株式会社，弥生株式会社，株式会社オービックビジネスコンサルタント）及び会計事務所経由での販売である1社（株式会社TKC）の会計ソフトを対象とした。日本商工会議所・株式会社ノークリサーチの調査の結果は，図表2-2-5及び図表2-2-6の通りであり，この調査は全国47都道府県別に各40サンプルを割付（沖縄のみ20サンプル）後，全国の中小企業1,860社について商工会議所職員が対象企業を訪問し聞き取りを行っている。

125　日本商工会議所・株式会社ノークリサーチ（2008）「中小企業のIT活用に関する実態調査」
　　http://www.jcci.or.jp/IT/2007jITtaichosa.pdf，2015年2月19日。

（1）会計ソフト（4社）における調査方法と視点

　対象の会計ソフトとして，4つの会計ソフトを取り上げた。第一は，ピー・シー・エー株式会社が発売しているPCA会計と一般的に呼ばれている会計ソフトであり，第二は，弥生株式会社が発売している弥生会計と一般的に呼ばれている会計ソフトである。また，第三は株式会社オービックビジネスコンサルタントが発売している勘定奉行と一般的に呼ばれている会計ソフトであり，第四は株式会社TKCが発売しているFXと呼ばれるソフトである。なお，FXは市販されている他の会計ソフトと異なり，会計事務所経由での販売となっている。

　4社に対しては，発売時から現在までのパンフレットについて資料の依頼をし，各社から協力を得ることができた。パンフレットとしたのは，パンフレットは外部に公表された資料であり，パンフレット利用者が製品の購入において検討する資料であることから，実際との乖離が生じにくいため客観性が高い資料と考えられるとともに，パンフレットであれば過去のものも入手しやすいのではないかと考えたためである。また，パンフレットで不足が生じた場合，会社の担当者に依頼し，確認可能な項目に関しては回答を入手し，記載している。

　興味深いのは，第一に，ピー・シー・エー株式会社及び株式会社TKCについては，新媒体か電子媒体（PDF）として発売時からすべてのパンフレットが存在していたが，弥生株式会社と株式会社オービックビジネスコンサルタントについては初期のパンフレットについて社内に存在しておらず，一部の情報を入手できなかった点である。また，弥生株式会社と株式会社オービックビジネスコンサルタントについては保有しているパンフレット関連がワンセットしかないということであり，貴重な資料であると認識している。第二は，各社ともこのような会計ソフトの変遷を研究するためにパンフレットの閲覧を依頼されたことはなく，具体的な分析が行われていないという点であり，主要な会計ソフトに関しては初めての試みであると考える。

　会計ソフトの変遷についての検討は，第一に歴史として，発売日とバージョンの変遷を検討する。第二に，代表的な財務会計の出力帳票の変遷として，財務諸表，仕訳日記帳，総勘定元帳，試算表，現預金出納帳の5つに関して検討する。これは，伝統的会計帳簿でもIT会計帳簿でも出力帳票として

は一般的に利用されているものであり，現預金出納帳を除く4つの帳票は必要と考えられるため，出力できない場合は，問題があると考えたためである。

　第三としては，誤謬・不正への対応に関する機能の変遷を検討する。IT会計帳簿は，伝統的会計帳簿と比較すると，仕訳を起票後に修正したときに変更が手書きではなく電子データの修正のため，変更の有無の確認が難しい点やネットワーク対応などで担当者以外が会計ソフトの入力や修正の可能性がある等のリスクがある。このようなIT特有のリスクへの内部統制による対応が必要であり，この検討を実施している。さらに，ITのメリットとして，パターン入力のように，登録している仕訳パターンを利用するなど，誤謬・不正への対応のみならず，業務の効率化につながる機能もある。ここでは，仕訳チェックリスト，パターン入力，ID・パスワード，権限設定，管理者承認，仕訳履歴，履歴管理（操作ログ），電子帳簿保存法の8項目について変遷を検討する。

　第四としては，分析に関する機能の変遷を検討する。IT会計帳簿は，伝統的会計帳簿と比較すると，一度入力したデータは再加工を行うことが容易であり，分析についてどの程度利用されてしているかを検討する。ここでは比較財務諸表，月次推移，損益分岐点，資金繰実績表，予算実績管理の5項目について変遷を検討する。

　第五としては，データの入出力に関する機能の変遷を検討する。第四であげたデータ分析のためには，外部へのデータ出力が必要な場合がある。また，データの入力も重要であり，販売管理システムなど外部からデータを取り込むことによって，効率的かつ再入力の必要がないため，入力ミスの防止により正確性が高まるというメリットが生じる。ここではデータ受入，データ出力，マルチユーザ，XBRL対応，統合パッケージの5項目について変遷を検討する。

（2）PCA会計

　ピー・シー・エー株式会社の財務会計ソフトはPCA会計といわれている。ピー・シー・エー株式会社の創業は1980年8月1日であり，図表2-2-7のように最初の財務会計ソフトは1980年12月に発売している。2017年11月末での最新バージョンは，2017年1月に発売したPCA会計DXとなっている。なお，

図表 2-2-7　PCA会計の変遷と誤謬・不正への対応に関する機能の変遷

番号	ソフト名	発売日	仕訳チェックリスト※注2	パターン入力※注3	ID・パスワード	権限設定	管理者承認	仕訳履歴	履歴管理(操作ログ)	電子帳簿保存法
1	ABC財務会計システム※注1-1	1980年12月	○							
2	ザ・パソコン会計Ⅲ※注1-1	1985年12月	○	○						
3	PCA会計※注1-1	1988年2月	○	○						
4	PCA会計Ⅱ※注1-1	1989年3月	○	○						
5	PCA会計Ⅱ V2.0※注1-1	1990年12月	○	○						
6	PCA会計OS／2※注1-3	1992年9月	不明					○		
7	PCA会計EX※注1-1	1993年7月	○		○					
8	PCA会計Windows版	1994年2月	○		○			○		
9	PCA会計WindowsNT版	1995年1月	○		○	○	○			
10	PCA会計Win95	1996年2月	○		○	○	○			
11	PCA会計ExⅢ※注1-2	1996年6月	○		○	○	○	○		
12	PCA会計EX95	1997年6月	○		○	○	○	○		
13	PCA会計EX95LANPACK	1997年7月	○		○	○	○	○		
14	PCA会計EX-V	1998年12月	○		○	○	○	○		○
15	PCA会計 for WindowsNT Ver.3 wITh SQL Server7.0	1999年6月	○		○	○	○	○		
16	PCA会計2000	1999年12月	○		○	○	○	○		○

No.	製品名	発売時期							
17	PCA会計EX-V／2000会計連結決算連動キット98（PCA会計2000）	2000年5月		○	○	○	○		○
18	PCA会計2000Plus	2001年3月	○	○	○	○	○		○
19	PCA Dream21	2001年5月	○	○	○	○	○		○
20	PCA会計2000PlusV2	2001年12月	○	○	○	○	○		○
21	PCA会計7	2003年2月	○	○	○	○	○		○
22	PCA会計7V2	2004年1月	○	○	○	○	○		○
23	PCA会計8	2005年1月	○	○	○	○	○		○
24	PCA会計8V2	2006年1月	○	○	○	○	○	○	○
25	PCA会計9	2008年2月	○	○	○	○	○	○	○
26	PCA会計9 for SaaS	2008年5月	○	○	○	○	○		○
27	PCA会計9V2	2009年1月	○	○	○	○	○	○	○
28	PCA会計9V2R7	2010年1月	○	○	○	○	○		○
29	PCA会計X	2011年2月	○	○	○	○	○	○	○
30	PCA会計DX	2017年1月	○	○	○	○	○		○

注1：使用OSはWindowsである（ただし、※注1-1から※注1-3は下記の通り）。
　※注1-1：OSがMS-DOSであるが、PC9801シリーズ対応のように、機種が限定されたものとなっている。
　※注1-2：OSはMS-DOSである。
　※注1-3：OSはOS／2である。

注2：仕訳入力したものを出力して、入力者もしくは別の者が手作業によりチェックするのに使用するもの（メニューに存在しなくても実際に入力したものを出力できるようになっていれば該当する）。

注3：頻繁に発生する仕訳の入力のために、登録した仕訳のパターンを呼び出して仕訳入力時に利用するもの。

出所：PCA会計等パンフレットとPCA担当者からの回答により編集。

第2章　会計帳簿の変遷とIT会計帳簿の現状　63

PCA会計DXは自社内に機器を設置して会計ソフトを導入・運用するオンプレミスの形態を前提としているが、自社にサーバーを準備せず、PCAが契約するデータセンターで管理・運営するPCAクラウドを別途製品として提供している。

　まず、基本的な出力帳票であるが、財務会計に関して基本的な帳票の変化はない。仕訳日記帳（仕訳帳）、総勘定元帳、試算表、財務諸表は伝統的会計帳簿において作成されるが、PCA会計においても当然ながら作成され、1980年12月の発売以来、必ず出力が可能となっている。このため、基本的な機能に関しては、変化はないと考えることができる。また、特殊仕訳帳としての現金出納帳や預金出納帳（現預金出納帳）も最初の発売時以外のバージョンはすべて機能として備えている。中小企業庁の調査でも、現金出納帳の作成は97.3％、預金出納帳の作成は89.8％と高い割合となっており、これらの機能を持つ必要性も高いことがわかる。[126]

　次に、会計帳簿の誤謬・不正への対応に関する機能について検討する。図表2-2-7がこの機能の変遷を示している。誤謬・不正への対応は会計帳簿の正確性を担保する機能ともいえるが、内部統制の観点からはITによる統制の部分とITと手作業の組合せによる統制の2つに分類することができる。第一に仕訳チェックリストであるが、これは仕訳入力したものを出力して、入力者もしくは別の者が手作業によりチェックするのに使用するもので、ITと手作業の組合せによる統制に当たる。この機能は最初のバージョンから一貫して搭載されており、入力の正確性を担保するという要望が実務において強いと想定される。

　第二にパターン入力であるが、PCA会計では自動仕訳と呼んでおり、「表示される取引内容を選択するだけで、勘定科目・補助科目・金額・部門・税区分・摘要文まで仕訳の入力が可能となる」機能であり、頻繁に発生する仕訳の入力に便利としている。[127]この機能は仕訳の入力ミスの防止につながるとともに効率性の向上にもつながると考えられる。最初のバージョン以外は機

126　中小企業庁（2012）「平成22年度中小企業の会計に関する実態調査事業 集計・分析結果報告書」、8ページ。
127　PCA会計Xパンフレット2014年1月第8版、9ページ。

能が存在し，他の会計ソフトでも同様な機能は付いている。

　第三にアクセスコントロールと呼ばれる，ID・パスワードによる利用者制限，IDに対して利用できる権限設定，入力した仕訳に対する管理者承認，仕訳の削除や修正に関する仕訳履歴の確保である。仕訳履歴は削除・修正データの二重線付表示機能として実現される。電子帳簿保存法対応は直接的には誤謬・不正への対応に関する機能ではないが，仕訳の変更履歴などの関連する機能が要求されており，表の中に項目として入れている。初期のバージョンではID・パスワード機能もなく，電源を起動するとすぐに利用できていたのが，マルチユーザによる入力が行われ，特に，同じ場所のみならず遠隔地でも入力ができるようになると，セキュリティに対する要求が生じるのは当然と考える。

　ただし，仕訳履歴の機能が定着したのは一部を除き，Windows版になってからであり，それまでは仕訳の修正・削除の履歴がなかったことになる。背景には内部統制報告制度の導入があると考えられ，当時のパンフレットであるPCA会計9（2008年2月発売）にも「内部統制機能の強化」として，下記の機能が掲げられている。

① 履歴（操作ログ）管理機能の強化：（ユーザID，処理名，処理内容，コンピュータ名を履歴として管理・保存）
② 監査機能で不正な伝票がないかどうかチェック：消費税チェック（手動変更チェック），伝票番号チェック，繰越チェック
③ ユーザ管理機能の強化：パスワードの有効期限など
④ 伝票承認機能を強化：自分で入力した伝票の承認を不可とするなど

　会計ソフトの変遷において，分析機能はITの強みが発揮できる部分であるが，図表2-2-8にあるように初期のバージョンから基本的なものは装備されており，予算機能などが追加されている。分析は視覚的にわかりやすいことは有用であるとして，グラフ表示機能も付いており，使いやすさの点でも工夫がなされている。これらはデータの再利用ができるというIT会計帳簿の大きなメリットであり，これを伝統的会計帳簿で同じことを行おうとした際の労力は多大とならざるを得ない。これらの機能は他の会計ソフトでも同様の機能が付いている。

図表2-2-8 分析及びデータの入出力に関する機能の変遷

番号	ソフト名	分析機能					データ入出力機能				
		比較財務諸表	月次推移	損益分岐点	資金繰実績表	予算実績管理	データ受入	データ出力	マルチユーザ	XBRL対応	統合パッケージ
1	ABC財務会計システム										
2	ザ・パソコン会計Ⅲ	○	○	○	○						
3	PCA会計	○	○	○	○		○	○			
4	PCA会計Ⅱ	○	○	○	○		○	○			
5	PCA会計Ⅱ V2.0	○	○	○	○	○	○	○			
6	PCA会計OS/2		○						○		
7	PCA会計EX	○	○	○	○	○	○	○			
8	PCA会計Windows版	○	○	○	○	○	○	○	○		
9	PCA会計WindowsNT版	○	○	○	○	○	○	○	○		
10	PCA会計Win95	○	○	○	○	○	○	○	○		
11	PCA会計ExⅢ	○	○	○	○	○	○	○	○		
12	PCA会計EX95	○	○	○	○	○	○	○	○		
13	PCA会計EX95LANPACK	○	○	○	○	○	○	○	○		
14	PCA会計EX-V	○	○	○	○	○	○	○	○		

No.	製品名										
15	PCA会計 for WindowsNT Ver.3 wITh SQL Server7.0	○									
16	PCA会計2000	○	○	○	○	○	○				
17	PCA会計EX-V/2000会計連結決算連動キット98（PCA会計2000）	○	○	○	○	○	○				
18	PCA会計2000Plus	○	○	○	○	○	○				
19	PCA Dream21	○	○		○	○	○				○
20	PCA会計2000PlusV2	○	○	○	○	○	○				
21	PCA会計7	○	○	○	○	○	○				
22	PCA会計7V2	○	○	○	○	○	○	○			
23	PCA会計8	○	○	○	○	○	○	○			
24	PCA会計8V2	○	○	○	○	○	○	○			
25	PCA会計9	○	○	○	○	○	○	○			
26	PCA会計9 for SaaS	○	○	○	○	○	○	○			
27	PCA会計9V2	○	○	○	○	○	○	○			
28	PCA会計9V2R7	○	○	○	○	○	○	○			
29	PCA会計X	○	○	○	○	○	○	○			
30	PCA会計DX	○	○	○	○	○	○	○			

出所：PCA会計パンフレットより編集。

合計残高試算表について，最新バージョンPCA会計DXでは，参照したい勘定科目の元帳や補助科目一覧表を表示して，データの確認・修正・追加・削除が行える「ズームイン機能」を実装している。試算表という集計された情報において，特定の科目での発生額の詳細を確認したければ，元帳や仕訳のドリルダウンによって最終は仕訳まで遡れることは，伝統的会計帳簿と比較して，効率面でも大きな差となっている。また，最近は補助科目別ABC分析やデータマイニング機能，キャッシュ・フロー計算書作成機能などが追加されている。

　データの入出力に関する機能の変遷であるが，図表2-2-8のように示すことができる。ここでは，「2.2 会計ソフトを中心としたIT会計帳簿の変遷（2）日本の会計ソフトにおける三形態」で述べた3つの形態と関連させて検討する。まず，第一の形態である会計伝票をインプットして財務諸表等をアウトプットするという基本的な形態は，どのバージョンでも対応が可能となっている。最初のバージョンでは手作業で会計データを入力するのみであるが，番号の2からのバージョンは第二形態である現業業務でインプットされたデータを，コンピュータ・システムの中で自動的に会計ソフトに振替えて使用することが可能となっている。なお，番号19のPCA Dream21については，統合パッケージとして，第三形態である仕訳データと取引データとの連携が図られており，販売や仕入に関するデータは登録後，リアルタイムで財務データに反映される。

　現在，販売されているのは，番号19のPCA Dream21，番号30のPCA会計DX，また，番号30のクラウド対応版であるPCA会計DXクラウドの3種類となっている。クラウド対応版となると，会計データが自社ではなく，ピー・シー・エー株式会社の保有するデータセンターとなるため，このデータセンター自体のセキュリティの対応や可用性の対応などの検討が必要となる。この点に関して，「国際保証業務基準3402（ISAE3402）と米国保証業務基準書第16号（SSAE16）の証明書を取得」とし，さらに，「PCAクラウドにおいて

128　ピー・シー・エー株式会社ホームページ
　　http://pca.jp/area_product/saas/prosaas_top_product.html，2014年5月17日。

SOC1・SOC2報告書を同時取得[129]」（Type2）としており，一定の保証レベルにあることを掲げている．

（3）弥生会計

　弥生株式会社が発売している会計ソフトについて，第4バージョンの弥生会計4の発売から最新のバージョンまでを，発行しているパンフレットベースにより検討を行った．弥生株式会社の会計ソフトは弥生会計といわれており，図表2-2-6「財務会計ソフトの利用パッケージ名（従業員数）」によると，小規模企業に強いと考えられる．弥生株式会社の創業は1978年（設立年月日は2007年1月15日）であり，最初の会計ソフトは1987年に現在の弥生株式会社の前身である日本マイコン株式会社より発売している．

　図表には記載がない3バージョンも加えると27のバージョンが発売されており，2017年11月末での最新バージョンは2017年10月に発売した弥生会計18となっている．図表2-2-9では番号の1が弥生会計4（DOS対応弥生会計シリーズ）となっているが，1987年に弥生を発売し，またその後に弥生Ⅱ等を発売しているとのことだが，弥生株式会社自体にもパンフレットが現存しておらず，図表においても記載していない．ただし，弥生株式会社へのヒアリングにより回答があった範囲で追記している．また，弥生会計に関して，一時期において個人事業主・小規模法人向けのバージョンを発売しているが，本研究では内部統制を意識し，組織的に一定規模以上を対象と考え，図表には記載していない．発売年月については，パンフレットでは判明しないため，ホームページでの調査及び弥生株式会社へのヒアリングによりわかるものを記載している．

　なお，小規模法人向けとして2015年7月にクラウド会計ソフト「弥生会計オンライン」サービスを開始している[130]が，小規模法人向けであるとして表には記載していない．この弥生会計オンラインでは，入力の自動化による会計業務の効率化を特徴としている．具体的には，スマート取引取込機能として，

129　http://pca.jp/area_topics/pdf/release/news_16111701.pdf,2017年12月3日．
130　弥生株式会社ホームページ
　　http://www.yayoi-kk.co.jp/company/pressrelease/20150707.html，2017年12月3日．

銀行明細，クレジットカードなどの取引データ，レシートや領収書のスキャンデータやスマホアプリで撮影したデータを自動仕訳でき，入力と仕訳の手間が省けるとしている。ホームページでは，銀行通帳記帳，証憑整理，伝票整理，入力内容のチェックにより会計業務が一月当たり300分かかっていたのが，機能の利用で銀行データ自動取込，レシートスキャン，初回設定後に正しい勘定科目設定により学習機能で完全自動化が図られ30分（伝票スキャン15分，入力結果チェック14分，銀行明細自動仕訳1分）[131]との表示がある。スマート取引取込機能は，弥生会計18でも一定条件下で利用可能としており，入力の効率化の動きは会計業務に大きな変化をもたらす可能性がある。

　まず，基本的な出力帳票であるが，財務会計に関して基本的な帳票の変化はない。仕訳日記帳（仕訳帳），総勘定元帳，試算表，財務諸表は伝統的会計帳簿において作成される。図表2-2-9には記載がないが，1987年に発売した弥生，及び，その後の弥生Ⅱにおいても当然ながら作成されているとの弥生株式会社からの回答を得ている。このため，1987年の発売以来，出力が可能となっており，基本的な機能に関しては，変化はないと考えることができる。

　次に，会計帳簿の誤謬・不正への対応に関する機能について検討する。図表2-2-9がこれらの機能の変遷を示している。（2）PCA会計と同様に，ITによる統制の部分とITと手作業の組合せによる統制の観点で検討していく。第一に仕訳チェックリストであるが，弥生会計では印刷のメニューとして該当するものはない。しかしながら，これは仕訳入力したものを出力して，入力者もしくは別の者が手作業によりチェックするのに使用するものであり，同様の機能は弥生会計にも搭載されている。具体的には，仕訳日記帳において，検索機能を使用して全期間を選択し，入力した日を指定すると当日入力が抽出できるため，これを印刷すれば入力した仕訳をチェックできる。また，弥生会計05から仕訳日記帳に，「当日入力仕訳のみ表示」のボタンが設定されており，より使いやすくなっている。

　第二にパターン入力であるが，弥生会計では仕訳辞書（弥生会計04までは仕訳バインダ）と呼んでおり，頻繁に発生する仕訳を事前に登録しておくこ

131　弥生株式会社ホームページ
　http://www.yayoi-kk.co.jp/smart/torihikitorikomi/index.html，2017年12月3日。

とで仕訳を自動入力することができる機能である。また，簡単取引入力（弥生会計06から機能搭載）として，①取引の種類を選ぶ→②取引タイプ・取引名を選ぶ→③取引日付をカレンダーから選ぶ→④取引金額を入力→⑤登録ボタンで確定する，という簡単ステップで仕訳が作成できるという初心者向けの機能を設けている。第一のチェックリストと同様，仕訳入力の正確性の確保につながるとともに，効率性の向上にもつながると考えられる。

　第三にアクセスコントロールであるが，初期のバージョンではIDによる管理ではなく，データ自体に対するパスワードの設定となっていた。これに対して，弥生会計09のネットワーク対応のNE版からID・パスワードによる利用者制限，権限設定，管理者承認，履歴操作（操作ログ）の機能が用意されている。仕訳の削除や修正に関する仕訳履歴の機能は，どのような操作を誰が，いつ実施したかの情報が確保されている。電子帳簿保存法対応は，弥生会計 for Windows98 95NTで機能が用意され，弥生会計04まではパンフレットに明記されていたが，弥生会計05以降パンフレットの記載は削除となっている。これは，弥生会計が小規模の企業に強みがあり，小規模企業では電子帳簿保存法を適用するメリットが少ないと判断し，戦略上，当該機能は現存しているがこの機能を前面に出していないと考えられる。

　分析に関する機能の変遷であるが，図表2-2-10にあるように初期のバージョンから基本的なものは装備されており，予算実績管理機能などが追加されている。また，弥生会計では，ABC分析や比率分析，キャッシュ・フロー計算書作成機能などが追加されている。分析は視覚的にわかりやすいことは有用であるとして，弥生会計18でもグラフ表示機能が付いている。ABC分析はFXシリーズを除く市販される3社に搭載されている機能であるが，現実の実務において，ABC分析の機能を使用しているケースは少ないと考えており，3社の会計ソフトを利用している公認会計士や税理士10名にヒアリングしたところ，会計事務所としてクライアントのアドバイスのために使用しているケースはなく，この機能があること自体を知らない者も約半数存在していた。各社の戦略上，他社の搭載している機能を自社に搭載しようとする動きは家

132　弥生会計15パンフレット2015年1月，8ページ。
133　削除であれば，当初の仕訳入力に加えて削除日付も表示される。

図表2-2-9 弥生会計の変遷と誤謬・不正への対応に関する機能の変遷

番号	ソフト名	発売年月	仕訳チェックリスト ※注3	パターン入力 ※注4	ID・パスワード ※注5	権限設定	管理者承認	仕訳履歴	履歴管理（操作ログ）	電子帳簿保存法
1	弥生会計4（DOS対応弥生会計シリーズ）※注1-1	不明								
2	弥生会計 for Windows	不明	△	○	△					
3	弥生会計 for Windows Ver.1.2（法人版）	不明	△	○	△					
4	弥生会計 for Windows95 NT	1998年1月	△	○						
5	弥生会計 for Windows98 95NT	不明	△	○	△					
6	弥生会計 Quick Pro2000	1999年11月	△	○	△					○
7	弥生会計 Quick Pro2001	2000年12月	△	○	△					○
8	弥生会計02 Professional	2001年12月	△	○	△					○
9	弥生会計03 Professional	2002年12月	△	○	△					○
10	弥生会計04	2003年11月	△	○	○					○
11	弥生会計05	2004年11月	○	○	○			○		○
12	弥生会計06	2005年12月	○	○	○			○		○
13	弥生会計07	2006年12月	○	○	○			○		○

72

14	弥生会計08	2007年12月	○	○		○			○
15	弥生会計09	2008年12月	○	○	○※注6	○※注6	○※注6		○
16	弥生会計10	2009年12月	○	○	○※注6	○※注6	○※注6		○
17	弥生会計11	2010年11月	○	○	○※注6	○※注6	○※注6		○
18	弥生会計12	2011年2月		○	○※注6	○※注6	○※注6		○
19	弥生会計13	2012年11月	○	○	○※注6	○※注6	○※注6		○
20	弥生会計14	2013年10月	○	○	○※注6	○※注6	○※注6		○
21	弥生会計15	2014年10月		○	○※注6	○※注6	○※注6		○
22	弥生会計16	2015年10月		○	○※注6	○※注6	○※注6		○
23	弥生会計17	2016年10月		○	○※注6	○※注6	○※注6		○
24	弥生会計18	2017年10月	○	○	○※注6	○※注6	○※注6	○	○

注1：使用OSはWindowsである（ただし、※注1-1は下記の通り）。

注1-1：OSはMS-DOSである。

注2：平成27年7月7日に小規模法人向けにクラウド会計ソフト「弥生会計オンライン」サービスを開始しており、会計パッケージとしては弥生会計18、クラウドとしては弥生会計オンラインが最新版となる。なお、弥生会計オンラインは小規模法人が対象のため、図表には記載していない。

注3：仕訳のチェックリストを直接出力するメニューは用意されていないが、弥生会計05から仕訳日記帳に、「当日入力仕訳のみ表示」をチェックするボタンが設定されており、印刷すると仕訳チェックリスト同様の機能を持つことからこのようにしている（弥生オンラインは「日別取引レポート」）。また、仕訳日記帳において、検索機能を使用して全期間を選択し、入力した日を指定すると当日入力が抽出できるため、仕訳のチェックリストと同様の機能ではあるが、作業が複雑であるためこのようにしている。

注4：パターン入力は、仕訳辞書（弥生会計04までは仕訳バインダ）もしくは、簡単取引入力（弥生会計06から機能搭載）の方法によっている。

注5：□はデータ自体にパスワードをかける方式である（5. 弥生会計 for Windows98 95NTから9. 弥生会計03 Professionalは担当者以外に、管理者によるデータへのパスワードも可能となっている）。

注6：ネットワーク対応のNE版。

出所：弥生会計パンフレットと弥生担当者からの回答により編集。

第2章　会計帳簿の変遷とIT会計帳簿の現状

図表 2-2-10 分析及びデータの入出力に関する機能の変遷

番号	ソフト名	分析機能					データ入出力機能				
		比較財務諸表	月次推移	損益分岐点	資金繰実績表	予算実績管理	データ受入	データ出力	マルチユーザ	XBRL対応	統合パッケージ
1	弥生会計4（DOS対応弥生会計シリーズ）			○	○			○			
2	弥生会計 for Windows	○	○	○		○		○			
3	弥生会計 for Windows Ver.1.2（法人版）	○	○	○	○	○	○	○			
4	弥生会計 for Windows95 NT	○	○	○		○	○	○			
5	弥生会計 for Windows98 95NT	○	○	○		○	○	○			
6	弥生会計 Quick Pro2000	○	○	○	○	○	○	○			
7	弥生会計 Quick Pro2001	○	○	○	○	○	○	○※注1			
8	弥生会計02 Professional	○	○	○	○	○	○	○※注1			
9	弥生会計03 Professional	○	○	○	○	○	○	○※注1			
10	弥生会計04	○	○	○	○	○	○	○※注1	△※注2		
11	弥生会計05	○	○	○	○	○	○	○※注1	△※注2		
12	弥生会計06	○	○	○	○	○	○	○※注1	△※注2		
13	弥生会計07	○	○	○	○	○	○	○※注1	△※注2		

14	弥生会計08	○	○	○	○	○		○※注1	△※注2
15	弥生会計09	○	○	○	○	○		○※注1	△※注2
16	弥生会計10	○	○	○	○	○		○※注1	○※注2
17	弥生会計11	○	○	○	○	○		○※注1	○※注2
18	弥生会計12	○	○	○	○	○		○※注1	○※注2
19	弥生会計13	○	○	○	○	○		○※注1	○※注2
20	弥生会計14	○	○	○	○	○		○※注1	○※注2
21	弥生会計15	○	○	○	○	○	○	○※注1	○※注2
22	弥生会計16	○	○	○	○	○	○	○※注1	○※注2
23	弥生会計17	○	○	○	○	○	○	○※注1	○※注2
24	弥生会計18	○	○	○	○	○		○※注1	○※注2

注1：出力がCSVではなく、自動的にEXCELに出力される。
注2：△は分散入力機能として、作成されたデータを取り込む機能。○は分散データ入力に加えて、ネットワーク対応としてマルチユーザ対応。
出所：弥生会計パンフレットより編集。

電製品でもよくあることであり，この動きで搭載された可能性が高いと考える。

　また，便利な機能として，残高試算表について，最新バージョン弥生会計18では，画面上，科目を選択し，ジャンプボタンで，元帳の表示を行うことが可能となっている。試算表という集計された情報において，特定の科目での発生額の詳細を確認したければ，元帳や仕訳のドリルダウン機能により仕訳まで遡れることは，伝統的会計帳簿と比較して，効率面でも大きな差となっている。また，高度な集計として，旅費交通費等の個人別経費や品種別の損益の集計を摘要集計表により可能としている。

　データの入出力に関する機能の変遷であるが，図表2-2-10のように示すことができる。ここでは，（2）PCA会計と同様に3つの形態と関連させて検討する。まず，第一の形態である会計伝票をインプットして財務諸表等をアウトプットするという基本的な形態は，どのバージョンでも対応が可能となっている。初期のバージョンでは手作業で会計データを入力するのみであるが，番号3からのバージョンは第二形態である現業業務でインプットされたデータをコンピュータ・システムの中で会計ソフトに振替えて使用することが可能となっている。

　弥生株式会社では，弥生会計以外に給与計算ソフトである弥生給与，販売管理・購買管理ソフトである弥生販売を発売しており，弥生給与及び弥生販売のデータを取り込むことが可能となっている。また，弥生会計04以降のバージョンでは分散入力機能がある。これは，複数の弥生会計から入力された仕訳データを後からひとつのデータにまとめる機能であり，例えば，支店で入力したデータを本店へ送信し，本店で仕訳データを取り込むことが可能となる。また，弥生会計05からはネットワーク版においてネットワーク対応がなされており，同時に複数の端末から仕訳入力などの処理が可能となっている。最後に，第三形態であるが，弥生株式会社ではERPのような統合パッケージに当たるものは販売しておらず，第三形態に該当するものはない。

（4）勘定奉行

　株式会社オービックビジネスコンサルタントが発売している会計ソフトについて，第2バージョンのTOP財務会計VMの発売から最新のバージョンま

でを，発行しているパンフレットベースにより検討を行った。株式会社オービックビジネスコンサルタントの財務会計ソフトは勘定奉行といわれている。オービックビジネスコンサルタント株式会社の創業は1980年12月であり，翌年の1981年7月から事業を開始している。最初の財務会計ソフトは1983年11月に発売している[134]。

　図表2-2-11には記載がない第1バージョンも加えると2017年11月までに15のバージョンが発売されており，現在のパッケージ版の最新は2009年9月に発売した奉行iとなっている。なお，2017年11月末現在，奉行iは奉行i10シリーズがリリースされており，会計に関しては，勘定奉行i10となっている。モデルはスタンドアロン版とネットワーク対応版があり，ネットワーク対応版では本社から離れた拠点での入力が可能となる。また，遠隔地での閲覧権限に限定したライセンスも発行できる。また，給与システム（給与奉行），販売管理システム（商奉行），仕入管理システム（蔵奉行），固定資産管理システム（償却奉行）等とのデータ連係も可能となっている。

　なお，勘定奉行i10は2016年10月から奉行10クラウド及びOBCクラウドサービスを開始し，プライベートクラウドでもパブリッククラウドでも，IaaS・PaaS・SaaS，どんなクラウド環境でも利用できるとしている。基本的な出力帳票であるが，財務会計に関して基本的な帳票の変化はない。仕訳日記帳（仕訳帳），総勘定元帳，試算表，財務諸表に加えて，特殊仕訳帳である伝統的会計帳簿の現金出納帳や預金出納帳（現預金出納帳）も最初のバージョンも含めて必ず出力が可能となっている。

　次に，会計帳簿の誤謬・不正への対応に関する機能について検討する。図表2-2-11がこの機能の変遷を示している。まず，仕訳チェックリストであるが，番号が5となる1991年5月に発売となったTOP財務会計エキスパート2 LANPACK（OS：NetWare386）から開始となっている。他の会計ソフトが早い段階からこの機能を実装しており，比較すると該当機能が実装されるまでにいくつかのバージョンを経由している。ただし，仕訳日記帳などの出力は可能であるため，別の機能で代替していた可能性は考えられる。パンフ

134　オービックビジネスコンサルタントのホームページ（OBCの歩み）
　　http://www.obc.co.jp/corporate/outline/history/，2017年9月19日。

第2章　会計帳簿の変遷とIT会計帳簿の現状　77

図表2-2-11 勘定奉行の変遷と誤謬・不正への対応に関する機能の変遷

番号	ソフト名	発売日	仕訳チェックリスト※注3	パターン入力※注4	ID・パスワード	権限設定	管理者承認	仕訳履歴	履歴管理(操作ログ)	電子帳簿保存法
1	TOP財務会計V2※注1-2	1983年11月								
2	TOP財務会計VM※注1-2	1985年9月								
3	TOP財務会計エキスパート※注1-2	1987年2月			○					
4	TOP財務会計エキスパート2※注2	1991年3月			○			○	○(マスタ)	
5	TOP財務会計エキスパート2LANPACK※注1-3	1991年5月	○	○	○			○	○(マスタ)	
6	TOP勘定奉行※注1-1	1993年7月	○	○	○					
7	TOP勘定奉行Ver.Ⅱ※注1-1	1994年7月	○	○		○				
8	TOP勘定奉行for Windows	1995年6月	○	○		○				
9	TOP勘定奉行for WindowsNT/95	1996年12月	○	○	○	○	○	○	○	
10	TOP勘定奉行for Windows98	1998年10月	○	○	○	○	○	○	○	○
11	勘定奉行2000シリーズ	2000年3月	○	○	○	○	○	○	○	○

12	勘定奉行21シリーズ	2001年3月	○	○	○	○	○	○	○
13	奉行ⅤERP	2007年10月	○	○	○	○	○	○	○
14	奉行i	2009年9月	○	○	○	○	○	○	○

注1：使用OSはWindowsである（ただし、※注1-1から※注1-3は下記の通り）。
　注1-1：OSがMS-DOSであるが、PC9801シリーズ対応のように、機種が限定されたものとなっている。
　注1-2：OSはMS-DOSである。
　注1-3：OSはNetWare386である。
注2：番号4のTOP財務会計エキスパート2及び番号5のTOP財務会計エキスパート2LANPACKまでは、LANPACKの有無でバージョンを分けているが、機能が高いハイパースで検討することとし、これ以降はLANPACKがあることを前提として記載する（ただし、番号8はLANPACKなし）。
注3：仕訳入力したものを出力して、入力者もしくは別の者が手作業によりチェックするのに使用するもの（メニューに存在しなくても実際に入力したものを出力できるようになっていれば該当ありとしている）。
注4：頻繁に発生する仕訳の入力のために、登録した仕訳のパターンを呼び出して仕訳入力時に利用するもの。
出所：勘定奉行等パンフレットとオービックビジネスコンサルタント担当者からの回答により編集。

レット及び担当者へのヒアリングではこの点は明らかにできなかった。

　最新のバージョンでは，仕訳をチェックするための条件を自由に設定することが可能となっており，例えば，下記の5つの中のいずれかの設定を行っていれば，自動的に該当するパターンで抽出され，該当する仕訳を一覧表示・印刷してチェックすることが可能となる。[135]この点について，企業独自の確認ルールを設定でき，効率性につながるとパンフレットにおいて記載している。

① 本日入力した仕訳のみチェック
② 付箋を貼った仕訳のみチェック
③ 特定科目のみ抽出してチェック（例：現預金勘定の仕訳明細のみ表示）
④ 入力した担当者ごとに抽出してチェック
⑤ 外部システムから受入した仕訳のみチェック

また，パターン入力についても仕訳チェックリストと同様の結果であった。

　アクセスコントロールにおけるID・パスワードによる利用者制限であるが，番号が3となる1987年2月に発売のTOP財務会計エキスパートにおいて，早い段階から実装されている。これは，このバージョンからマルチユーザー対応をしており，機能として必要と考えたと思われる。IDに対して利用できる権限設定，入力した仕訳に対する管理者承認，仕訳の削除や修正に関する仕訳履歴の確保，操作記録に対する履歴管理（ログ管理）に関しても，1996年12月発売のTOP勘定奉行 for WindowsNT/95（番号9）から実装されており，電子帳簿保存法がスタートする前に，重要なアクセスコントロールの機能が実装されている。さらに，最新のバージョンでは，セキュリティポリシーの設定により，パスワードの最小文字数や有効期限，過去に利用したパスワードの使用禁止など，細かな設定が可能となっている。さらに，指定回数を超えてログインに失敗した場合に，利用者アカウントのロックも可能となっている。

　入力した仕訳に対する管理者承認について，勘定奉行 i 8 や i10 では，パンフレットで不正な仕訳や誤入力データの財務諸表への反映を防ぎ，財務諸表の信頼性を高める点を述べるとともに，伝票の確定が時間的に遅れることに

135　株式会社オービックビジネスコンサルタント（2014）勘定奉行 i 8 パンフレット，8ページ。

対し，下記のように，仕訳の確定前でも情報として集計が可能として，経営管理上の早期の情報提供に対応するようになっている[136]。

- 不正な仕訳や誤入力データの財務諸表への反映を防ぎ，財務諸表の信頼性を高めます。
- 「未承認」「未転記」仕訳に関しても，設定によっては帳票集計に含めることができますので迅速に分析を行うことも可能です。
- 責任者が不在のため，承認が降りない仕訳に関しても，伝票入力を行い，先に金額・残高を確認することができます。業務を止めることなくスムーズに処理を進めることが可能です。

分析機能であるが，図表2-2-12にあるように初期のバージョンから基本的なものはすべて装備されている。また，現行のバージョンでは，予算実績管理について，科目での予算実績対比のみならず，部門別の予算実績対比も可能となっている。また，発生した広告宣伝費について売上高を部門別に基準により配賦するなどの配賦機能が実績及び予算に実装されており，配賦基準は社員数や機械運転時間など会計数値以外の利用も可能となっている。この点を踏まえて，パンフレットでは企業独自の管理形態に合わせた予算額配賦が行えるとしている。

合計残高試算表について，勘定奉行i10では，画面上，科目を選択し，ダブルクリックもしくはジャンプボタンで，元帳や仕訳伝票までデータを掘り下げて確認・修正・追加・削除を行うことができる。試算表という集計された情報において，特定の科目での発生額の詳細を確認したければ，元帳や仕訳のドリルダウンによって最終的に仕訳まで遡れることは，伝統的会計帳簿と比較して，効率面でも大きな差となっている。また，月次推移において，全社ベースに加え，部門別，取引先別という観点からも実施でき，ABC分析やキャッシュ・フロー計算書作成機能などが追加されている。

データの入出力に関する機能の変遷であるが，図表2-2-12のように示すこ

---

[136] 株式会社オービックビジネスコンサルタント（2014）勘定奉行ｉ８パンフレット，7ページ。
　　株式会社オービックビジネスコンサルタント（2016）勘定奉行i10パンフレット，7ページ。

とができる。ここでは，（2）PCA会計と同様に3つの形態と関連させて検討する。まず，第一の形態である会計伝票をインプットして財務諸表等をアウトプットするという基本的な形態は，どのバージョンでも対応が可能となっている。最初のバージョンでは手作業で会計データを入力するのみであるが，番号2からのバージョンは第二形態である現業業務でインプットされたデータをコンピュータ・システムの中で自動的に会計ソフトに振替えて使用することが可能となっている。

なお，番号13の奉行V ERPについては，統合パッケージとして，第三形態である仕訳データと取引データとの連携が図られており，販売や仕入に関するデータは登録後，リアルタイムで財務データに反映される。最新の奉行i10では，すべての帳票において「Excelダイレクト転送」という機能を搭載しており，「転送」ボタンを押すと，Microsoft Excelが起動し，そのまま集計されたデータが転送される機能を有している。分析では利用者のニーズが異なり，定型化が難しい面もあることから，利用者が自由にExcelで分析を行える機能を搭載したと考えられる。

現在，販売されているのは，番号13の奉行V ERP，番号14の奉行iとなっている。また，番号14のクラウド対応版として奉行i10 for クラウドを発売しており，実質は3種類となっている。クラウド対応版となると，会計データが自社ではなく，パブリッククラウドサービス（IaaS）となるため，対応した外部会社のデータセンター自体のセキュリティの対応や可用性の対応などの検討が必要となる。この点に関して，パブリッククラウドサービスの提供会社の対応となるが，例えば，Amazon Web Services（AWS）では，Service Organization Controls 1（SOC1）及び国際保証業務基準書第3402号（ISAE3402）に基づくType 2 レポート，Service Organization Controls 2（SOC2）に基づくType 2 レポート，Service Organization Controls 3（SOC3）レ

---

137 株式会社オービックビジネスコンサルタントのホームページでは，対応パブリッククラウドサービスとして，アマゾン ウェブ サービス ジャパン株式会社のAmazon Web Services（AWS），日本マイクロソフト株式会社のMicrosoft Azureなどが対応していることを記載している。
https://www.obc.co.jp/cloud/benefits,2017年12月4日。

図表2-2-12 分析及びデータの入出力に関する機能の変遷

番号	ソフト名	分析機能					データ入出力機能				
		比較財務諸表	月次推移	損益分岐点	資金繰実績表	予算実績管理	データ受入	データ出力	マルチユーザ	XBRL対応	統合パッケージ
1	TOP財務会計V2	○	○	○	○	○		○			
2	TOP財務会計VM	○	○	○	○	○		○			
3	TOP財務会計エキスパート	○	○	○	○	○	○	○	○		
4	TOP財務会計エキスパート2	○	○	○	○	○	○	○	○		
5	TOP財務会計エキスパート2LANPACK		○	○	○	○	○	○	○		
6	TOP勘定奉行	○	○	○	○	○	○	○	○		
7	TOP勘定奉行Ver.II	○	○	○	○	○	○	○	○		
8	TOP勘定奉行 for Windows	○	○	○	○	○	○	○	○		
9	TOP勘定奉行 for WindowsNT/95	○	○	○	○	○	○	○	○		○
10	TOP勘定奉行 for Windows98	○	○	○	○	○	○	○	○		○
11	勘定奉行2000シリーズ	○	○	○	○	○	○	○	○		○
12	勘定奉行21シリーズ	○	○	○	○	○	○	○	○	○	○
13	奉行V ERP※注	○	○	○	○	○	○	○	○		○
14	奉行i			○	○	○	○	○	○		○

注：ここで記載されているERPであるが、データの自動連携機能は有していない。
出所：勘定奉行等パンフレットとオービックビジネスコンサルタント担当者からの回答により編集。

ポートを発行しており、一定の保証レベルにあることを掲げている。[138]

（5）FXシリーズ

　株式会社TKCの財務会計ソフトはFXシリーズといわれている。株式会社TKCの創業は1966年10月であり、株式会社栃木県計算センターの略称としてTKCとしていたものを1986年12月に株式会社TKCとして商号変更している。図表2-2-13のように最初の財務会計ソフトは1988年5月であるが[139]、2017年11月末現在、小規模企業向けのFX2（14番の最新OS対応版）、FX2のクライアント・サーバーシステムであるFX3（12番の最新OS対応版）、中堅企業向けのFX4（15番）、上場企業向けのFX5（13番及び16番）となっている。

　FXシリーズの特徴としては、他の3社と異なり、TKC会員（税理士・公認会計士）のサポートが前提となっており、小売販売店もしくはネット販売店における直接の販売は行われておらず、会計事務所経由での販売もしくは直接的に株式会社TKCからの購入においても会計事務所のサポート契約が必要となる（13番及び16番を除く）。システムの変更や修正に関しては、詳細情報をTKC会員へ冊子として配布を行っており、番号1から保存されているが、パンフレットについては、必ずしも作成されているわけではなく、発行していてもタイミングが同時期ではない。さらに、例えば同じFX4でも改訂内容の記載はパンフレットでは行われないため、不足分の情報はヒアリングにより入手している。[140]

　まず、基本的な出力帳票であるが、財務会計に関して基本的な帳票の変化はない。仕訳日記帳（仕訳帳）、総勘定元帳、試算表、財務諸表は基本的に作

138　SOC1、SOC2のレポートは外部に公表されていないが、SOC3のレポートは公表されており、レポートにはErnst & Youngによる保証報告書が添付されている。
Amazon Web Services, Inc. (2017) *Service Organization Controls 3 Report*.
https://d0.awsstatic.com/whitepapers/compliance/soc3_amazon_web_services.pdf、2017年12月4日。

139　上記以外に、会計事務所向けのTKC財務三表システムがあり、1968年8月に処理開始となっている。

140　外部公表資料を基本としているため、配布先が限定されている詳細情報ではなく、パンフレットにより検討し、不明な点に関してはTKC担当者への質問を実施している。

成される。財務諸表に関して該当ありとしているのは，番号8，番号13，番号15，番号16のみとなっており，FX2などの一部で該当なしとの回答をTKC担当者から受けているが，これは企業側から出力できないという意味であり，株式会社TKCのデータセンター側でデータ処理を実施し，最終の財務諸表は印刷して送付する方式を取っている[141]。

他の3社と大きく異なるのは，当初の財務会計システムは会社（関与先企業）が入力後に，TKC会員が巡回監査[142]と呼ぶ月次での訪問と会計処理のチェックと指導を行い，会社の会計データをTKC会員が入手し，会計事務所から株式会社TKCのデータセンターへ伝送し，計算処理後に出力したものを会社へ配送するという方式を採用していたという点である。この理由として，FXシリーズには，元々会社から直接伝送する機能は搭載されているが，自計伝送システムは，会計事務所から伝送する際に，FXシリーズの各システムを個別に起動して伝送する手間を省くために開発されたもので，各システムの伝送データを一括して伝送できるようになっているためとの回答を得ている。

TKCのデータセンターへの伝送は大きく他社と異なる。伝送について，パンフレットでは，「月次巡回監査を通じて，正確性・適法性が確保された会計データは，TKCデータセンター（TISC）に送信され，厳重なセキュリティ体制によって10年間備蓄」[143]とある。また，このデータは金融機関からの信頼性の高い記帳適時性証明書の発行や経営助言の基礎データとして利用されるとある。記帳適時性証明書について，会計帳簿と決算書・法人税申告書の作成に関する適時性と計算の正確性を，第三者である株式会社TKCが証明する書類として発行できるとしている。これは，「記帳指導→年12回の巡回監査と月次決算→決算書作成→法人税・消費税申告書の作成→国税・地方税申告

---

141 株式会社TKCでの出力に加え，最近は会計事務所（TKC会員事務所）からの出力も可能としている。
142 巡回監査とは，関与先を毎月及び期末決算時に巡回し，会計資料並びに会計記録の適法性，正確性及び適時性を確保するため，会計事実の真実性，実在性，網羅性を確かめ，かつ指導することである。
TKC全国会中央研修所編（2014）『TKC基本講座』TKC出版，362ページ。
143 TKC財務会計システムご紹介パンフレット2014年4月，3ページ。

書の電子申告→記帳適時性証明書の取得」のプロセスで発行されると説明されている。

また，経営助言の基礎データとしては，TKC経営指標（BAST）という決算書（貸借対照表及び損益計算書）の収録データがデータベースの基礎情報として利用しており，ホームページでは収録社数約23万社，収録業種1,041種類となっている。この利用により，同業種の優良・黒字企業との業績も比較や経営改善計画策定時にベンチマーキングの指標等に利用できるとしている。また，これ以外として，データのバックアップ機能として利用ができるとしている。これらのように，他の3社と比較すると，同じ会計ソフトとしながらも，TKC会員の関与とデータ伝送という点は大きな相違点となっており，単純な機能としての比較のみならず，この点も考慮して分析を進める。

次に，会計帳簿の誤謬・不正への対応に関する機能について検討する。図表2-2-13がこの機能の変遷を示している。第一に仕訳チェックリストであるが，入力モニターという名称となっており，入力担当者ごとに入力した仕訳を表示し，入力データのチェックに利用するものである。また，科目や取引年月日を任意に指定して印刷することもできる。第二にパターン入力であるが，FXでは仕訳辞書と呼んでおり，定期的な仕訳をあらかじめ登録しておき，入力作業を合理化し，入力ミスを防止する機能としている。この機能によりあらかじめ仕訳を登録しておけば，一覧画面から選択し，金額と日付を追加入力するだけで，仕訳の入力が完了となる。

第三にアクセスコントロールと呼ばれる，ID・パスワードによる利用者制限，IDに対して利用できる権限設定，入力した仕訳に対する管理者承認，仕訳の削除や修正に関する仕訳履歴の確保について検討する。基本的には他社と同様に電子帳簿保存法，内部統制報告制度の導入により機能が追加されている。ただし，FXのソフトにおいて特色があるのは，「過去の会計記録（データ）を遡って改ざん（追加・修正・削除）できないシステム」という点であり，逆仕訳（反対仕訳）が基本的に求められる。他の3社では上位機能のソ

144　記帳適時性証明書のご紹介。　http://www.tkc.jp/tkcnf/kts，2016年1月2日。
145　BASTとは。　https://www.tkc.jp/tkcnf/bast/，2016年1月2日。
146　戦略財務情報システムFX2・FX3パンフレット2007年3月版。

フトを除けば,電子帳簿保存法対応に関する機能を利用するという選択をしない限り,この機能は自動的には働かない。

会社の側からこの機能を考えると,メリットとしては従業員の会計上の操作が手作業と同様に見えるために不正防止につながる可能性がある。反面,デメリットとしては,金額などの入力ミスが発生すると,月次等の確定後は直接金額等を修正することができないため,仕訳の数も増加するとともに,月次等の確定後の追加分が発見されても過去に遡っての追加ができないという実務上の煩雑さという問題が考えられる。パンフレットでは,「TKC会員事務所(会計専門家)による毎月の「巡回監査」と「月次決算」を前提にしたパソコン会計ソフトです」とあり,このことから,「金融機関からも高い評価をいただいております」との記載がある。

巡回監査については,次の3条件を具備している場合は不要[147]としている。この条件を具備している会社は経験からほとんど1%もないとしており,上場会社を中心とした公認会計士等による財務諸表監査が適用されている会社が中心と考えられる。

① 企業の内部統制制度が完全に整備されていること
② 企業の会計事務担当者が,税務に関する会計処理について,高度の専門的知識を持っていること
③ 企業の経営者やその他の幹部が,会計経理について,絶対に不正を行わないぞ,との強固な決意を有すること

巡回監査については,公認会計士等による監査である財務諸表監査とは異なるものであるが,内部統制の有効性が十分といえない状況を考えると,会計専門家は痕跡もなく遡及修正が可能であることは,月次で会計処理のチェックと指導を実施しても,次回の訪問時に過去の修正等の有無を検討しなければならないことになる。この点を防ぐという点では,過去の会計データを改ざんできないことはITによる内部統制を働かせているということになる。他の3社では会計専門家の関与は必須とされていないため,経営者が経営管理の観点からこのような機能を利用するかどうかを選択することになる。

---

147 TKC全国会中央研修所編(2014),103ページ。

図表2-2-13　FXの変遷と誤謬・不正への対応に関する機能の変遷

番号	ソフト名	発売日	仕訳チェックリスト※注2	パターン入力※注3	ID・パスワード	権限設定	管理者承認	仕訳履歴	履歴管理(操作ログ)	電子帳簿保存法
1	戦略財務情報システム (J/FX1) ※注1-1	1988年5月	○	○	○			○		
2	戦略財務情報システム (J/FX2) ※注1-1	1989年4月	○	○	○			○		
3	中堅企業向け戦略財務情報システム (K/FX2)	1989年10月	○	○	○			○		
4	中堅企業向け戦略財務情報システム (K/FX3)	1992年5月	○	○	○			○		
5	戦略財務情報システム (FX・イージー) ※注1-1	1993年5月	○	○	○			○		
6	FX2 for Windows	1995年9月	○	○	○			○		
7	FX2 for WindowsNT	1997年8月	○	○	○			○		
8	公開企業用会計情報システム (FX4NT)	1998年5月	○	○	○	○	○	○	○	○
9	FX2 [電子帳簿対応版]	1998年11月	○	○	○			○		○
10	戦略財務情報システム (FX3NT)	1999年9月	○	○	○			○		○

11	FX2 (Delphi版)	2001年4月	○	○	○	○	○		○
12	戦略財務情報システム (FX3)	2002年10月	○	○	○	○	○		○
13	統合型会計情報システム (FX5)	2006年4月	○	○	○	○	○	○	○
14	FX2 (.NET版)	2010年6月	○	○	○	○	○		○
15	統合型会計情報システム (FX4クラウド)	2011年6月	○	○	○	○	○	○	○
16	FX5クラウド	2012年7月	○	○	○	○	○	○	○

注1：使用OSはWindowsである（ただし、※注1-1は下記の通り）。
注1-1：OSがMS-DOSであるが、PC9801シリーズ対応のように、機種が限定されたものとなっている。
注2：仕訳チェックリストについて、入力モニターと呼んでいる。
注3：パターン入力に関しては、仕訳辞書と呼んでおり、定期的な仕訳をあらかじめ登録できる機能となっている。
出所：TKCパンフレットと株式会社TKC担当者からの回答により編集。

他の3社においては，自社内での内部統制を前提としたものであり，経営管理の観点からIT統制の機能を必要に応じて選択を行う。これに対して，FXでは外部の会計専門家によるモニタリング機能が前提となっており，このモニタリング機能を実現する前提として，過去の会計データを改ざんできないという，会計ソフトに自動化されたIT統制を組み込んでいる。プログラムはパッケージであり改ざんできないことから，月次で会計処理のチェックと指導を実施し，会計データを確定させると，確定されたデータについては保全され，その改ざんの有無の検討は不要となる。外部の会計専門家によるモニタリングの実施は，経営者の判断であるが，日本の大手監査法人の社員と話していると，アメリカでは内部監査業務の受注を受ける割合が日本よりも高く，日本でもこの業務の比率を向上したいという話を聞いており，FXにおけるこのような方法については，経営におけるひとつの選択肢として興味深い。

　分析に関する機能の変遷であるが，図表2-2-14にあるように初期のバージョンから基本的なものは装備されている。FX2とFX4における相違は，この分析に関する機能では，部門グループ管理機能，プロジェクト管理機能の有無で差が生じている。企業規模の拡大で，よりこのようなニーズが増加するのに対応したものと考えられる。なお，他の3社では搭載されていたABC分析の機能は搭載されていない。（3）弥生会計で述べたように，ABC分析の機能を利用しているケースは少ないと考えられるため，市販でないことから他社の搭載機能を無理に付けなくて済むのかもしれないと考える。また，弥生会計でも利用されているドリルダウン機能が，同様に装備されている。

　FX2では，中小企業向けとしていることから，2000年9月より社長メニューとして，経営者が自社に役立つ経営情報を確認できるようにしている。このメニューでは画面にある利益タブ，売上タブ，資金タブから，確認したい項目をクリックすると，知りたい情報がグラフと数値で表示されるようになっており，ドリルダウン機能で原因究明も可能としている。例えば，利益タブでは，「固定費は適正か？」，「損益分岐点は？」のようなメニューがある。また，365日変動損益計算書として，前年同日との比較が可能としている。

148　戦略財務情報システムFX2・戦略給与情報システムPX2パンフレット2014年4月版，4ページ。

データの入出力に関する機能の変遷であるが，図表2-2-14のように示すことができる。ここでは，（2）PCA会計と同様に3つの形態と関連させて検討する。まず，第一の形態である会計伝票をインプットして財務諸表等をアウトプットするという基本的な形態は，現行で利用可能なFX2からFX5までのどのバージョンでも対応が可能となっている。また，第二形態については，データ受入に関して，株式会社TKCのソフトである戦略給与情報システムPX及び戦略販売・購買管理システムSXとのデータ連携が可能となっている。また，ファームバンキングやインターネットバンキングからの仕訳読込機能も有している。

　FX4及びFX5はメニューにおいて，「他社システム自動仕訳の読込」が明示されているのに対して，FX2及びFX3ではパンフレット上ではこの記載はないが，担当者へのヒアリングでは，FX2，FX3の最新版は，他社システム仕訳読込が可能とのことであった[149]。FX2は年商規模5億円，FX4は年商規模50億円まで，FX5はそれ以上としており[150]，FX2ではこのようなニーズが少ないと考えられる。データ出力についても，この考え方は同様となっている。マルチユーザに関しては，例えば弥生会計ではネットワーク版を用意しているのと同様に，FX2ではネットワーク対応としてFX3を用意しており，同一事業所内の複数端末に加え，遠隔地での営業所からも入力等が可能となっている。最後に，第三形態であるが，弥生株式会社と同様に，ERPのような統合パッケージに当たるものは販売しておらず，第三形態に該当するものはない。

　なお，番号15のFX4クラウド及び番号16のFX5クラウドについて，セキュリティを含む内部統制に関する外部からの評価を受けている。TKCデータセンター（TISC）のASPサービスに係る内部統制に関して，日本公認会計士協会の監査・保証実務委員会実務指針第86号「受託業務に係る内部統制の保証報告書」に基づく，いわゆる86号報告書を受領している[151]。また，平成27年

---

[149] レイアウト固定による他社仕訳データ連携機能であるため，業務システム自体でフォーマット等をFX2に合わせる必要がある。
[150] TKC財務会計システムご紹介パンフレット2014年4月，1-2ページ。
[151] 株式会社TKCホームページ「TKCデータセンター（TISC）のご紹介」。

図表2-2-14 分析及びデータの入出力に関する機能の変遷

番号	ソフト名	分析機能					データ入出力機能			
		比較財務諸表	月次推移	損益分岐点	資金繰実績表	予算実績管理	データ受入	データ出力	マルチユーザ	XBRL対応	統合パッケージ
1	戦略財務情報システム (J/FX1)	○	○	○※注	○	○					
2	戦略財務情報システム (J/FX2)	○	○	○※注	○	○					
3	中堅企業向け戦略財務情報システム (K/FX2)	○	○	○※注	○	○					
4	中堅企業向け戦略財務情報システム (K/FX3)	○	○	○※注	○				○		
5	戦略財務情報システム (FX・イージー)	○	○	○※注	○						
6	FX2 for Windows	○	○	○※注	○	○		○			
7	FX2 for WindowsNT	○	○	○※注	○	○		○	○		
8	公開企業用会計情報システム (FX4NT)	○	○	○※注	○	○	○	○			
9	FX2 [電子帳簿対応版]	○	○	○※注	○	○	○	○	○		
10	戦略財務情報システム (FX3NT)	○	○	○※注	○	○	○	○	○		
11	FX2 (Delphi版)	○	○	○※注	○	○	○	○	○		

12	戦略財務情報システム (FX3)	○	○	○※注	○	○	○	○
13	統合型会計情報システム (FX5)	○	○	○※注	○	○	○	○
14	FX2 (.NET版)	○	○	○※注	○	○	○	
15	統合型会計情報システム (FX4クラウド)	○	○	○※注	○	○	○	
16	FX5クラウド	○	○	○※注	○	○	○	

注:直接、損益分岐点の資料はないが、変動損益計算書を作成するため、ここから数値を算定できる。
出所:TKCパンフレットと担当者からの回答により編集。

10月に，パブリッククラウドサービスにおける個人情報保護の国際規格ISO/IEC 27018の第三者認証をTISCで行うクラウドサービスの運用管理を適用範囲として取得したとのプレスリリース[152]を出している。このようにデータセンターに関して，一定の保証レベルにあることを掲げている。

（6）主要会計ソフト4社における機能比較

（2）から（5）まで主要会計ソフトの機能分析を実施してきたが，4社における比較分析を実施する。なお，本研究において，パンフレットだけでは不明な点が多く，各社の担当者にヒアリングを実施したが，この中で各社に共通している点として，下記の点があげられた。

① 一度実装した機能は，次のバージョンにおいても原則として実装する（機能の追加はあるが，削除は基本的にない）。
② 機能を新たに装備するときの大きなポイントは，顧客の要望があるかどうかである（ただし，法的な要請があるものは，実装する方針である）。
③ 他社が実装した機能については業界の傾向として，同様の機能を実装する傾向がある。

また，ヒアリング実施時に各社の担当者が今後の動向で注目する点としてあげていたのが，クラウドの利用に関するものであった。

PCA会計，弥生会計，勘定奉行，FXを対象として，第一として，代表的な財務会計の出力帳票の変遷，第二として誤謬・不正への対応に関する機能の変遷，第三として分析に関する機能の変遷，第四としてデータの入出力に関する機能の変遷を検討した。第一の財務会計に関して基本的な帳票の変化はなく，伝統的会計帳簿において当然出力できるものは，IT会計帳簿でも出力できることが求められ，すべての会計ソフトが実現していることが確かめられた。このことは，最初に仕訳のデータを入力もしくは他の業務システムから仕訳データを受け入れることによって，伝統的会計帳簿で求められていた，転記処理や集計処理という機械的な単純作業を会計ソフトが実施し，業

---

[152] 株式会社TKCホームページ「クラウドサービスにおける個人情報保護の強化へ　国内初となるISO/IEC 27018の認証を取得」。
　　http://www.tkc.jp/news/2015/20151016023659，2016年1月6日。

務の効率化につながっていることを示している。

　第二から第四に関しては，各会計ソフトとも機能面での変化が生じていることが，分析の結果判明した。これらはIT会計帳簿を利用するメリットである反面，紙から電子データとなるデメリットへの対応が十分に行われていなければならない。例えば，伝統的会計帳簿と比較して不正な会計帳簿の作成が容易となるのであれば，経営者は安心してIT会計帳簿を利用できなくなってしまうし，当然ながら，企業の利害関係者も経営者不正を意識して，IT会計帳簿に問題があるとなれば，財務諸表の信頼性を認めないこととなってしまう。以下において，各社の最新バージョンを中心とした会計ソフトの比較を通じて検討を行う。

　第二として誤謬・不正への対応に関する機能比較であるが，図表2-2-15のように，各社とも基本的な機能を有していることが判明した。変遷を見ると，大きく電子帳簿保存法と金融商品取引法による内部統制報告制度の2つの制度が大きく影響していると考えられる。各会計ソフトとも初期のバージョンでは，誤謬・不正への対応としては，誤謬としての入力のミスを中心と考えており，入力したものを出力してチェックするという仕訳チェックリストの機能や入力時に登録した仕訳パターンを利用して入力ミスを防ぐパターン入力が中心であった。

　仕訳チェックリスト及びパターン入力は誤謬対応であり，仕訳チェックリストは入力したものを再度チェックすることによって誤謬を防ぎ，パターン入力は会計ソフト上に使用頻度が高いパターンを登録し，仕訳の入力ミスを防ぐものであり，同様に誤謬対応となる。特に，パターン入力は伝統的会計帳簿でもマニュアルや入力における担当者メモとして用意することによって同様の効果が実現できるが，効率性の観点からは会計ソフトでは選択すれば自動的に仕訳が作成されるので大きな効果が発揮される。

　電子帳簿保存法が施行されると，真実性の確保や可視性の確保のために，帳簿に係るシステムに訂正・削除履歴の機能などが要求された。法施行前は，会計ソフトにおける誤謬・不正への対応はばらつきがあったが，各会計ソフトとも一斉に電子帳簿保存法対応を行い，一定レベル以上になっている。た

だし，電子帳簿保存法は一般的に普及しているものではないため，ソフトによってはパンフレットに記載されていない場合がある[153]。この点を会社の担当者に確認したところ[154]，法対応は他社とのソフトの比較において，対応していないと会計ソフトとして劣っているという印象を利用者が感じてしまうため，利用者が多く見込めないとしても対応していくとのことであった。

　また，内部統制報告制度が制度として上場会社に適用され，金融庁の企業会計審議会から平成19年2月15日に公表された「財務報告に係る内部統制の評価及び監査の基準並びに財務報告に係る内部統制の評価及び監査に関する実施基準の設定について（意見書）」において，IT統制に注目が集まった。また，筆者も委員として参加した経済産業省の「システム管理基準追補版（財務報告に係るIT統制ガイダンス）」（平成19年3月30日公表）及び「システム管理基準追補版追加付録」（平成19年12月26日公表）において，IT統制の詳細が明示されたこともあり，会計ソフトでの対応が進んだと考えられる。パンフレット上も，各ソフトとも内部統制報告制度への対応を記載しており，電子帳簿保存法と同様に法対応は各社として必須ととらえていると考えられる。

　会計ソフトは機能的に，複数の者による仕訳の入力が可能となっているため，誤謬・不正への対応は企業経営において重要な課題である。法対応を実施してきた経緯もあり，会計ソフトとして必要な統制について，4社とも対応する機能が搭載されている。ただし，注意すべき点は，機能は実装しているが，利用者が利用しなければ効果はないということである。例えば，ID・

153　平成28年度末において，法人税・消費税関係の電子帳簿保存法に基づく電磁的記録による保存等の年度末累計承認件数は，139,142件であり，内，760件がスキャナ保存に係る件数である。なお，調査対象等として，当年7月1日から翌年6月30日までの間に電子帳簿保存法に基づき「承認申請」のなされたものを掲げたとある。

　国税庁（2017）「税務統計―19-8電子帳簿保存法に基づく電磁的記録による保存等の承認状況―」

http://www.nta.go.jp/kohyo/tokei/kokuzeicho/sonota2016/pdf/h28_19_denshichobo.pdf,2017年12月5日。

154　例えば，弥生会計では電子帳簿保存法対応を行ったときにはパンフレットに記載していたが，その少し後のバージョンでは電子帳簿保存法対応についてパンフレットへの記載は行っていない場合があり，機能が削除されたか担当者に確認したところ，機能は実装しているが，パンフレット上は記載していないとの回答を得た。

図表2-2-15　誤謬・不正への対応に関する機能比較

番号	ソフト名	仕訳チェックリスト	パターン入力	ID・パスワード	権限設定	管理者承認	仕訳履歴
1	勘定奉行i10	○	○	○	○	○	○
2	弥生会計18ネットワーク	○	○	○	○	○	○
3	PCA会計DX	○	○	○	○	○	○
4	FX4クラウド	○	○	○	○	○	○

出所：勘定奉行，弥生会計，PCA会計，FXパンフレットより編集。

　パスワード機能は各会計ソフトに機能があるが，パスワードを入力しなくても起動できるようにしていたり，経理の部署において共通でひとつのID・パスワードを使用していたりすると，誰が入力もしくは修正・削除したかがわからないため，問題が生じる可能性がある。
　また，顧客層によって誤謬・不正への対応への要望は異なると考えられ，特に，規模が大きくなるほど，権限の委譲に対応して要望が強くなると考えられる。図表2-2-15では各会計ソフトとも機能面ですべて対応しているが，パンフレットへの記載は弥生会計18では機能があること程度で詳細の記載はない。これに対して，PCA会計DX及び勘定奉行i10ではログとしてどのようなものが記録されるかなど詳細までの記載となっている。これは，利用者が弥生会計では小規模が多く，内部統制に関しても経営者や管理者の目が届きやすい面があり，誤謬・不正への対応よりも使いやすさなどを強調することが販売政策面からメリットがあると考えたと推測する。これは，FXも同様で，FX2には内部統制支援機能はなく，FX4において内部統制支援機能がある。
　なお，PCA会計DXでは，伝票番号チェックリストとして重複番号や欠番の伝票番号をチェックする機能，消費税額変更リストとして自動計算された消費税額が手動で変更された伝票と消費税額が手入力された伝票を検索する機能等という監査の機能が用意されている。また，PCA会計DX及び勘定奉行i10では，利用するユーザの権限設定を詳細に決定することができるようになっており，PCA会計DXではユーザごとにロックする科目，部門を設定し

図表2-2-16　分析に関する機能比較

番号	ソフト名	比較財務諸表	月次推移	損益分岐点	資金繰実績表	予算実績管理
1	勘定奉行i10	○	○	○	○	○
2	弥生会計18ネットワーク	○	○	○	○	○
3	PCA会計DX	○	○	○	○	○
4	FX4クラウド	○	○	○	○	○

出所：勘定奉行，弥生会計，PCA会計，FXパンフレットより編集。

たり，勘定奉行i10ではパスワードの最小文字数や有効期限，過去に利用したパスワードの使用を禁止したりするなどの特徴がある。また，FX4では休職職員などの特定のユーザに対してログインを一時的に停止したり，パスワードの再利用を制限したりする機能などがある。このように各ソフトにおいて，基本は同じであるが，IT統制に関しての特徴を出していると考える。

　第三として分析に関する機能比較であるが，図表2-2-16のように各社とも基本的な機能を有していることが判明した。変遷を見ると，各ソフトとも初期のバージョンを除き，早い段階で大部分もしくはすべての機能を実装している。転記や集計作業が不要となる点は，コスト面でのメリット及び早期に会計情報が入手できるという点で大きなポイントとなるが，分析の機能は財務諸表や月次試算表ではわかりにくい情報を色々な切り口によって経営者に伝えるものである。すなわち，経営者が経営を行うために有用な情報を提供するという，少なくとも長期的には利益を獲得するための機能と考えることができる。

　図表2-2-16の機能以外に，株式会社TKC以外の3社は会計ソフトにABC分析機能を実装しているが，実務では筆者の経験上，監査における被監査会社や税務の顧問先で3社のソフトを利用している場合で，ABC分析機能を利用しているケースは存在せず，公認会計士・税理士10名にヒアリングしたところ同様の結果であった。損益計算書分析の利用自体はあるが，利用頻度は低いと感じている。これは，前述の通り，一度実装すると通常削除は行わない点，他社が実装した機能については同様の機能を実装する傾向がある点か

図表2-2-17　データの入出力に関する機能の変遷

番号	ソフト名	データ受入	データ出力	マルチユーザ
1	勘定奉行i10	○	○	○
2	弥生会計18ネットワーク	○	○	○
3	PCA会計DX	○	○	○
4	FX4クラウド	○	○	○

出所：勘定奉行，弥生会計，PCA会計，FXパンフレットより編集。

ら利用頻度が必ずしも高くなくとも実装されていると考える。株式会社TKCは市販でないため，この影響がなかったものと推測する。

　なお，各社とも最新バージョンでは，試算表から元帳などの詳細にドリルダウンする機能を有しており，全体から詳細を分析することが可能である。伝統的会計帳簿でも同様に分析することは可能であるが，効率性の観点からはIT会計帳簿の方が大きく効率的となる。さらに資金繰りについては，債権債務の増減や減価償却などの非資金項目の調整が必要となるため，伝統的会計帳簿ではこの情報を算出するのは，手間がかかるが，IT会計帳簿では，最初に設定を行うことによって，容易にかつ継続的に情報を把握することが可能となる。また，例えば弥生会計18では未来資金管理として，売掛金の回収や買掛金の条件の設定により，入力日付から60日後までの資金残高の推移をシミュレーションする機能があり，過去情報ではなく未来の情報を扱うことも行われている。

　第四としてデータの入出力に関する機能の比較であるが，図表2-2-17のように各社とも基本的な機能を有していることが判明した。データ受入は販売管理ソフトなど他の情報システムで作成されたデータを取り込むことができるため，紙で出力された売上集計表などの売上の記録をもとに仕訳を入力するのに対して，入力ミスを低減することが可能となる。また，当然ながら効率性や会計作業の早期化にもつながる。4社とも販売管理ソフトなど自社で関連するソフトを販売しており，自社ソフトと会計ソフトとの連動を可能としている。他社製品のソフトや自社開発の情報システムからデータを受け入れる際は，CSVなどのテキスト形式で受け入れるため，データ形式を会計ソ

図表2-2-18　各社における会計ソフトとの連動が可能な自社製品

番号	ソフト名	給与	固定資産	販売管理	仕入管理
1	勘定奉行i10	給与奉行	償却奉行	商奉行	蔵奉行
2	弥生会計18 ネットワーク	弥生給与	標準装備	弥生販売	弥生販売※注1
3	PCA会計DX	PCA人事管理	PCA固定資産	PCA商魂	PCA商管
4	FX4クラウド	PX4クラウド給与計算システム	固定資産管理システム※注2	SX4クラウド販売・購買管理システム	SX4クラウド販売・購買管理システム

注1：弥生販売は仕入管理機能を有するのはプロフェッショナル版、ネットワーク版となる。
注2：固定資産管理システムは、FX4クラウドのオプション機能となる。
出所：勘定奉行シリーズ、弥生会計シリーズ、PCA会計シリーズ、FX4パンフレットより編集。

フト側に合わせる作業が必要となる。

　また、マルチユーザとして、仕訳データの入力が複数の者によって入力することが可能となっている。複数の者によって入力する場合は、排他制御によってデータベースの整合性を保つなどの技術的な対応が必要となるとともに、図表2-2-15にあるようなID・パスワードや管理者承認などの内部統制を有効に機能させることによって、誤謬・不正への対応も意識する必要がある。ただし、マルチユーザの機能が利用できるということは、支店や営業所が地方にある場合も、ネットワーク経由であたかも物理的には同じ場所で作業していることと同じように入力等を行うことが可能となる。これは、伝統的会計帳簿では不可能であり、IT会計帳簿に特有の機能となる。

　図表2-2-18は、各社における会計ソフトとの連動が可能な自社製品をまとめたものであるが、企業における基本的な業務プロセスである、給与、固定資産、販売管理、仕入管理については、4社とも自社で製品を発売している。企業がこれらの業務プロセスもしくはそれ以外の業務プロセスに関連するソフトを導入していれば、仕訳データは自動的に作成されることとなり、作成された仕訳データは一定のタイミングで会計ソフトへの取り込みがなされる。

　また、入力の作業の効率化は歴史的にも色々な試みが行われており、古くはOCRによる紙の手書き伝票に記載したものを読み込み、会計ソフトにデータ入力を行うものがある。現在も、PCA会計は会計伝票OCR for PCA 会計

を発売しており，勘定奉行ではFAX注文をOCRで販売管理ソフトである商奉行に取り込み，そのデータを勘定奉行に取り込むなど販売管理ソフトでの対応も行われている。ただし，市販の3社を利用している周りの公認会計士や税理士10名にヒアリングしたところ，OCRによる入力を会計事務所として使用しているケースはなく，この機能があること自体を知らない者が大部分であった。

さらに，最近は電子データとなっているものを会計データに取り込む動きもあり，例えば，インターネットバンキングの入出金データを取り込んで仕訳データを作成するソフト（製品としては，勘定奉行ではOFFICEBANK21，弥生会計では早業BANK8 for 弥生会計，PCA会計ではPCA電子通帳，FX4ではインターネット・オプション）が発売されている。また弥生会計では紙媒体も対象とし，紙のレシートの取込や電子データである金融機関の取引データ，オンライン請求書データやPOSレジシステムで入力した店の売上データをクラウド経由で自動で取り込み，自動で仕訳するスマート取引取込があるとしている。さらに，電子記録債権に関して，電子記録債権データを同様に取り込むソフト，経費精算ワークフローのデータを取り込むソフトなど企業における紙媒体の電子化を含め，電子化されたデータを会計に取り込む動きは広がってきていると考える。

データ出力は，通常は経営管理に利用する目的であり，エクセル等の表計算ソフトやアクセスなどのデータベースソフトに取り込んだりすることによって，自由に加工することが可能となる。通常はテキスト形式であるCSV形式が一般的な方法であるが，最新のバージョンではCSV形式だけでなく，エクセル出力が用意されている。これは，各社ができるだけITの専門知識はなくとも，利用するユーザが会計ソフトを使用できることを意識していると考える。この動きは，企業における情報活用にもつながるため，会計情報の活用の観点からは望ましい。

現在販売している会計ソフトについて，「2.2 会計ソフトを中心としたIT会計帳簿の変遷（2）日本の会計ソフトにおける三形態」との関連で検討すると，第一形態から第三形態までが並存している。図表2-2-18の会計ソフトの4製品は，第一形態と第二形態に対応している。また，第三形態としては，勘

定奉行については別途，奉行V ERP10を発売しており，PCA会計では別途，PCA Dream21を発売している。これは，利用者の要望が多様であり，利用者のニーズに応じて必要な形態が選ばれるためであると考える。また，第一形態と第二形態に対応する会計ソフトと第三形態に対応する会計ソフトは価格も大幅に異なる。また，第一形態と第二形態でも，ネットワーク対応により分散入力が可能となると，同時入力の制御や不正・誤謬対応などシステム上も複雑となるため，価格が高くなる。

　各社の販売する会計ソフトにおいて，スタンドアロンタイプやネットワーク対応タイプ，統合パッケージのように各社が会計ソフトをひとつではなく，複数の製品を発売しているが，これは利用する企業のニーズが異なるためであると考える。この点を示したものが，図表2-2-19及び図表2-2-20である。図表2-2-19は企業のニーズを検討する視点として，第一に入力環境（経理における環境），第二に入力情報，第三に出力情報を挙げており，図表2-2-20は企業のニーズと会計ソフトの製品との対応関係を検討している。

　第一の入力環境は，経理の体制としてどのような状況かによって企業のニーズは大きく変化する。中小企業において，本社しかなく，経理担当者は１人というケースであれば，スタンドアロンタイプで問題ない。企業規模の拡大により経理担当者の増加による複数の者による入力の必要性は，当初は不十分であったが，現在のバージョンでは各社ともID・パスワードの機能等を充実しており，スタンドアロンタイプでも適切な運用を実施していれば，問題なくなっている。これに対して，営業所や支店が開設され，本社と離れた場所から会計ソフトへの入力の必要性が企業のニーズとして生じてくると，ネットワークを利用した入力が企業のニーズとして発生する。ネットワークの利用でなければ，営業所等の拠点で紙の伝票を起票し，本社へ伝票を送付して本社での入力となるため，ネットワークの利用のニーズは高いことが考えられる。

　第二の入力情報であるが，「2.2 会計ソフトを中心としたIT会計帳簿の変遷（2）日本の会計ソフトにおける三形態」における先行研究の分類とも対応している。伝統的会計帳簿では，紙の証憑書類もしくは電子化された証憑データにより会計伝票を起票するが，三形態の第一形態では，紙の会計伝票等に基づいた会計ソフトへの入力である。紙の証憑書類もしくは電子化された証

図表 2-2-19　企業が求めるニーズと会計ソフトの対応関係

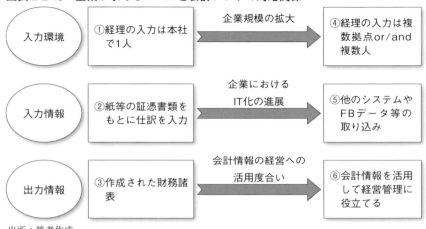

出所：筆者作成。

図表2-2-20　企業ニーズと会計ソフト製品との対応関係

	スタンド アロンタイプ	ネットワーク 対応タイプ	統合 パッケージ
入力環境	①／④	④	④
入力情報	②／⑤	②／⑤	⑤
出力情報	③／⑥	③／⑥	③／⑥

注：／は，or／andを示している。
出所：筆者作成。

憑データにより，直接，仕訳データを入力することも第一形態となる。これらの点が，図表2-2-19の入力情報の「②紙等の証憑書類をもとに仕訳を入力」と対応している。これが，第二形態として，業務処理システムからの情報について，データによる会計ソフトへの取り込みが行われる。そして，第三形態として統合データベースによる会計情報の合成となる。この第二形態と第三形態が入力情報の「⑤他のシステムやFBデータ等の取り込み」となる。

　企業のニーズとして考えると，業務処理システムやFBデータ等を会計ソフトに取り込めるのであれば，効率性，正確性，コスト削減の観点で大きなメリットがある。第三形態は第二形態と比較すると，統合データベースによる情報の一元管理が可能となるため，効率性，正確性の観点でメリットがあ

るとともに，より会計情報の活用が可能となる。スタンドアロンタイプでも他の業務処理システム等からのデータ受入機能を有しており，取り込むための必要な処理を行うなどの条件があるが，利用者が取り込んだデータを利用することは可能となっている。これに対して，統合パッケージはデータ連係が行われているため，少なくとも他の業務処理システムからのデータの自動的な取り込みが行われる。どこまでを利用するかは，メリットとデメリットを勘案しながら，費用対効果と実務での実現可能性を十分に検討して決めていくことになる。

　第三の出力情報であるが，これは企業が求めるニーズが，単に財務諸表が作成されればいいのか，会計情報を活用し経営管理に活かしたいかによって利用する製品の種類が変わってくる。通常は企業規模が大きくなり，ネットワーク対応タイプや統合パッケージを利用している企業は会計情報の活用を行っているとして，分析などの機能は当初から標準装備となっている。「2.1 会計ソフトにおけるメリットとデメリット」において，コスト削減の観点のみならず，経営のための会計情報活用の観点を述べたが，特に，統合パッケージでは，単一のデータベースにすべての取引が蓄積されるため，情報の把握にかかるスピードが短縮される点，分析のための情報が細かいレベルで入手できる点など，経営のための会計情報活用につながるメリットがあると考えられる。

第3節　IT化の進展と会計ソフトの導入状況

　先行研究において，沼田（1968）は，「機械記入は単に記入手段についての特殊方法」と述べているが，ITの利用状況から現在は大きな変化が生じている。大企業のみならず，中小企業においても多くの企業がITの利用を行っている。例えば，ホームページは多くの企業が開設しており，メールでのビジネス上のやり取りも一般的になりつつある。これらの動きの背景として，IT化のコストが劇的に低下していることがあげられる。特に，PC（パーソナルコンピュータ）と呼ばれるハードウェアが発売の初期では高額であったが，現在では購入時点で経費処理が可能となるような金額まで下がってきていることが大きな要因となっている。ある面では，PCがコモディティ化している

ということができる。これは，端末であるPCのみならず，ネットワークを構築している場合に必要となるサーバー機も同様に価格の下落が起きている。また，タブレットやスマートフォンでも同様の働きであり，今後，業務での活用がより進んでいくと考える。

このようにハードウェアであるPCやサーバー機が普及することにより，ソフトウェアも割安な価格での提供がなされている傾向がある。これは，ソフトウェア開発自体は初期に多額の金額をかけて行われるが，一度開発が行われると，ソフトウェアは容易にコピーを行うことができるため，より多くの販売ができれば販売の単価を下げても利益を確保することができるという特性による。特に，紙のコピーと異なり，ソフトウェアはコピーを行っても劣化が生じないため，コピーによる数量の制限を意識せずに販売できるというメリットを持つ。また，ソフトウェアを保存する媒体であるCD-ROMやDVDなども価格の低下がPCと同様に激しい。さらに，最近は，通信速度が大幅に増加し，光ファイバー化や無線の高速化によって，ダウンロードによってソフトウェアを入手することも可能となっており，この場合は媒体の物流における問題も生じない。

第3節では，会計に関してどの程度IT化が進んでいるかについて，各種の調査資料によって確かめる。中小企業庁の中小企業白書や経済産業省の調査などにおいて，会計ソフトに関して記載されているケースが見られるが，中小企業白書であればITをテーマとして取り上げた年についてのみであり，経済産業省等の他の調査も同様である。さらに，各種調査はアンケート調査によって実施しており，アンケート調査へ回答する企業の回答率が100％に近い数値ではないことから，各種の調査結果を利用して，傾向を分析することを主眼とする。対象としては，規模を意識して，上場会社，中小企業を中心として検討していく。

3.1 上場会社における会計ソフトの導入状況

上場会社における会計ソフトの導入状況について，検討する。IT化の進展の中で，会計帳簿に関してもIT化の流れが押し寄せてきている。すなわち，会計帳簿のIT化としてIT会計帳簿の導入が進んできている。特に，ハードウェアとソフトウェアの低価格化が進むにつれ，人件費との比較で業務の効

率化の一環として会計ソフトの導入が進んだと考えられる。この大きな流れは，上場会社，中小企業の規模に関わらず進んでいる。上場会社における調査として，平成21年7月に経済産業省が公表した「平成20年度企業のIT統制に関するアンケート調査結果」があり，全上場会社3,863件に郵送によるアンケート調査を実施している（回答率15.4%）。ここで，「会計・業務プロセスのシステム化に関する各企業の状況」として，会計に関するシステム化の状況と会計システム等がパッケージか開発であるかに関する質問がなされている[155]。

図表2-3-1にあるように，「自社の会計・決算プロセスのシステム化の度合い」を質問項目としているが，非常に高いとやや高いで7割を超えており，実施していないケースはほとんどない状況である。また，「自社の会計・業務プロセスへのパッケージソフトウェア利用度合い」は約6割の企業が非常に高いとやや高いと回答しており，上場企業でもパッケージを適用するケースが多いことがわかる。上場会社に限定されていないが，従業員規模が300名以上の大会社に関する，独立行政法人情報処理推進機構による別の調査でも約7割という結果となっている[156]。パッケージソフトウェアを導入している企業の内，パッケージソフトウェアのカスタマイズ度は低いとの回答が多く[157]，会計ソフトをカスタマイズせずにそのまま利用しているケースが多いことがわかる。このように，上場会社では，会計業務に関してシステム化が進んでおり，会計帳簿のIT化が進んでいるとともに，会計業務がある程度定型化していることから，ゼロから開発するのではなく，パッケージの導入が進んでいることが読み取れる。

---

[155] 経済産業省（2009）「平成20年度企業のIT統制に関するアンケート調査結果」，5ページ。
　　これは，金融商品取引法が求める内部統制制度におけるITへの対応について，企業等の現場における実際の取組状況と，経済産業省で公表した「システム管理基準追補版」などの基準類の活用状況を調査するため，アンケート調査を実施したものである。
[156] 独立行政法人情報処理機構（2012）「中小企業のIT活用に関する実態調査　調査報告書」，226ページ。
　　ここでは，主にパッケージが74.1%，主に自社開発が24.1%，主にクラウド（含むASP）が0.9%，導入なしが0.9%となっている。
[157] 経済産業省（2009），6ページ。
　　パッケージソフトウェアのカスタマイズ度は，高いが約3割，低いが約6割，無回答が約1割となっている。

図表 2-3-1　上場会社に対する会計・業務プロセスのシステム化に関する状況の調査結果

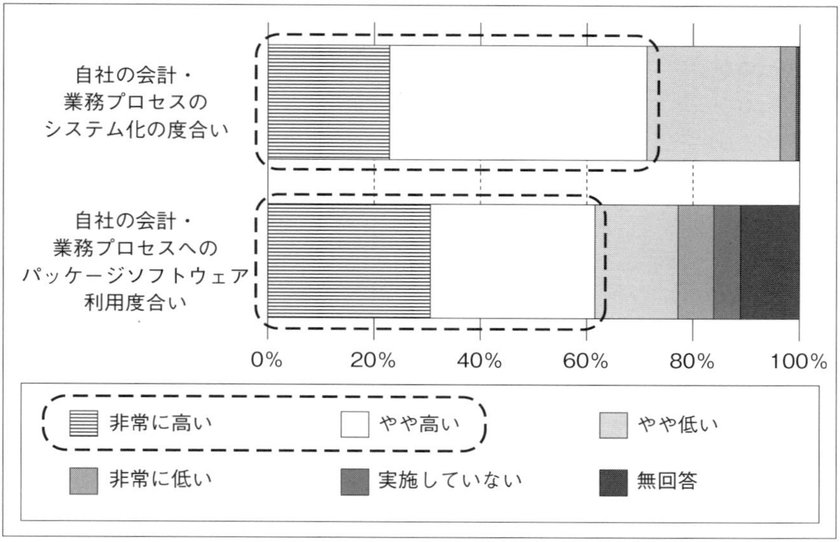

出所：経済産業省（2009）「平成20年度企業のIT統制に関するアンケート調査結果」，6ページより編集。

3.2 大会社・中小企業における会計分野のIT化の進捗状況

　大会社と中小企業の会計業務におけるIT化の状況について，中小企業白書は2008年度[158]及び2013年度[159]，2016年度[160]に調査を実施している。この調査結果は，2008年度は図表2-3-2であり，2013年度は図表2-3-3であり，2016年度は規模別の調査はなく，導入率は財務・会計で81.8％となっている。大企業について，ほとんどが会計業務ではIT化をしていることがわかる。上場会社[161]における会計ソフトの導入状況では，図表2-3-1において，「非常に高い」と「やや高い」で7割を超えており，「やや低い」までを含めると中小企業白書

158　2007年11月に営利法人20,000社を対象に実施したアンケート調査であり，回収率17.6％。
159　2012年11月に企業15,000社を対象に実施したアンケート調であり，回収率16.7％。
160　2015年12月に中小企業基本法に基づく中小企業者30,000社を対象としたアンケート調査であり，回収率15.3％。
161　中小企業白書において，大企業とは，中小企業以外を指す。

図表 2-3-2　規模別の財務・会計の IT 導入状況（2008年度）

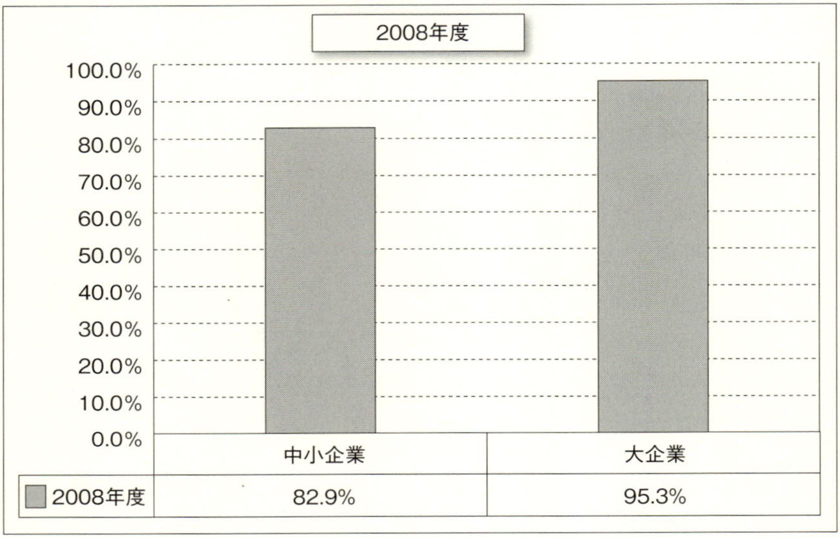

	中小企業	大企業
2008年度	82.9%	95.3%

出所：中小企業庁（2008）「中小企業白書2008年度版」，83ページより編集。

と同様に90％台の後半となり，両者での大きな差異はないと考えられる。

　大企業以外であるが，年度での中小企業[162]と小規模事業者・中規模事業者の相違が生じている。2008年度では中小企業のみであり，2013年度は小規模事業者と中規模事業者を分けている。小規模事業者は，中小企業基本法第2条第5項の規定に基づく「小規模企業者[163]」をいい，中規模事業者はここでいう中小企業から小規模事業者を除いたものと定義付けている。すなわち，小規模事業者と中規模事業者を合わせたものが中小企業となる。中小企業における規模の違いによる差異は，日本商工会議所・株式会社ノークリサーチによる調査[164]でも明らかとなっており，2007年に実施したものであるが，20人未満

162　中小企業とは，従業員300人以下（卸売業，サービス業では100人以下，小売業では50人以下）の企業を指す。
163　小規模企業者は，下記のように定義されている。
　・業種分類－製造業その他：従業員20人以下
　・業種分類－商業・サービス業：従業員 5 人以下
164　対象は全国の中小企業1,860社であり，訪問面接聞き取り調査である。詳細は図表2-2-6に記載している。

図表 2-3-3　規模別の財務・会計の IT 導入状況（2013年度）

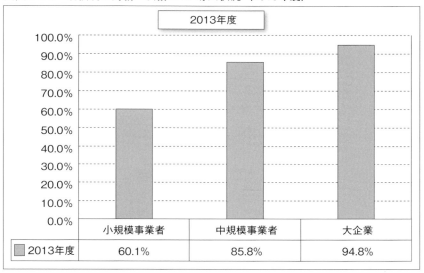

出所：中小企業庁（2013）「中小企業白書2013年度版」，177ページより編集。

図表 2-3-4　IT導入率（財務会計）

〈全体〉　　　　　　　　　　　　　　　　　　N=1,823

既に導入	66.3%
導入予定・関心あり	9.3%

〈従業員別〉

20人未満	49.4%
20人〜49人	70.7%
50人〜99人	83.2%
100人以上	84.4%

出所：日本商工会議所・株式会社ノークリサーチ（2008），8ページより編集。

と20人以上とで20％を超える大きな差が生じている（図表2-3-4）。図表2-3-3「規模別の財務・会計のIT導入状況（2013年度）」でも，小規模事業者における従業員は20人以下もしくは5人以下であり，同じく中規模事業者との差が20％を超えている。規模により会計のIT導入率が異なることは，IT化の効果が異なると経営者が考えていることがここから推測できる。

3.3 中小企業における会計分野のIT化の方法

上場企業をはじめ，中小企業においても会計のIT化は大きく進んでいることが確認できたが，中小企業に関してどのような方法でIT化されているかを，ここでは検討していく。中小企業白書では，2008年度，2013年度，2016年度において，調査を実施しており，結果をまとめたものが図表2-3-5とな

図表 2-3-5 財務会計における IT 導入の方法

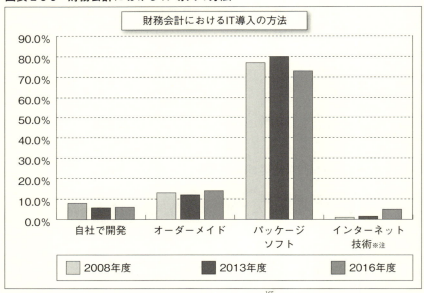

注：インターネット技術について，2008年度では「SaaS・ASP」[165]，2013年度版及び2016年度版では「クラウド・コンピューティング」[166]を使用している。
出所：中小企業庁（2008），83ページ及び中小企業庁（2013），177ページ，中小企業庁（2016）「中小企業白書2016年度版」，135ページより編集。

---

165 中小企業白書2008年度版では，情報サービス事業者が専用線やインターネット網を利用して，ソフトウェアではなく情報処理サービスそのものを提供することを指すとしている。
166 中小企業白書2013年度版では，ネットワークから提供される情報処理サービスで，ネットワークと接続された環境さえあれば，情報処理やアプリケーションが利用できるものとしている。中小企業白書2016年度版では，ネットワークから提供される情報処理サービスのことであり，従来は手元のコンピュータで管理・利用していたようなソフトウェアやデータ等を，インターネット等のネットワークを通じてサービスの形で必要に応じて利用する方式のことをいうとしている。

る。クラウド会計などインターネット技術に関しても，通常は定型的なサービスであり，パッケージソフトと同様にサービス提供側の用意したサービスから選択するのみであり，パッケージソフトと同じ区分と考えることができる。ここから，自社での開発やオーダーメイドではなく，パッケージソフトのようないわゆる既製服に当たるものに自社の会計を合わせる動きが定着してきていると考えられる。[167]

3.4 会計ソフトの導入状況に関する結論

　会計分野でのIT化に関しては，高い割合となっていることが各種の調査結果から判明した。これは，効率化の向上という費用対効果の面が大きく，大企業は人の削減という点でも，より大きな効果がある[168]。ただし，効率化の向上に加えて，会計情報という経営に必要な情報を，より早く入手して予算や計画の進捗状況などに利用するとともに，経営管理に活用する動きも中小企業において一定割合存在した[169]。さらに，会計ソフトとして，パッケージソフトの割合は高いが，上場会社，大企業，中小企業のすべてにおいて同様である。これは，会計業務自体が間接部門でもあり，定型化しやすく，会計ソフトに合わせて業務を確立することが可能であることが大きいと思われる。また，クラウド会計などインターネット技術の活用は増加傾向であり，その割合はさらに高まるといえる。

167　独立行政法人情報処理機構による別の調査でも，パッケージとクラウドの合計で76.5％と同様の結果となっている。
　　独立行政法人情報処理機構（2012），110ページ。
168　三井造船株式会社の経理のシステム化について，1960年頃の事業所の経理部の状況は，給与計算と原価計算は機械化がなされていたが，約60人の人間がソロバンとタイガー計算機を主な計算手段として使用して行っていたが，1976年に一般会計が全社的に機械化され，1992年では人数は当時の3分の1で，手書きの帳簿はまったく姿を消し，ほとんどの仕事が機械化された。
　　上田正治（1992）「経理のシステム化に思う」『企業会計』Vol.44，中央経済社，114ページ。
169　財務会計のIT化／導入の成果について，有用なデータが得られるようになったという回答が22.6％あり，業務の効率化に役立ったという回答70.6％と比較するが少ないが，会計データの経営への活用について一定割合存在している。
　　独立行政法人情報処理機（2012），111ページ。

第2章　会計帳簿の変遷とIT会計帳簿の現状　111

なお，規模による導入割合の差が大きく，特に，小規模事業者においては，会計ソフトの導入コスト，入力する人材を考えると会計事務所へ委託する方が費用対効果はあると考えているケースが多いのではないかと考えられる。最近のクラウド会計の動きは，インターネットバンキングの情報や領収書などのスキャンデータから自動での仕訳を実施することから，会計事務所への委託をせずに対応できると考えている小規模事業者が増加しているのではないかと考える。ただし，会計事務所でもパッケージソフトを使用して業務を行っていることが一般的であるため，決算書の作成という観点からは，パッケージソフトと考えることができる。これに対して，大企業さらに上場企業では，業務において特殊な業務が発生するケースも考えられ，パッケージソフトではなく自社開発やオーダーメイドとなるケースが中小企業よりも高くなっている。ただし，パッケージソフトは「2.3 具体的な会計ソフトにおける変遷」で検討したように，機能面で進化し続けており，増加傾向はどの企業区分でも続くと考える。

　図表2-2-19において，企業が求めるニーズと会計ソフトの対応関係を示したが，IT会計帳簿は会社のニーズに基づいて整備運用されるものであり，そのために使用する会計ソフトも，そのニーズに合わせたものが採用されるべきである。このため，例えばERPと呼ばれる統合パッケージが優れているという議論もあるが，企業のニーズや実態に合った会計ソフトを利用するべきである。そして，企業のニーズが変化し，財務諸表の作成のみのニーズから会計情報を活用して経営管理に役立てたいなどニーズの拡大に合わせて，利用する会計ソフトを変化させていくことが必要である。なお，必要な情報の範囲が拡大していくと，会計ソフトだけではなく，関連する業務処理システムや業務プロセスなども含めた検討が必要となることは留意する必要がある。

第4節　電子帳簿保存法から求められるIT会計帳簿

4.1　電子帳簿保存法の概要

　電子帳簿保存法（電子計算機を使用して作成する国税関係帳簿書類の保存

方法等の特例に関する法律）は，適正公平な課税を確保しつつ納税者等の国税関係帳簿書類の保存に係る負担の軽減等を図るために，その電磁的記録等による保存等を容認しようとするものである。しかしながら，「第1章第1節1.7 法人税法」で述べたように，規制当局の立場から厳しい要件が課されている。すなわち，納税者における国税関係帳簿書類の保存という行為は申告納税制度の基礎として，あらかじめ税務署長等の承認を受け，かつ，適正公平な課税の確保に必要な一定の要件に従った形で，電磁的記録等の保存等を行うことが条件とされている。

　電子帳簿保存法の対象は，承認を受ける必要があるものとして，大きく3点があげられ，また，承認の有無に関わらず，該当すると要求されるものが1点ある。承認を受ける必要があるものは，①国税関係帳簿書類の電磁的記録による保存等，②国税関係帳簿書類のCOMによる保存等，③スキャナ保存制度である。また，承認の有無に関わらず，該当すると要求されるものは，④電子取引の取引情報に係る電磁的記録の保存である。会計帳簿を対象とするものは，①国税関係帳簿書類の電磁的記録による保存等であり，ここで求められる会計帳簿を含む帳簿の電子データを保存する場合の要件を以下に示す。[171]

A）真実性の確保（電子帳簿保存法施行規則第三条第1項第1号～第3号）
- 訂正・削除履歴の確保
- 相互関連性（帳簿に係る電磁的記録の記録事項とその帳簿に関連する他の記録事項との間）の確保の機能の確保
- システム関係書類等（システム概要書，システム仕様書，操作説明書，事務処理マニュアル等）の備付け

B）可視性の確保（電子帳簿保存法施行規則第三条第1項第4号・第5号）
- 見読可能性の確保（電磁的記録をディスプレイの画面及び書面に，整然とした形式及び明瞭な状態で，速やかに出力できるようにしておくこと）

170　髙野俊信（1998）『逐条解説電子帳簿保存法』税務経理協会，3ページ。
171　国税庁「電子帳簿保存法について」の「5. 電子帳簿保存法上の電子データの保存要件」https://www.nta.go.jp/shiraberu/zeiho-kaishaku/joho-zeikaishaku/dennshichobo/jirei/05.htm，2017年12月6日。

図表2-4-1　帳簿等の保存要件

保存要件	帳簿	書類	電子取引
①電子的記録事項の訂正又は削除の履歴の保存	○		
②追加入力の履歴の保存	○		
③帳簿間での相互関連性の確保	○		
④システムの概要書類の備付け	○	○	○
⑤閲覧装置，操作説明書の備付け	○	○	○
⑥取引年月日，勘定科目等による検索機能	○	△※注	△※注

注：書類，電子取引については，日付による検索のみ。
出所：佐久間裕幸（2015）「電子帳簿保存法の歩みと今後の展望」『税務弘報』Vol.63，中央経済社，133ページより編集。

- 検索機能の確保（取引年月日，勘定科目，取引金額など主要な記録項目を検索条件として設定できること，範囲を指定して条件を設定することができること，2つ以上の任意の記録項目を組み合わせて条件を設定することができること）

　これらの要件では，システムの中に訂正・削除履歴の機能など不正な帳簿処理を発見できる機能が組み込まれていることが要求されており，システムの周辺における人手による内部統制は考慮されていない。なお，④について，電子帳簿保存法第10条では，法人税の保存義務者がいわゆるEDI取引等の電子取引を行った場合には，電子取引に係る取引情報（注文書，領収書等に通常記載される事項）を電磁的記録又はCOM若しくは書面により保存することを要求しており，この場合は，上記で記載した税務署長等の承認とは関係なく，該当があれば適用となる。帳簿と書類，電子取引の保存要件を比較すると図表2-4-1となる。

4.2 国税関係書類のスキャナ保存等によるIT会計帳簿の発展

　原本が紙である国税関係書類（契約書，請求書，領収書，見積書等）について，税務署長の承認を条件として，一定の要件の下，紙の保存に代えてスキャナ保存を行うことができる。契約書及び領収書については，記載された金額が3万円未満という条件があり，この金額基準により普及が妨げられて

いたが，平成27年度の税制改正において，3万円未満の金額基準が廃止された。金額基準の廃止において，適正な事務処理の実施を担保する規程の整備と，これに基づき事務処理を実施していること（適正事務処理要件を満たしていること）をスキャナ保存に係る承認の要件とされた。

適正事務処理要件は，「内部統制を担保するために，相互牽制，定期的なチェック及び再発防止策を社内規程等において整備するとともに，これに基づいて事務処理を実施していること」[172]であり，内部統制が整備・運用されていることを求めている。内部統制は一定のルールを設定することから，定型業務には強い反面，非定型業務への対応は相対的に弱い。このため，法人内部で対象とするのは定型的であり継続的反復的な取引となることが想定される。なお，内部統制は経営者が構築していることから，経営者による無力化の恐れがあるという限界がある。会計監査の視点では，通常であれば紙で保存するものが紙で保存されていないケースは，注意をする必要があると考える。例えば，高額のM&Aに関する契約書の原本が廃棄されスキャナ保存のデータしか存在しないケースは，不正リスクが高いと想定される。

平成27年度の税制改正は，スキャナ保存に関して全体的に緩和の方針となっており，重要書類について，業務処理後にスキャナ保存を行う場合に必要とされている関係帳簿の電子保存の承認要件も廃止となっている。さらに，スキャナで読み取る際に必要とされている入力者等の電子署名を不要とし，タイムスタンプを付すこととしている。また，大きさ情報・カラー保存要件の見直しも図られている。電子署名は実印の位置付けであり，領収書などのスキャナ保存時に入力者の実印を押すということが，紙の実務と差が生じていたが，これがタイムスタンプに代わることにより，抵抗感も低下すると考えられる。さらに，タイムスタンプにより，取引発生後から時間が経過した後に，契約書や領収書等を作成していれば，紙では判別が困難であるが，タイムスタンプの日付から異常なデータである可能性があるものとして抽出できることとなる。スキャナ保存に係る要件の全体像を示したものは図表2-4-2である。

172　財務省（2015）「平成27年度税制改正の大綱」，p104。
　　http://www.mof.go.jp/tax_policy/tax_reform/outline/fy2015/20150114taikou.pdf，2015年5月4日。

図表2-4-2 スキャナ保存に係る要件の全体像

書類の性格	帳簿 仕訳帳、総勘定元帳等	決算関係書類 棚卸表、貸借対照表等	契約書・領収書及びこれらの写し 一連の取引過程における開始時点と終了時点の取引内容を明らかにする書類で、取引の中間過程で作成される書類の真実性を補充する書類	資金移動等直結書類（預り証、借用証書、預金通帳、契約の申込書［定型的約款無し］、請求書、納品書、送り状及びこれらの写し） 一連の取引の中間過程で作成される書類で、所得金額の計算と直結・連動する書類	一般の書類（検収書、入庫報告書、貨物受領証、見積書、注文書、契約の申込書［定型的約款有り］及びこれらの写し） 資金の流れや物の流れに直結・連動しない書類
書類の重要度			重要度‥高	重要度‥中	重要度‥低
対象書類	×	×	○（適正事務処理要件）	○（適正事務処理要件）	○
改ざん防止の要件：入力期間の限定			①作成・受領後速やかに＋タイムスタンプ ②適常処理期間終了後速やかに＋タイムスタンプ	①作成・受領後速やかに＋タイムスタンプ ②適常処理期間終了後速やかに＋タイムスタンプ	③適時入力も可
改ざん防止の要件：帳簿・書類間の追跡可能性			書類・帳簿間の関連性を追跡できる手段（一連番号等）の確保	書類・帳簿間の関連性を追跡できる手段（一連番号等）の確保	書類・帳簿間の関連性を追跡できる手段（一連番号等）の確保
改ざん防止の要件：改ざん検知・防止機能			タイムスタンプ（受領者等が読み取る場合は，受領後，受領者等が署名の上，特に速やか［3日以内］に実施）	タイムスタンプ（受領者等が読み取る場合は，受領後，受領者等が署名の上，特に速やか［3日以内］に実施）	タイムスタンプ（受領者等が読み取る場合は，受領後，受領者等が署名の上，特に速やか［3日以内］に実施）
改ざん防止の要件：入力者の特定方法			入力を行う者又はその者を直接監督する者に関する情報の保存	入力を行う者又はその者を直接監督する者に関する情報の保存	入力を行う者又はその者を直接監督する者に関する情報の保存
改ざん防止の要件：訂正・削除前データの保存			訂正・削除の履歴と内容を保持（システム上）	訂正・削除の履歴と内容を保持（システム上）	訂正・削除の履歴と内容を保持（システム上）
原本との同一性確保の要件：解像度・大きさ等の情報の保持			記録時の解像度・階調，書類の大きさ情報の保存（一部例外あり）	記録時の解像度・階調，書類の大きさ情報の保存（一部例外あり）	記録時の解像度・階調情報の保存
原本との同一性確保の要件：解像度・カラー階調のレベル			一定以上の解像度（1mm当たり8ドット以上）＋一定階調以上のカラー（赤，緑，青色が256階調以上）	一定以上の解像度（1mm当たり8ドット以上）＋一定階調以上のカラー（赤，緑，青色が256階調以上）	一定以上の解像度＋グレースケール
原本との同一性確保の要件：見読可能装置の備付け			記録保存場所に記録処理用のコンピュータ，カラーディスプレイ，カラープリンタ等の備付け	記録保存場所に記録処理用のコンピュータ，カラーディスプレイ，カラープリンタ等の備付け	ディスプレイ，プリンタの備付け
原本との同一性確保の要件：検索機能の確保			主要な記録事項をキーとした検索（範囲指定・条件式の設定が可能である必要）機能を確保	主要な記録事項をキーとした検索（範囲指定・条件式の設定が可能である必要）機能を確保	主要な記録事項をキーとした検索（範囲指定・条件式の設定が可能である必要）機能を確保
システム・事務処理手続の確認手段の確保の要件			記録保存場所にシステム概要・操作説明書，記録の作成保存に関する事務手続を明らかにした書類の備付け	記録保存場所にシステム概要・操作説明書，記録の作成保存に関する事務手続を明らかにした書類の備付け	記録保存場所にシステム概要・操作説明書，記録の作成保存に関する事務手続を明らかにした書類の備付け

出所：佐久間裕幸（2015），136ページ及び国税庁ホームページ「電子帳簿保存法Q&A」より編集。
https://www.nta.go.jp/shiraberu/zeiho-kaishaku/joho-zeikaishaku/dennshichobo/jirei/07_3.htm,2017年12月6日

図表 2-4-3　スキャナ保存等を加味した第二形態のシステムの概念図

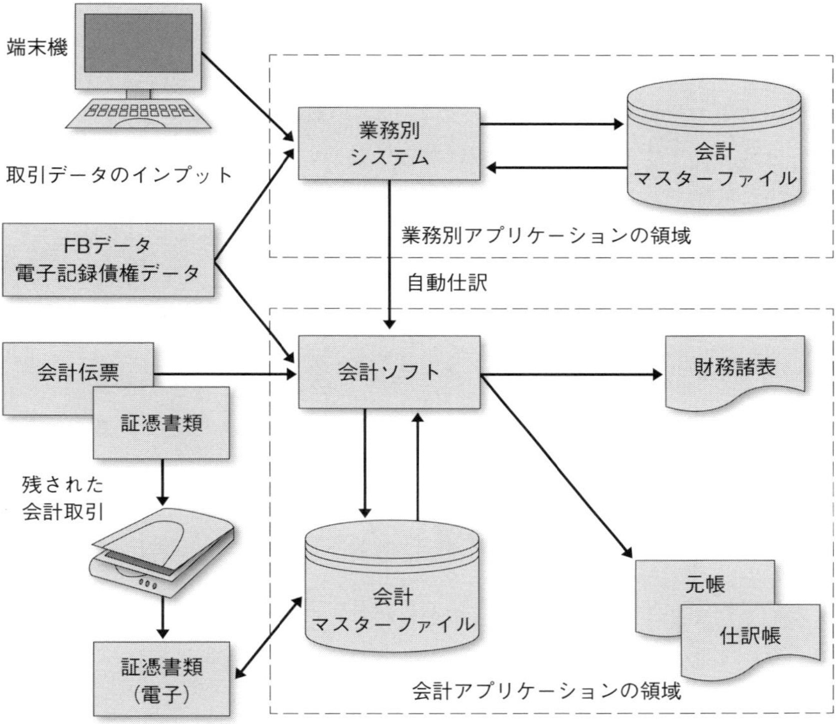

[図：端末機からの取引データのインプット、FBデータ・電子記録債権データ、会計伝票・証憑書類が業務別システムおよび会計ソフトへ入力される。業務別システムは会計マスターファイルと連動し、自動仕訳で会計ソフトへ。会計ソフトは会計マスターファイル、財務諸表、元帳、仕訳帳を出力。残された会計取引の証憑書類はスキャナで読み取られ、証憑書類（電子）として会計マスターファイルへ連動。業務別アプリケーションの領域と会計アプリケーションの領域に分かれる。]

出所：今井二郎（1991a），20ページより編集・加筆。

　さらに，平成28年度の税制改正では，改正前に存在したスキャン方式の制限としての「原稿台と一体型」に限るという要件が廃止されるとともに，領収書等の受領者等が読み取る場合の要件を整備し，受領した領収書等を社外でスマホで読み取ることが可能となっている。また，小規模企業者にも適用できるように，適正事務処理要件に関して，定期的なチェックを税務代理人が行うときは，相互牽制の要件を不要としている。平成27年度の税制改正と平成28年度の税制改正により，改正前に比べて，利用に対するハードルは大きく下がったと考えられる。

　スキャナ保存に関して緩和され，実務に浸透することになると，IT会計帳簿としては，証憑類が電子化され，図表2-4-2の「書類・帳簿間の関連性を追

跡できる手段（一連番号等）の確保」により，会計帳簿と証憑間が番号等で関連できることなり，会計システムで証憑から財務諸表までを内包することが可能となる。図表2-2-3において，第二形態のシステムの概念図を記載したが，スキャナ保存を加味すると図表2-4-3の概念図となる。証憑書類（電子）を会計アプリケーションの領域から外しているが，領域内とすることは技術的に可能であり，検索機能を考えると領域内とすることが望ましい。また，FB（ファームバンキング）や電子記録債権データも電子データであることから，これらのデータを取り込むことも一部では行われているが，今後発展していくことが考えられる。ここでは第二形態のシステムについて述べたが，第一形態，第三形態も同様に考えることができる。

第5節 IT会計帳簿が取り込むデータの変化とIT会計帳簿への影響

　スキャナ保存に関する大幅な緩和が行われ，今後の普及が見込まれているが，それは証憑の電子化の進展にほかならない。業務処理システムとのデータ連係など証憑の電子化は進んできているが，IT会計帳簿にはどのような影響があるか検討する。業務の流れとして，図表2-2-1において，伝統的会計帳簿及びIT会計帳簿における流れの比較を記載したが，IT会計帳簿が紙ベース（伝統的会計帳簿）における取引の成立から決算書の作成までの流れと異なるのは，会計ソフトが転記・集計作業を実施し，仕訳データを入力すると自動で総勘定元帳や試算表などを作成する点である。会計ソフトにより，仕訳データを入力すると，会計ソフト自体で転記や集計作業を自動で行うため，転記や集計作業が不要になるとともに，借方と貸方の金額が合計で一致しているかなどチェック機能も通常の会計ソフトには装備されているので，単純な記入ミスの問題も回避することができる。また，決算データを仕訳データとして入力し，締切処理を実行すると，総勘定元帳・仕訳帳の締切りなどの決算手続も会計ソフト側で実施する。

　IT会計帳簿において，会計ソフトに仕訳データが入力されることを，業務

図表 2-5-1　証憑書類自体が電子化し，会計ソフトと連動する場合における流れの例

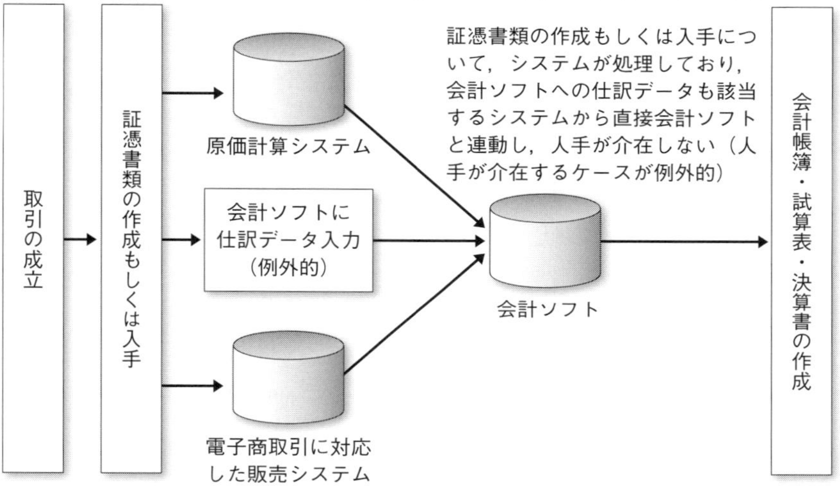

取引の成立 → 証憑書類の作成もしくは入手 →
- 原価計算システム
- 会計ソフトに仕訳データ入力（例外的）
- 電子商取引に対応した販売システム

→ 会計ソフト → 会計帳簿・試算表・決算書の作成

証憑書類の作成もしくは入手について，システムが処理しており，会計ソフトへの仕訳データも該当するシステムから直接会計ソフトと連動し，人手が介在しない（人手が介在するケースが例外的）

出所：中村元彦（2012），「IT監査下の会計帳簿論」『CUC Policy Studies Review』No.33・34，49ページより引用。

処理システム等からのデータ連係や手作業での入力など詳細に記載したものが，図表2-5-1となる。例えば，原価計算システムや電子商取引に対応した販売システムを利用する場合を考えてみる。この場合，証憑書類の作成もしくは入手について，システムが処理し，会計ソフトへの仕訳データもこれらのシステムから直接連動するため，人手による仕訳データの入力は例外的なものとなる。会計ソフトへの仕訳データが別のシステムと自動的に連動する場合には，人手が介在しないことから入力ミスや入力忘れなどの人間特有のミスの可能性が減少される。ただし，仕訳には見積りや非定型のものがあるため，将来的にも一定の仕訳データの入手による入力は残るのではないかと考える。

証憑書類についても電子化されるケースが増えてきている。これには，取引自体が電子化されるケースと紙の書類を電子化するケースの2つの動きが背景にある。第一に，取引自体が電子化されるケースであるが，ここにおいて影響が大きいものとして，業務システムとの連動による自動仕訳，電子商取引，稟議書等のワークフローがあげられる。まず自動仕訳であるが，業務

システムからの連動データによって自動的に会計ソフト上で仕訳が行われる場合，一般的に自動仕訳と呼んでいる。例えば，原価計算システムは，投入した材料や作業時間などのデータを入力することによって，補助部門費の配賦計算など複雑な計算を行い，原価計算を行うが，会計ソフトと連動していれば材料や仕掛品などの棚卸勘定，労務費や経費，売上原価をはじめとする会計データを自動仕訳によって起票することが可能となる。

次に電子商取引であるが，この場合も業務システムとして電子商取引を取扱い，会計ソフトとデータ連動により自動仕訳が行われることが多い。また，取引先から送付される証憑書類自体が電子化されているケースもある。すべてが電子化されるわけではないが，財またはサービス自体が電子化されているケースでは，すべてが電子の世界で完結する可能性が生じてくる。例えば，デジタルコンテンツなどでは，取引の注文から納入までの証憑書類が紙であることを必ずしも前提としない。さらに，決済もオンライン上で行うことが可能となっている。掛取引による場合も，2008年12月に電子記録債権制度が創設されたことにより，電子債権記録機関の記録原簿に電子記録することで，譲渡も含めて同じく電子的な対応が可能となっている。

さらに，企業内部においても稟議書などの作成が紙ベースで承認を順次行っていたものが，最近はワークフローのシステムを利用して電子上で完結するケースも増えてきている。この場合も，証憑書類自体が電子化されるケースとなる。このように，他システムからの自動仕訳機能，電子商取引やワークフローのシステムの普及によって，証憑書類に基づいて人手による入力であったものが自動的に入力されるケースや証憑書類自体が取引自体において電子化されるケースが生じることになる。また，紙の書類を電子化するケースもある。これは平成17年4月1日から施行されているe-文書法（「民間事業者等が行う書面の保存等における情報通信の技術の利用に関する法律」と「民間事業者等が行う書面の保存等における情報通信の技術の利用に関する法律の施行に伴う関係法律の整備等に関する法律」）によって，国としても政策として進めている。

図表2-5-1では，「会計ソフトに仕訳データ入力（例外的）」としているが，電子帳簿保存法のスキャナ保存の改正，さらに最近のクラウドを活用した会

計ソフトの動きにより，さらに手作業による入力は例外的になっていくと考えられる。領収書等のスキャナ保存において，金額基準が撤廃されたことにより，ワークフローのシステムを利用して申請や精算を行うときに紙の契約書や領収書もスキャナ保存すればよいため，より利用しやすくなる。

　また，最近の動きでクラウド会計という動きが生じている。これは，自動取込・自動仕訳機能を特徴としており，さらにITを活用して学習機能により自動仕訳の精度を上げていく。例えば，「2.3 具体的な会計ソフトにおける変遷」で取り上げた弥生株式会社が発売している小規模法人向けの弥生会計オンラインでは，スマート取引取込機能として銀行明細，クレジットカードなどの取引データ，領収書のスキャンデータ（スマホの撮影も含む）を自動で取り込み，自動で仕訳し，入力の手間が省けることが記載されている。さらに，株式会社マネーフォワードが提供しているMFクラウド会計では，銀行明細やクレジットカードの取引明細の自動取得，勘定科目の自動提案，仕訳ルールの学習機能[173]が記載されている。特に，仕訳ルールの学習機能は仕訳登録を学習して，自動仕訳の精度が向上するとしている。

　仕訳が人間ではなく，会計ソフトが自動的に作成するのは[174]，今までは定型化されたものをプログラム上で定義して，業務処理システム等からの定型的なデータを自動仕訳することしかなかったため，大きな変化となっている。仕訳の正確性の観点からは，誤ったデータが発生する可能性があるため，この点を株式会社マネーフォワードの担当者に確認したところ，内部統制の一

173　株式会社マネーフォワードホームページ
　　https://biz.moneyforward.com/，2017年12月6日。
174　Frey, Carl Benedikt, and Michael A. Osborne（2013）*The Future of Employment: How Susceptible Are Jobs to Computerisation?*, Oxford University Programme on the Impacts of Future Technology.
　　コンピュータ化によって仕事への影響がどれくらいあるかを検討しており，この影響が大きいリストの中に「Accountants and Auditors」，「Bookkeeping, Accounting, and Auditing Clerks」が挙がっている。「Bookkeeping, Accounting, and Auditing Clerks」は702のリストの中で，悪い意味で671位という評価となっており，コンピュータによる代替の可能性が高いという評価である。IBM's Watson computerの例などからビッグデータの活用による学習がコンピュータによる代替を実現するとしている。

環で仕訳の承認機能を組み込む予定であるとの回答があった[175]。どこまで実際に利用できるかの検証を行っていないため，内容の詳細は不明であるが，自動での仕訳という概念は大きな変化につながる可能性があると考える。

　紙という伝統的会計帳簿から電子化というIT会計帳簿へ変化するとともに，IT化が社会で進むことにより，IT会計帳簿を実現するために使用する会計ソフトという，ある面ではブラックボックスの中で処理が実施され，仕訳データを入力すると最終の結果が画面もしくは書面で出力されることになる。会計ソフトの中身がプログラムでブラックボックス化しているだけに，会計帳簿の要件を満たしているか検討することは重要である。また，業務システムとの連動による自動仕訳，電子商取引，稟議書等のワークフローなどIT化の社会での進展により，必ずしも証憑書類が書面ではなく，場合によっては電子となっているケースが生じている。会計帳簿だけではなく，帳簿組織として考えると，証憑書類は重要な位置付けとなるが，これが会計ソフトと同様に電子化されていくことは会計帳簿の要件を考える際に，大きな影響を与えると考えられる。

---

[175]　平成27年8月7日に株式会社マネーフォワード社長の講演会時に社長及び担当者への質問により回答を受けている。
　なお，平成29年12月6日時点では，ホームページ上で承認機能は確認できていない。また，電子帳簿保存法については，MFクラウド会計では現在対応準備中ですとしている。https://biz.moneyforward.com/info/guide/general014/，2017年12月6日。

第**3**章
内部統制の観点から求められるIT会計帳簿

　IT会計帳簿の利用者は，会計帳簿の持つ情報を利用することを目的としている。このため，IT会計帳簿の持つ情報は信頼性のある情報である必要があり，そのために構築し，運用しなければならないものが内部統制である。先行研究として沼田（1968）は原始書類も含めて内部統制制度を重視し，帳簿組織の中に織り込むことをあげている。本研究では，沼田（1968）が述べた帳簿組織の設計における基本原則が，IT会計帳簿を前提とした場合，どのように変化するかについて明らかにしている。また，すべてがIT化された販売業務及び経理業務へと変化する事例を分析し，IT会計帳簿を前提とした帳簿組織の設計における基本原則が適用できていることを確かめている。

第**1**節　法律で求められる内部統制

1.1　会社法で求める内部統制

　会社法では，取締役に善管注意義務が課されており，判例の積み重ねの中で条文上，内部統制について規定されている。制度の流れを作った判例としては，平成12年9月の大和銀行ニューヨーク支店における米国債の簿外取引の判例，平成14年4月の神戸製鋼所の総会屋に対する利益供与の判例がある。特に，神戸製鋼所の判例については，裁判所の所見で，「神戸製鋼所のような大企業の場合，職務の分担が進んでいるため，他の取締役や従業員全員の動

静を正確に把握することは事実上不可能であるから，取締役は，商法上固く禁じられている利益供与のごとき違法行為はもとより大会社における厳格な企業会計規則をないがしろにする裏金捻出行為等が社内で行われないよう内部統制システムを構築すべき法律上の義務があるというべきである。」[176]とされている。

　会社法において対象となるのは，大会社に限定されている。そこでは，内部統制システムの構築の基本方針として，「取締役の職務の執行が法令及び定款に適合することを確保するための体制その他株式会社の業務の適正を確保するために必要なものとして法務省令で定める体制の整備」を決定しなければならないとされている（会社法348条3項4号及び4項，362条4項6号及び5項）。取締役会設置会社にあっては，取締役会の専決事項として決議しなければならず，この決定を個々の取締役に委任することはできない。会社法の条文では記載されていないが，取締役の職務の執行が法令及び定款に適合することを確保するための体制その他株式会社の業務の適正を確保するために必要なものとして法務省令で定める体制のことを，いわゆる「内部統制システム」としている[177]。

　内部統制システムの整備は，従来，取締役の善管注意義務として存在していた義務であり，このたび法が要請したのは，内部統制システムの基本方針の決定を，個別の取締役ではなく，取締役会の専決事項として決議し開示することと考えられている[178]。この立法趣旨は，大会社や委員会設置会社であっても，上場会社から資産管理会社まで多種多様な会社があるから，体制の整備の要否も含めて，各会社の実情に応じて，判断すべきものとしている[179]。このため，自社が必要かつ最適と考える水準で整備する必要があるとされており，一律に決定されるものではない。ただし，会社の事業内容，規模等の実

176　持永勇一・吉田良夫（2007）『内部統制の理念』第一法規，31ページ。
177　尾関幸美（2012）「第362条（取締役会の権限等）」江頭憲治郎・中村直人編『論点 体系会社法3 株式会社Ⅲ』第一法規，183ページ。
178　公益社団法人日本監査役協会（2006）「会社法及び法務省令に対する監査役の実務対応」，6ページ。
179　尾関幸美（2012），183ページ。

図表3-1-1　業務の適正を確保するための体制

一	取締役の職務の執行に係る情報の保存及び管理に関する体制
二	損失の危険の管理に関する規程その他の体制
三	取締役の職務の執行が効率的に行われることを確保するための体制
四	使用人の職務の執行が法令及び定款に適合することを確保するための体制
五	当該株式会社並びにその親会社及び子会社から成る企業集団における業務の適正を確保するための体制

出所：会社法施行規則100条第1項より編集。

態に応じた内部統制システムの適切な整備を決定していない場合は，取締役の善管注意義務を問われることとなる。

　法務省令で定める体制としては，会社法施行規則100条（業務の適正を確保するための体制）第1項において，図表3-1-1に記載されている5項目が定められている。また，第1項の5項目に加えて，監査役設置会社以外の場合には，第2項で取締役が株主に報告すべき事項の報告をするための体制を，監査役設置会社の場合には，第3項1号から7号で監査役がその職務を補助すべき使用人を置くことを求めた場合における当該使用人に関する事項等を求めている。開示としては，会社法施行規則第118条2号に対応して事業報告で開示が求められており，一般社団法人日本経済団体連合会のひな型では，[180] 監査等委員会設置会社も含め各種の例示があげられている。

　会社法では取締役の善管注意義務として内部統制システムを規定しているが，会計帳簿に関する記載はない。ただし，一般社団法人日本経済団体連合会（2016）では，親会社及び子会社の取締役や使用人に係るコンプライアンス体制を求めており，「第1章第1節1.1会社法」で述べたように，会社法では適時に，正確な会計帳簿の作成が義務付けられており，この遵守が求められる。また，会社法施行規則100条第1項1号「取締役の職務の執行に係る情報の保存及び管理に関する体制」では，会計帳簿を適正に保存及び管理することも含まれると考えられる。

　監査役による監査の実効性ということを考えると，監査役が必要に応じて

180　一般社団法人日本経済団体連合会（2016）「会社法施行規則及び会社計算規則による株式会社の各種書類のひな型（改訂版）」，36-40ページ。

会計帳簿を閲覧等ができる体制の確保も重要となると考えられる[181]。また，取締役の職務の執行が効率的に行われることを確保するための体制では，業務の適正の中に業務の効率性を含めており，職務分掌の明確化や規程の整備等が求められる[182]。このため，会計帳簿に関連する会計情報の生成における情報の信頼性が向上するとともに，会計帳簿の作成においても，承認手続等による会計帳簿の妥当性の担保が図れると考えられる。また，事業報告書において，内部統制システム（取締役の職務の執行が法令及び定款に適合することを確保するための体制その他業務の適正を確保するための体制）に関する取締役会での決議事項として開示される。

1.2 金融商品取引法で求める内部統制

会社法が判例の積み重ねの中から条文上，内部統制について規定しているのに対して，金融商品取引法では，西武鉄道やカネボウ，ライブドアといった上場会社の不実開示という不祥事を契機として導入されている。これは，不祥事に対してディスクロージャーの信頼性を確保するために，企業における内部統制の充実を図る必要性が求められたことによる。粉飾決算などの虚偽の決算書を中心とした会計不正，その背後にある経営者の不正が起きたときに必ずと言っていいほど，内部統制が有効に機能していなかったという状況，すなわち内部統制の不備が見られるということが背景にある[183]。

金融商品取引法で求めている内部統制報告制度では，会社法と比較してより詳細な基準等が定められており，金融庁企業会計審議会や日本公認会計士協会から公表されている。内部統制報告制度では，①内部統制報告書を経営者が作成し，提出するとともに，②内部統制報告書について公認会計士・監査法人による監査証明を義務付けることとなっている。この制度の趣旨はディスクロージャーの適正の確保であり，財務報告に係る上場企業等の内部

---

181 尾関幸美（2012），184ページ。
182 持永勇一・吉田良夫（2007），164ページ。
183 八田進二（2006）『これだけは知っておきたい内部統制の考え方と実務』日本経済新聞社，13ページ。
184 池田唯一（2007）『総合解説内部統制報告制度』税務研究会出版局，15-16ページ。

統制を強化することによって実現しようとしており，対象は金融商品取引所に上場されている会社である。また，内部統制報告書の虚偽記載に対しては，金融商品取引法により，個人は5年以下の懲役もしくは500万円以下の罰金，法人に違法行為を問う場合には5億円以下の罰金が科される（金融商品取引法第197条の2第5号及び6号，第207条1項2号）。

　内部統制の定義としては，「内部統制とは，基本的に，業務の有効性及び効率性，財務報告の信頼性，事業活動に関わる法令等の遵守並びに資産の保全の4つの目的が達成されているとの合理的な保証を得るために，業務に組み込まれ，組織内のすべての者によって遂行されるプロセスをいい，統制環境，リスクの評価と対応，統制活動，情報と伝達，モニタリング（監視活動）及びIT（情報技術）への対応の6つの基本的要素から構成される。」[185]とされている。ここで，内部統制の目的として，①業務の有効性及び効率性，②財務報告の信頼性，③事業活動に関わる法令等の遵守，④資産の保全が述べられているが，会社法は4つの目的を対象とし，金融商品取引法では，②財務報告の信頼性のみを対象とするという差異がある。[186]

　内部統制の基本的要素は，内部統制の定義の後半に述べられているが，この中のITへの対応の詳細な記載が図表3-1-2である。現在の企業環境では，ITの今日的重要性に鑑みて，このITを明示的に独立した要素として取り上げており，本来は他の要素の中に入るものとされている。[187]企業会計審議会の「財務報告に係る内部統制の評価及び監査の基準」や日本公認会計士協会の監査・保証実務委員会報告第82号「財務報告に係る内部統制の監査に関する実務上の取扱い」等の基本となる基準等には会計帳簿という用語は記載されていない。しかし，財務報告を意識しているだけに，財務報告の基礎である会計帳簿は当然ながら対象に含まれるとともに，ITを意識していることからIT会計帳簿を強く意識していると考えることができる。

　内部統制報告書において，「財務報告に係る内部統制の有効性の評価に重要な影響を及ぼす後発事象」として付記事項を記載するが，この付記事項にお

185　企業会計審議会（2011a）「財務報告に係る内部統制の評価及び監査の基準」，2ページ。
186　池田唯一（2007），14ページ。
187　八田進二・町田祥弘（2007）『内部統制基準を考える』同文舘出版，76ページ。

図表3-1-2　内部統制の基本的要素

> （6）ITへの対応
> 　ITへの対応とは，組織目標を達成するために予め適切な方針及び手続を定め，それを踏まえて，業務の実施において組織の内外のITに対し適切に対応することをいう。ITへの対応は，内部統制の他の基本的要素と必ずしも独立に存在するものではないが，組織の業務内容がITに大きく依存している場合や組織の情報システムがITを高度に取り入れている場合等には，内部統制の目的を達成するために不可欠の要素として，内部統制の有効性に係る判断の規準となる。
> 　ITへの対応は，IT環境への対応とITの利用及び統制からなる。

出所：企業会計審議会（2011a）「財務報告に係る内部統制の評価及び監査の基準」，7ページ。

図表3-1-3　内部統制報告書における会計システムの記載事例

事例1	
開示会社：	京王電鉄株式会社
事業年度：	第92期（平成24年4月1日〜平成25年3月31日）
付記事項：	当事業年度の末日後，当社及び一部の連結子会社の経理システムを変更しております。この変更は，翌事業年度以降の当社の財務報告に係る内部統制の有効性の評価に重要な影響を及ぼす可能性があります。
事例2	
開示会社：	株式会社AOKIホールディングス
事業年度：	第39期（平成26年4月1日〜平成27年3月31日）
付記事項：	当事業年度末日後，連結子会社1社は基幹システムを変更しております。この変更は，翌事業年度以降の当社の財務報告に係る内部統制の有効性の評価に重要な影響を及ぼす可能性があります。

出所：京王電鉄株式会社（2013）「第92期内部統制報告書」，株式会社AOKIホールディングス（2015）「第39期内部統制報告書」より編集。

いて会計システムについての事例がいくつか存在する。図表3-1-3に2社について記載しているが，この記載からも，企業が業務を行う中でITに依存しており，会計システムの変更が内部統制に強く影響していることを示していると考える。なお，事例2については基幹システムとなっているため，会計システムが含まれているかは不明であるが，販売管理システムなどが中心の場合でも，会計システムとの連動（販売管理システムにおけるデータの会計システムへの受け渡し）が通常発生し，既存の会計システム改修が生じるため影響はあると考えられる。

第2節 内部統制を意識した会計帳簿

内部統制を意識した会計帳簿に関する先行研究として,沼田嘉穂『帳簿組織』があり,帳簿組織の設計における基本原則として,「すべての取引について内部牽制制度及び内部統制制度を重視し,これを帳簿組織の中に織り込むこと」[188]をあげている。そして,牽制制度と統制・管理制度の2つの条件が最大限に行われることを目標として,帳簿組織を決定しなければならないとしている。牽制制度により誤りを最小限におさえ,また,不正を防止する効果があるため,例えば,現物処理として現金の出納を行う人と,書類を作成し,記帳する人を常に別にすることを理解し,帳簿組織に採り入れることが求められる。さらに,統制・管理制度により,必要な資料が会計記録から,いつでも得られるように組織されることが求められる。

金融商品取引法による内部統制報告制度が導入される以前から,当然ながら内部統制の重要性は認識されるとともに,企業は内部統制を構築して運用している。そこで,上場会社のような社会的影響力を持つ企業に対して,財務報告の信頼性の担保という観点からより厳格性を求めたと考えることができる。会計帳簿における内部統制を検討するために,鈴木(2007)により,決算・財務報告というプロセスをサブプロセスに分解して検討する。この場合,サブプロセスとしては,図表3-2-1のような5つとなる。ここで会計帳簿との関連では①から③があげられる。注目すべきは,①の全般であり,単に現場での牽制だけでは不十分であり,職務分掌,会計マニュアルなどのルールという点を,まず明確にすべきことを明らかにしている。沼田(1968)でもこの点は同様であり,帳簿組織の設計における基本原則として,「各種取引についての記帳内容・記帳方法を適正に定めること」[189]をあげており,この点も内部統制のひとつであるということができる。

また,企業会計審議会の財務報告に係る内部統制の評価及び監査に関する実施基準では,経営者が虚偽記載が発生するリスクを低減するための内部統制として,特に取引の開始,承認,記録,処理,報告に関する内部統制を対

---

188 沼田嘉穂(1968)『帳簿組織』中央経済社,48ページ。
189 沼田嘉穂(1968),48ページ。

図表3-2-1　決算・財務報告プロセスのサブプロセスと内部統制

> ①全般
>   職務分掌，会計マニュアル，会計システムのアクセスコントロール，経理要員のスキル，分析的手続等
> ②仕訳起票・転記プロセス
>   補助元帳からの合計転記，仕訳のための基礎資料の作成，仕訳作成，仕訳の承認，仕訳の入力
> ③決算修正プロセス（判断と見積りのプロセスとその他のプロセス）
>   仕訳のための基礎資料の作成，仕訳作成，仕訳の承認，仕訳の入力
> ④連結決算プロセス
>   連結範囲の決定，債権債務，取引高，投資と資本，未実現利益の消去
> ⑤開示情報作成プロセス
>   開示のための基礎資料の作成，開示作成，開示情報の承認

出所：鈴木輝男（2007）『財務報告に係る内部統制の構築・評価・監査の実務』清文社，119-120ページより引用。

象に，虚偽記載が発生するリスクを低減するための統制上の要点の識別を求めている。ここで，統制上の要点として，図表3-2-2の6項目が例示されており，適切な財務情報を作成するための要件を確保するために，どのような内部統制が必要かという観点から識別することが求められている。会計帳簿として考えてみると，実際に発生した取引を記帳する（実在性），すべての取引を記帳する（網羅性），自社に権利や義務が帰属しているものを記帳する（権利と義務の帰属），適切な金額で記帳する（評価の妥当性），当期に帰属するものを記帳する（期間配分の適切性），適切な科目等で記帳する（表示の妥当性）などとなり，会計帳簿においても守られるべき要点であると考えられる。

本研究は，沼田（1968）と同様に会計帳簿を帳簿組織という広い概念でとらえているが，沼田（1968）は，帳簿組織の範囲に属する記録として，証憑書類[190]と証憑書類以外の原始書類[191]をあげている。そして，会計書類も含めて，

---

[190] 証憑書類（voucher）は，取引について企業と外部との間に取り交わされ，取引の証拠となる書類をいう。沼田嘉穂（1968），72ページ。

[191] 原始書類（original papers）は，取引自体について多種類の書類が作成され，また相手方から送達されるものである。原始書類は伝票，帳簿以上に法律的な証拠力の強いものであり，取引のなまの資料である。沼田嘉穂（1968），39-41ページ。

図表3-2-2　虚偽記載が発生するリスクを低減するための統制上の要点（例示）

a. 実在性－資産及び負債が実際に存在し，取引や会計事象が実際に発生していること
b. 網羅性－計上すべき資産，負債，取引や会計事象をすべて記録していること
c. 権利と義務の帰属－計上されている資産に対する権利及び負債に対する義務が企業に帰属していること
d. 評価の妥当性－資産及び負債を適切な価額で計上していること
e. 期間配分の適切性－取引や会計事象を適切な金額で記録し，収益及び費用を適切な期間に配分していること
f. 表示の妥当性－取引や会計事象を適切に表示していること

出所：企業会計審議会（2011b）「財務報告に係る内部統制の評価及び監査に関する実施基準」，44ページより編集。

帳簿組織上の書類について書類の標準化が重要な問題であることを述べている[192]。書類の種類・形式・記載内容などが標準化することにより，書類が明瞭になり，見やすくなり，また記入が単純化される。また，相手方から受け取る証憑などを広範囲に自己の書類に流用することも可能となる。これらは，不必要な書類の作成を防ぐとともに，誤謬や不正の防止にも役立つものであり，内部統制の観点からも有用である。

また，沼田（1968）は原始書類についても内部牽制制度を考慮した上で立案しなければならないとしており[193]，企業がその経済活動について誤りや不正をなくすためには，常に内部牽制制度を前提として仕事をすることであると述べている。さらに，財務諸表を帳簿記入の最終の集約表として，帳簿組織の立案においてこの点を考慮するとともに，勘定科目の記号法による整理を示している[194]。図表3-2-2において，虚偽記載が発生するリスクを低減するための統制上の要点が例示されているが，証憑書類と証憑書類以外の原始書類を始まりとする帳簿組織において，勘定科目等も含めて標準化が図られ，適切な作成と承認がなされることによって，少なくとも定型的な業務に関して起票される仕訳は統制上の要点を適切に満たすこととなる。この帳簿組織の考えはIT会計帳簿でも基本は同じである。

192　沼田嘉穂（1968），73ページ。
193　沼田嘉穂（1968），75ページ。
194　沼田嘉穂（1968），162ページ。

第3節 ITを意識した内部統制

　内部統制報告制度において，図表3-1-2で述べたITへの対応は，内部統制の基本的要素のひとつとなり，ITを意識した内部統制が強調されている。企業会計審議会「財務報告に係る内部統制の評価及び監査の基準」では，ITへの対応を，①IT環境への対応，②ITの利用及び統制に分類しており，この内容は図表3-3-1の通りである。IT環境への対応は，企業を取り巻くITに関する環境を把握し，IT環境の変化に対する方針と手続を決定することである[195]。例えば，ホストコンピュータでの自社開発の会計ソフトから，クライアントサーバー型のパッケージを基本とした会計ソフトへの移行の動きは大きな流れであるが，IT環境への対応のひとつとして考えられる。

　ITの利用及び統制は，ITを業務に利用している場合は，ITについても統制を必要とすることを求めている。ここでは，ITの利用とITの統制に分類しており，図表3-3-2の内容となっている。ITの利用は，イからホに記載の通り，内部統制のITへの対応以外の他の基本的要素にITが組み込まれていることが説明されている。財務報告に係る内部統制の評価及び監査の基準において，本来は，例えば統制活動などの一部として組み込まれているものを独立して記載しているのは，ITが企業活動で不可欠となり，その重要性を意識していることの現れであり，今後もITの重要性が高まるためと考える。

　一般的に内部統制にITを活用することは，より有効かつ効率的な内部統制の構築が期待できるというメリットがある。反面，統制活動が自動化されているとプログラムの不正な改ざんや不正な使用等があった場合に，プログラムに精通した者しか対応できず，不正等の適時の発見が困難になる等のデメリットがあり，メリットとデメリットを理解した内部統制の構築と運用が求められる。ITの統制については，組織目標を達成するためのITの統制目標として，図表3-3-2の〈ITの統制〉イにaからeの5項目が例示されている。図表3-2-2に虚偽記載が発生するリスクを低減するための統制上の要点があげられているが，情報システムの構築時に財務報告のリスクを意識するのでは

195　清水恵子・中村元彦（2007）『IT専門家のための目からウロコの内部統制』税務経理協会，22ページ。

図表3-3-1　IT環境への対応とITの利用及び統制の内容

①IT環境への対応
　IT環境とは，組織が活動する上で必然的に関わる内外のITの利用状況のことであり，社会及び市場におけるITの浸透度，組織が行う取引等におけるITの利用状況，及び組織が選択的に依拠している一連の情報システムの状況等をいう。

②ITの利用及び統制
　ITの利用及び統制とは，組織内において，内部統制の他の基本的要素の有効性を確保するためにITを有効かつ効率的に利用すること，並びに組織内において業務に体系的に組み込まれて様々な形で利用されているITに対して，組織目標を達成するために，予め適切な方針及び手続を定め，内部統制の他の基本的要素をより有効に機能させることをいう。

出所：企業会計審議会（2011a），7-8ページより編集。

図表3-3-2　ITの利用及び統制の内容

〈ITの利用〉
　ITには，情報処理の有効性，効率性等を高める効果があり，これを内部統制に利用することにより，より有効かつ効率的な内部統制の構築を可能とすることができる。
　イ．統制環境の有効性を確保するためのITの利用
　ロ．リスクの評価と対応の有効性を確保するためのITの利用
　ハ．統制活動の有効性を確保するためのITの利用
　ニ．情報と伝達の有効性を確保するためのITの利用
　ホ．モニタリングの有効性を確保するためのITの利用

〈ITの統制〉
　イ．　組織目標を達成するためのITの統制目標
　　　a．有効性及び効率性：情報が業務に対して効果的，効率的に提供されていること
　　　b．準拠性：情報が関連する法令や会計基準，社内規則等に合致して処理されていること
　　　c．信頼性：情報が組織の意思・意図に沿って承認され，漏れなく正確に記録・処理されること（正当性，完全性，正確性）
　　　d．可用性：情報が必要とされるときに利用可能であること
　　　e．機密性：情報が正当な権限を有する者以外に利用されないように保護されていること
　ロ．　ITの統制の構築
　　　a．ITに係る全般統制
　　　b．ITに係る業務処理統制

出所：企業会計審議会（2011b），16-18ページより編集。

ないため，情報システムの観点からの要点を別途作成していると考えられる。また，ITの構築側から見るとITの統制目標は理解しやすいのではないかと考える。

なお，経済産業省の「システム管理基準 追補版（財務報告に係るIT統制ガイダンス）」では，業務アプリケーション・システムにおける不正又は誤りのリスクを低減させるIT統制のためのITの統制目標として，図表3-3-3のように4項目をあげている。図表3-3-3の4項目は図表3-2-2の虚偽表示が発生するリスクを低減するための統制上の要点との関連付けがなされており，ITにおける問題が財務情報にどのような影響を与える可能性があるかを示している。

内部統制の基本は職務の分離であり，分離することよる相互の牽制と検証が誤謬・不正の防止につながる。IT化すると作業自体がITのみで完結するケースが生じ，分離していた職務がひとつとなってしまう。このため，IT化において，図表3-3-3のようなITを意識した統制のための項目が必要となってくる。なお，財務報告に係る内部統制の評価及び監査に関する実施基準及び経済産業省の「システム管理基準 追補版」はともに例示であり，どちらを使うかの強制はない。ただし，ITの統制目標は，財務報告の信頼性の目的だけではなく，すべてのITシステムが具備すべきものと考える。例えば，会計ソフトを取り上げてみたときに，ITの統制目標はどちらの基準を取ったとし

図表3-3-3　システム管理基準（追補版）におけるITの統制目標の内容

ITの統制目標	例示	適切な財務情報を作成するための要件との関係の例示
①完全性	データ件数の漏れない入力，更新	網羅性，期間配分の適切性
②正確性	データ内容の正しい入力，更新	実在性，評価の妥当性，期間配分の適切性，表示の妥当性
③正当性	権限のある者による入力，更新	実在性，権利と義務の帰属，評価の妥当性
④維持継続性	正しいデータが維持される	

出所：経済産業省（2007）「システム管理基準 追補版（財務報告に係るIT統制ガイダンス）」，第Ⅲ章11ページより編集・加筆。

ても，基本的にすべてのITの統制目標が適用されることとなる。

第4節 IT会計帳簿自体に求められるもの（リスクの観点）

4.1 会計システムの構成要素の観点による検討

　会計帳簿が紙媒体から電子媒体へと変化，すなわち伝統的会計帳簿からIT会計帳簿へ変化しても本質については変わりがないが，電子化することによるIT特有のリスクが生じる。[196]内部統制報告制度において意識されているリスクは，虚偽記載が発生するリスクであり，IT会計帳簿において，この点を検討する。また，IT会計帳簿を経営に活用する場合に，制度面におけるリスクに加えて，どのようなリスクを考慮すべきか検討する。

　ここで，会計帳簿に関して，例えば仕訳帳を個別に検討するのではなく，先行研究である沼田（1968）と同様に帳簿組織という観点から検討する。すなわち，単なる帳簿ではなく，簿記上の固有の帳簿に限らず，証憑，伝票をはじめ，あらゆる取引上，伝達上，記録・計算・管理上及び監査上の書類を含むものであり，企業の経済活動のための記録書類全般に及ぶもの[197]と考えると，伝統的会計帳簿でもIT会計帳簿でも，人手によるかIT化されているかの違いはあるが，同じであると考えられる。

　会計システムの目的は2つあり，第一の目的は財務諸表の作成，第二の目的は作成された財務諸表の妥当性，適法性に関する監査可能性の保証である。[198]そして，この2つの目的を果たすために包括的に定められているものが，正規の簿記の原則となる。さらに，作成された情報を経営に活用することが近年求められており，現在は，会計システムの目的は第三として，経営に活用できる会計情報の作成を加えた3つと考える。また，会計システムを単なる

196　中村元彦（2012）「IT監査下の会計帳簿論」『CUC Policy Studies Review』No.33・34，59ページ。
197　沼田嘉穂（1968），3ページ。
198　日本公認会計士協会情報システム委員会（現：IT委員会）（1990）「研究報告第9号　EDP化の進んだ我が国における会計帳簿の問題点について」，Ⅲ 1。

図表3-4-1　会計システムの構成要素

①データ分野
　すべての取引事実について会計の観点から判断され，測定された記録としてのデータであり，このデータには原始記録から，加工された最終記録までのすべてが含まれる。
②処理手続分野
　すべての取引事実を会計の観点から判断し測定し，分類集計するなど，データを処理，加工する手続に関するものである。
③統制分野
　内部統制の観点から，データ分野，処理手続分野が適正に運用されていることを保証するものである。

出所：日本公認会計士協会情報システム委員会（現：IT委員会）(1990)「研究報告第9号　EDP化の進んだ我が国における会計帳簿の問題点について」，Ⅲ2より編集・加筆。

　ソフトウェアの部分だけでとらえるのではなく，帳簿組織としてとらえることにより，会計システムを図表3-4-1のように3つの構成要素に分解することができる。伝統的会計帳簿でもこの構成要素は変わりがない。証憑書類から決算書作成までの流れと会計システムの構成要素の関連を図示すると図表3-4-2のようになる。

　会計システムの構成要素を理解するために，データ処理サイクル（The Data Processing Cycle）により抽象化して検討することが理解のために有用と考える。データ処理機能では，図表3-4-3のように，データを投入すると処理（Classifying［分類］，Sorting［並べ替え］，Calculating［計算］，Summarizing［集計］）[199]を実行し，処理された結果である情報が出力される。会計システムでは，仕訳データが入力され，処理を実行することによりプログラムに基づいて仕訳帳や集計された試算表が出力結果データとして作成され，閲覧するのであれば画面もしくは書面として出力される。この際に，図表3-3-3のITの統制目標が満たされていなければ，当該会計システムは信頼性があるシステムと判断することはできない。

　図表3-4-2において，具体的に検討すると，まずIT会計帳簿において証憑

---

[199] Bhaskar, K.N. and R.J.W.Housden (1985) *Accounting Information System and Data Processing,* Heinemann published in association with the Institute of Cost and Management Accountants, p.10 より引用・翻訳。

図表 3-4-2　証憑書類から決算書作成までの流れと会計システムの構成要素の関連

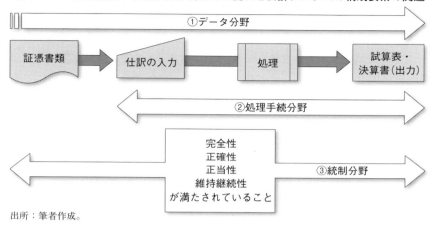

出所：筆者作成。

図表 3-4-3　データ処理サイクル（The Data Processing Cycle）

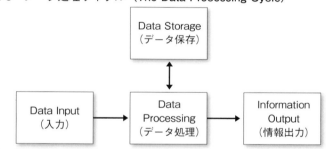

出所：Marshall B. Romney, and Paul J. Steinbart (2014) *Accounting Information Systems* (*13th Edition*), Pearson, p.26より引用・翻訳。

書類をもとに仕訳入力されたデータは，そのすべてが試算表や決算書まで流れていく。このため，例えば，100件入力したデータが99件になることはなく，図表3-3-3にある完全性が担保されていなければならないし，100と入力したデータが99になることはなく，正確性が担保されなければならない。また，仕訳の入力は定められた者により行わなければならないため，正当性が担保されなければならないし，データは改変・消失してはいけないため，維持継続性も担保されなければならない。

また，入力や転記，集計などの処理が行われる中で，データ処理としては分類，並び替え，計算，集計というデータ処理が実行される。これらの処理において，完全性と正確性が担保される必要がある。また，権限がある者による処理や承認が行われなければならないので，正当性も担保される必要がある。さらに，データ分野と処理手続分野で適切な仕組みを構築していても，それが正しく運用されていなければ，会計帳簿の数値が正しくない，すなわち虚偽表示という潜在的なリスクが生じることになる。

　このような会計システム自体に適切なITの統制目標に対応した統制が組み込まれているという前提で，IT化されていない状態から会計システムを導入した場合と会計システムに加えて，販売管理システムを導入した場合にどのようなリスクの変化が生じるかをあずさ監査法人（2013）[200]の例示をもとに検討する。検討する範囲として，販売業務と関連する会計業務に限定し，業種としては小売りで対面による店舗販売を行っているとする。また，適切な内部統制が整備・運用されているとする。規模の拡大に応じて，下記のような変化となっている。

A）（すべてが手作業）売上帳から会計帳簿も含めてすべて手作業で実施。販売はすべて現金取引とする。販売時に取引ごとに売上伝票を起票し，日次で売上伝票を集計し，総勘定元帳に転記する。

B）（経理業務のみIT化）販売業務に関する部分は手作業，経理業務は会計システムを導入（IT会計帳簿）。会計システムは，ID・パスワードにより利用できる業務が制限されており，入力後の承認機能もある。

C）（販売業務及び経理業務のIT化）販売業務に関して，POSレジ及び販売管理システムを導入する。経理業務は会計システムであるが，販売データは会計システムと連動しているため，日々の営業終了後に販売管理システムからデータが送られ，自動仕訳が起票される。また，クレジットカード取引が可能とする。

　図表3-4-4 A）すべてが手作業の場合から図表3-4-5 B）経理業務のみIT化の場合に変化しても，手作業の場合に想定されたリスク自体は変化がなく，会

200　有限責任あずさ監査法人IT監査部（2013）『IT統制評価全書』同文舘出版，42-77ページ。

図表3-4-4 A）すべてが手作業の場合のリスクと統制の例示

想定されるリスク	リスクに対応した統制
売上の集計が漏れてしまうリスク	売上伝票の連番管理
	売上伝票をもとに在庫表の更新を行い、在庫品との突合を行う
売上金額を誤るリスク	アイテムごとに価格表を準備し、売上伝票との一致を確認する
売上金額の集計を誤るリスク	集計を行った者と別の者が、再度集計を行う
現金預金の勘定残高と売上勘定の不整合が発生するリスク	売上起票と現金出納帳を別の人物が行う
適切な値引が行われないリスク	値引きを行う際は、責任者の承認を得る
	値引の売上伝票に対し、責任者が内容を確認の上、承認する
	値引の売上伝票を起票した際は、値引の取引を承認した伺い書との関連を記載する
帳簿が改ざんされてしまうリスク	帳簿を記帳する際はボールペン等、容易に消すことができない文房具を用いる
	帳簿の訂正を行う際は必ず振替伝票を起票し、責任者の承認を得た上で帳簿を訂正する

出所：有限責任あずさ監査法人IT監査部（2013）『IT統制評価全書』同文舘出版、42-54ページより編集。

計システムを導入することで新たなリスクが生じている。ただし、リスクに対応した統制は変化が生じている。例えば、売上の集計が漏れてしまうリスク自体は同じであるが、会計システムを導入することで、手作業で実施していた売上伝票の連番管理は、会計システムで連番管理を行うことが可能となる。会計システムにエラーを抽出する機能を実装していれば、連番でないものを自動で抽出し、担当者もしくは責任者が、その原因を分析することとなる。

　売上金額の集計を誤るリスクに対して、手作業では、集計を行った者と別の者が、再度集計を行うという再計算による統制を構築していたが、会計システム導入により、当然、集計は自動的に行われる。ただし、記録されている情報と実態の一致を資金という観点で確認するため、第一に売上伝票と合致を確認した現金は夜間金庫へ預け、確認結果表を作成し責任者へ提出し、第

図表3-4-5　B）経理業務のみIT化の場合のリスクと統制の例示

想定されるリスク	A）と同一か	リスクに対応した統制
売上の集計が漏れてしまうリスク	変化	会計システムで連番管理
	同一	図表3-4-4と同一
売上金額を誤るリスク	同一	図表3-4-4と同一
売上金額の集計を誤るリスク	変化	売上伝票と合致を確認した現金は夜間金庫へ預け，確認結果表を作成し責任者へ提出
	変化	売上伝票（仮）集計結果と銀行入金額の一致を責任者が確認し，売上伝票を正式とする
現金預金の勘定残高と売上勘定の不整合が発生するリスク	同一	図表3-4-4と同一
適切な値引が行われないリスク	同一	図表3-4-4と同一
	同一	図表3-4-4と同一
	同一	図表3-4-4と同一
帳簿が改ざんされてしまうリスク	変化	帳簿の訂正を行う場合は，会計システムへ振替伝票を入力するが，責任者が会計システム上で承認しないと，会計上記帳されない仕組みとする
〈追加されるリスク〉		
会計システムのプログラムが誤っているリスク	追加	テストの実施などにより誤りがないことを確認する（パッケージであれば最新版であるか確認する）
伝票の承認を誰でも実施できてしまうリスク	追加	ID・パスワード等により，会計システムにおいて伝票承認を責任者しかできないようにする
会計システムが稼働（動作）しないリスク	追加	保守契約などで故障を発見すると適切に対応できるようにする
会計システムで管理している帳簿や伝票類が消失してしまうリスク	追加	バックアップデータを取得しておく
伝票承認権限を付与する権限が適切に管理されないリスク（意図しないところで自由に伝票承認権限が付与されてしまう）	追加	伝票承認権限を付与する権限を使用するときは，事前に承認を取るとともに，使用の記録を取り事前承認と突合する
権限外の者（悪意を持った者）による会計システムの帳簿記帳のリスク	追加	経理担当者にID・パスワードを付与しており，担当者以外の会計システムへのアクセスはできないようにする

出所：有限責任あずさ監査法人IT監査部（2013），55-66ページより編集・加筆。

二に売上伝票（仮）集計結果と銀行入金額の一致を責任者が確認し，売上伝票を正式とするという新たな統制が構築されている。連番管理も同様であるが，会計システム導入により，効率面では大幅な効率化につながるとともに，早期化にもつながってくる。

　また，帳簿の改ざんのリスクは，手作業ではボールペン等で記載していると，筆跡で記載した本人も特定でき，修正や訂正もわかりやすい。これが，会計システム導入により，単にデジタルでの記号に変化することにより，わかりにくくなり，特に，修正や訂正時に記載されていた仕訳を直接に修正や訂正してしまうと判別ができなくなってしまう。このため，例えば，帳簿の訂正を行う場合は，会計システムへ訂正の振替伝票を入力するが，責任者が会計システム上で承認しないと，仕訳データとならない仕組みとすれば，元の仕訳と訂正や修正の仕訳が記帳されるとともに，責任者の承認により正当性のある仕訳であることが確認できる。

　このように想定されるリスクの項目は手作業のときと同じであるが，統制という観点で見た内容としては，大きく変質していることがわかる。また，会計システム導入によりIT特有のリスクが発生するため，追加のリスクが発生する。会計システム自体に適切なITの統制目標に対応した統制が組み込まれているという前提ではあるが，パッケージではなく，自社開発や外部委託による開発などの場合では，プログラム上のバグなどのエラーが存在しているケースがあり，事前のテストで徹底的な検証を行い，エラーが発見されるとプログラムの修正を実施もしくは外部業者であれば依頼する必要がある。特に，致命的なエラーの発生は業務の停止につながることもあり，その重要性から表に記載している。

　また，会計システム導入前であれば，帳簿自体は鍵のかかった引出等に保管し，記載する者は帳簿を使用していることで判明するとともに，筆跡でもわかるが，会計システム導入ではデジタル情報により筆跡はわからないため，ID・パスワード等により誰がいつ記帳もしくは承認したかを記録しておく必要が生じる。また，会計データ自体が紙ではなく電子媒体となっているため，消失する可能があり，その原因も災害のような外部的なものばかりではなく，例えば，飲み物をPCにかけてしまい会計データが消失という不注意からも

発生する可能性がある．それだけに，バックアップデータの取得が統制として重要となってくる．

次に，図表3-4-6 C）販売業務及び経理業務がIT化された場合について検討する．会計システム導入に加えて，POSレジ及び販売管理システムを導入し，会計システムとデータ連係することによって，図表3-4-2における会計システムに仕訳を入力する証憑書類まで②処理手続分野が実質的に広がることとなる．会計システムは会計データを取り扱う情報システムであるが，販売管理システムによって作成された販売データが日々の営業終了後に会計システムへ送られ，自動仕訳が起票される．この販売管理システムからのデータの取り込みも含めて，会計システムにおいて転記・集計などの処理手続が行われる．ただし，会計情報の信頼性確保のために，内部統制の整備・運用が必要であり，この統制が有効に機能することによって情報の信頼性が確保される．

図表3-4-5との比較で検討する．POSレジ及び販売管理システム導入により，売上金額を誤るリスクに関して，手作業ではアイテムごとに価格表を準備し，売上伝票との一致を確認するという統制であったが，商品マスタに価格が登録されており，商品バーコードを読み取ると自動でこの金額を取得して金額を算定し，算定が高速かつ正確であるため，大幅な業務の効率化が図られている．また，売上金額の集計を誤るリスクについても，手作業においては集計を行った者と別の者が，再度集計を行うという統制であったが，この点もプログラム化され，自動的に販売管理システムで売上データを集計することとなる．

また，現金預金の勘定残高と売上勘定の不整合が発生するリスクについても，手作業では，職務の分離として，売上起票と現金出納帳の担当を別の人物が行うという統制であったが，現金は現金数え機にかけて販売管理システムに取り込み，集計された売上の内，現金取引分との突合が販売管理システムで行われ，一致分は売上計上となり，人手が介在しない．ただし，小売りであるため現金との間で不一致が生じる可能性があり，差異が出力され，不一致発生時は調査する．販売のデータは自動転送であり，経理において現金在高とクレジット分を加味して確認を行うが，転送と自動仕訳は人手が介在しない．手作業と比較すると，自動的な処理が中心となり，職務の分離によ

る統制が一部で消滅し，その代替として，不一致分の調査や経理での現金在高とクレジット分を加味して確認が行われる。

　値引に関しても，値引は商品マスタに登録したものしか認めないという会社の方針が前提となっているが，手作業では値引の売上伝票に対し，責任者が内容を確認の上，承認する等の統制であったが，売上金額を誤るリスクと同じ統制で十分となり，リスクに対する統制が統合されている。クレジットカード取引を開始することによって，新たなリスクが生じているが，これは，手作業のときも同様である。追加されるリスク2として，ITシステム間のデータ連携を誤るリスクを挙げているが，会計システムのプログラムが誤っているリスクと同様に，業務処理システムと会計システムの連動を事前のテスト等で徹底的な検証を行うことが統制として求められる。商品マスタが職務上認められない者によって更新されるリスクは，商品マスタが正しく維持されていなければ，正しい売上が計上されないため，操作権限者を適切に定めるとともに，責任者が承認しないと販売単価が正式にならないようにする等の統制が求められる。

　「第1章第5節　伝統的会計帳簿とIT会計帳簿の相違点」で述べたように，伝統的会計帳簿では，手書きの会計帳簿の作成から決算書の作成までが可視化されている。また，承認手続の有無も伝票等への押印などで確認できるため，直接，肉眼で書面を確認することが可能である。これに対して，IT会計帳簿は，ITによって作成され電子媒体に保存されている会計帳簿と述べたが，媒体が紙媒体から電子媒体へと変化するとともに，処理の過程が手作業から自動化されるとともに，統制（コントロール）がITの中に組み込まれ，ブラックボックス化し，効率化の反面，手作業で存在していた統制の消滅が発生することもある。

　このことは，図表3-4-4から図表3-4-6までの手作業から販売業務及び経理業務がIT化された場合のリスクと統制の例示の変化を検討することで明確となった。ただし，手作業における計算ミス等によるリスクが大きく低減することは，経営という観点からは望ましく，IT会計帳簿がブラックボックス化するリスクに対して適切に対応すること，すなわち内部統制を有効に機能させることで対応可能となる。次に，制度面におけるリスクについて検討して

図表3-4-6　C）販売業務及び経理業務がIT化された場合のリスクと統制の例示

想定されるリスク	B) と同一か	リスクに対応した統制
売上の集計が漏れてしまうリスク	同一	図表3-4-5と同一
	同一	図表3-4-5と同一
売上金額を誤るリスク	変化	商品バーコードを読み取ると，商品マスタに登録された販売単価を取得して自動的に計算する
売上金額の集計を誤るリスク	変化	自動的にPOSレジから販売管理システムへ売上データが転送・蓄積され，営業終了後に販売管理システムで売上データを集計する
現金預金の勘定残高と売上勘定の不整合が発生するリスク	変化	現金は現金数え機にかけて販売管理システムに取り込み，集計された売上の内，現金取引分との突合が販売管理システムで行われ，一致分を売上計上するとともに，差異が出力され，不一致発生時は調査する。販売管理システムから会計システムへデータを転送し，経理において現金在高とクレジット分を加味して確認を行う
適切な値引が行われないリスク	変化	商品バーコードを読み取ると，商品マスタに登録された販売単価を取得して自動的に計算する
帳簿が改ざんされてしまうリスク	同一	図表3-4-5と同一
与信限度を超えて販売を行ってしまうリスク（クレジットカード取引のみ）	追加	カード会社共通の与信チェック機能（共同オーソリ）を使用して確認する
売掛金の回収が漏れるリスク（クレジットカード取引のみ）	追加	クレジットカード会社との取り決めにより，リスクをクレジットカード会社が負担する
〈追加されるリスク1〉		
会計システムのプログラムが誤っているリスク	同一	図表3-4-5と同一
伝票の承認を誰でも実施できてしまうリスク	同一	図表3-4-5と同一
会計システムが稼働（動作）しないリスク	同一	図表3-4-5と同一
会計システムで管理している帳簿や伝票類が消失してしまうリスク	同一	図表3-4-5と同一

(続き)

想定されるリスク	B)と同一か	リスクに対応した統制
伝票承認権限を付与する権限が適切に管理されないリスク（意図しないところで自由に伝票承認権限が付与されてしまう）	同一	図表3-4-5と同一
権限外の者（悪意を持った者）による会計システムの帳簿記帳のリスク	同一	図表3-4-5と同一
〈追加されるリスク2〉		
ITシステム間のデータ連携を誤るリスク	追加	テストの実施などにより誤りがないことを確認する
商品マスタが職務上認められない者によって更新されるリスク	追加	商品マスタの操作権限者を適切に定めるとともに、責任者が承認しないと販売単価が正式にならないようにする

出所：有限責任あずさ監査法人IT監査部（2013），67-77ページより編集・加筆。

きたが、IT会計帳簿を経営に活用する場合のリスクについて検討する。会計情報を経営に活用する場合、情報の入手までの速度が重要であるが、IT化は大きなメリットがある。また、経営では制度で必要とされるものよりも粒度が細かくなることが多い。ただし、ここから想定されるリスクは考えにくく、基本的には大きな変化はないが、企業の実態に応じた検討は必要と考える。

出力帳票やシステム上の会計記録からだけではIT会計帳簿の妥当性、最終的には財務諸表の適正性を判断することが困難な面があり、証憑書類自体の作成や入手、また、業務処理システムを利用している場合はその業務処理を含めた、処理手続及び統制手続を含めた帳簿組織としてのIT会計帳簿の妥当性を検証することが求められる。特に、IT化が手作業における職務の分離の消滅につながる際には、業務処理システムにおいて、同様の統制が内包されているのか、新たな統制が必要でないのかの検討をしておかねばならない。この検討において、事例として検討したリスクという観点は有効であり、リスクを企業の許容可能範囲まで低減することは、企業経営におけるリスクマネジメントとして必要となる。

4.2 内部統制の観点から求められるIT会計帳簿

4.1において，IT会計帳簿の妥当性を判断するためには，処理手続及び統制手続を含めた帳簿組織としてのIT会計帳簿の妥当性を検証することが求められると述べた。伝統的会計帳簿を意識すると，処理の部分がIT化によりブラックボックス化してしまうため，利用している会計ソフトなどの会計に関するソフトウェアに関する内部統制を検討しなければならないことになる。手作業からIT化により，秩序だった記録作成の整然性が満たされるためには，手作業にはまったくない図表3-4-7のような条件が付け加えられることになる。これは，コンピュータ処理の体制では，帳簿が作成されることと切り放して会計情報が入手できる体制であり，明らかに帳簿づくりに重点があるとはいえないことによる[201]。

図表3-4-7で記載している内容の構築や整備に関する部分は，図表3-2-1「決算・財務報告プロセスのサブプロセスと内部統制」でサブプロセスとして記載した，①全般に対応している。これは，IT化において一定のルール化を行わないと手作業の様な柔軟な対応ができないという点，処理のブラックボックス化を避けるという点から必要となり，これらの観点から職務分掌，会計マニュアルなどのルール化をまず実施する必要がある。そして，図表3-2-1の②仕訳起票・転記プロセスや③決算修正プロセスで定められたとおりに運用されている必要があり，この点が図表3-4-7の③において，定められた操作手順に従った運用として述べられている。

IT化により，プログラムによる自動化された部分は一度設定すると継続的に同じ処理となるため，ブラックボックス化した部分を，いかにルールを定めて可視化できるかが，内部統制の観点から求められるIT会計帳簿として重要な点である。もうひとつの重要な点としては，伝統的会計帳簿では会計帳簿に関与していない者やIT基盤などがあげられる。この点に関して，図表3-3-2「ITの利用及び統制の内容」〈ITの統制〉ロでは，企業会計審議会の財務報告に係る内部統制の評価及び監査に関する実施基準として，ITに係る全般統制とITに係る業務処理統制が必要としている。IT会計帳簿におけるIT

201　豊森照信（1997）『税務に活かすコンピュータ会計帳簿の考え方・整え方』税務研究会出版局，172ページ。

図表3-4-7　伝統的会計帳簿からIT会計帳簿への移行により加えられる条件

① 会計処理のシステムとして適正な設計の方針が確立されていること
② システムの内容の説明がドキュメンテーションとして整備されて，明らかであること
③ データ処理は操作手順が定められており，それに従って運用されていること
④ 現行の法制下での規定に従った帳簿類が作成されていること
⑤ 会計監査を行うとき，帳簿類の記録をたどってトレースする手がかりを確保していること

出所：豊森照信（1997）『税務に活かすコンピュータ会計帳簿の考え方・整え方』税務研究会出版局，173ページより編集。

に係る全般統制は，IT会計帳簿の権限者以外によるプログラムやデータの改変を防ぎ，IT会計帳簿が必要に応じて利用することができるように維持するための内部統制ということができる。ITに係る全般統制は，業務処理プロセスがIT化されたときに生ずる用語であり，日本公認会計士協会IT委員会の実務指針では，全般統制を以下のように定義している[202]。

「全般統制は，多くのアプリケーションに関係する方針及び手続であり，情報システムの継続的かつ適切な運用を確保することにより，業務処理統制が有効に機能するよう支援する。全般統制には，通常，以下の事項に対する内部統制が含まれる。

- データ・センターとネットワークの運用
- アプリケーションの取得，開発及び保守
- システム・ソフトウェアの取得，変更及び保守
- プログラム変更
- アクセス・セキュリティ」[203]。

---

[202] 日本公認会計士協会では，全般統制，業務処理統制という用語を使用しており，企業会計審議会（2011）のように「ITに係る」という言葉を付けていない。これは，日本公認会計士協会は国際監査基準をベースに実務指針を作成しており，国際監査基準の原文がITを付けていないことが理由となる。ただし，両方とも定義上の相違はあるが，意味するところは同じである。本研究では，基本的に全般統制・業務処理統制を使用し，企業会計審議会等の基準等に「ITに係る」という用語が使用されている際は，「ITに係る」を記載することとする。

[203] 日本公認会計士協会（2011）「IT委員会実務指針第6号　ITを利用した情報システム

ただし,「第2章 第3節3.1 上場会社における会計ソフトの導入状況」で述べたように, 最近は平成21年7月に経済産業省が実施した上場会社へのアンケート調査で, 上場企業でもパッケージを適用するケースが多いことがわかる[204]。また, 同じ第3節の図表2-3-5のように, 中小企業での会計ソフトを利用するケースで, 約8割がパッケージの使用という実態調査もある。この点では自社での情報システム部による改ざん等のリスクは抑えられる反面, 入力の分散化のためのネットワーク利用や通信にインターネットの技術を活用することによるセキュリティのリスクやシステムの停止による影響の増大などのリスクが増加している。また, ITに係る業務処理統制は, IT会計帳簿としての会計システムにおけるITに係る内部統制であり, プログラムの中に組み込む, もしくは人間によるチェックを組み込むことで実現していくことになる。方法は各社の決算・財務報告プロセスにおけるリスクに応じてであり, 統制目標等を利用して検討することになる。

　次に, 業務処理統制であるが, 全般統制と同様に, 業務処理プロセスがIT化されたときに生ずる用語であり, 日本公認会計士協会IT委員会の実務指針では, 以下のように定義している。「業務処理統制は, 通常, 業務プロセスにおいて個々のアプリケーションによる取引の処理に適用される手続であり, あらかじめプログラムに組み込まれている自動化された業務処理統制と, ITから自動生成される情報を利用して実施される手作業による内部統制との組み合わせにより構成されている。[205]」留意すべき点は, プログラムに組み込まれている自動化された統制に加えて, 例えば, 売掛金の年齢調べ表を出力して滞留の状況から貸倒引当金の検討をするように, ITから自動生成される情報を利用して実施される手作業による統制も対象範囲となっている。

　図表3-4-4から図表3-4-6において, 事例による伝統的会計帳簿からIT会計帳簿への変化におけるリスクと統制について検討したが, 伝統的会計帳簿におけるリスクは変化しないが, 内部統制に関して大きな変化が生じた。また,

---

　　に関する重要な虚偽表示リスクの識別と評価及び評価したリスクに対応する監査人の手続について」, 12ページ。
204　中村元彦（2012）, 46ページ。
205　日本公認会計士協会（2011）, 11ページ。

IT特有のリスクが発生し，そのための統制が必要となり追加された。図表3-4-6の統制を全般統制及び業務処理統制により分類すると，図表3-4-8のようになる。会計システム，POSレジ及び販売管理システムが導入されることにより，情報システムのプログラム化された統制で完結する場合は，業務処理統制の自動となり，手作業との組み合わせで統制が行われる場合は業務処理統制の手作業及び自動となる。全般統制は業務処理統制のような区分は行われないが，手作業，自動と手作業及び自動の組合せとなる。

　図表3-4-4のようなすべてが手作業の場合の手作業での統制が，図表3-4-8のように販売業務及び経理業務におけるIT化により，統制がITを中心に構築されることとなる。「第1章 第2節　帳簿組織の概念」において，沼田（1968）による伝統的会計帳簿における帳簿設計の基本原則について述べたが，IT会計帳簿となった場合における処理の変化，さらにリスク及び統制を踏まえ，IT会計帳簿における帳簿設計の基本原則を検討する。図表3-4-9はIT会計帳簿を前提に，伝統的会計帳簿と比較した帳簿組織の設計における基本原則である。以下，IT会計帳簿を前提とした帳簿組織の設計における基本原則について，伝統的会計帳簿と比較しながら検討する。

　第一は，各企業の行っている取引をその内容によって分類することであり，これは伝統的会計帳簿と同一である。取引の内容・形態によって記帳方法が異なり，これに順応して帳簿組織が立案されなければならない[206]ことは，IT会計帳簿でも同様である。例えば，売上取引なら，現金売上，掛売上のような特殊取引に分類するなど，取引の種類別形態を明らかにして，その上で帳簿組織を定めることが基礎要件のひとつであり，IT会計帳簿では，外部からのデータ連係を考えるとより重要性は高くなる。また，各種類の取引ごとにその発生度数を明らかにすることを考慮すべきとし[207]，伝統的会計帳簿では記帳事務の能率を高める上において絶対的な要件としている。IT会計帳簿でも同様であるが，外部データ連係の判断は，発生度数を要素とした費用対効果の分析となり，より重要性は高くなる。

　第二は，各種取引についての記帳内容・記帳方法を適正に定めることであ

206　沼田嘉穂（1968），47ページ。
207　沼田嘉穂（1968），48ページ。

図表3-4-8 IT化された販売業務及び経理業務におけるリスクと統制の例示及び統制の分類

想定されるリスク	リスクに対応した統制	分類
売上の集計が漏れてしまうリスク	会計システムで連番管理	業務処理統制（自動）
	売上伝票をもとに在庫表の更新を行い，在庫品との突合を行う	業務処理統制（手作業＋自動）
売上金額を誤るリスク	商品バーコードを読み取ると，商品マスタに登録された販売単価を取得して自動的に計算する	業務処理統制（自動）
売上金額の集計を誤るリスク	自動的にPOSレジから販売管理システムへ売上データが転送・蓄積され，営業終了後に販売管理システムで売上データを集計する	業務処理統制（自動）
現金預金の勘定残高と売上勘定の不整合が発生するリスク	現金は現金数え機にかけて販売管理システムに取り込み，集計された売上の内，現金取引分との突合が販売管理システムで行われ，一致分を売上計上するとともに，差異が出力され，不一致発生時は調査する。販売管理システムから会計システムへデータを転送し，経理において現金在高とクレジット分を加味して確認を行う	業務処理統制（手作業＋自動）
適切な値引が行われないリスク	商品バーコードを読み取ると，商品マスタに登録された販売単価を取得して自動的に計算する	業務処理統制（自動）
帳簿が改ざんされてしまうリスク	帳簿の訂正を行う場合は，会計システムへ振替伝票を入力するが，責任者が会計システム上で承認しないと，会計上記帳されない仕組みとする	業務処理統制（手作業＋自動）
与信限度を超えて販売を行ってしまうリスク（クレジットカード取引のみ）	カード会社共通の与信チェック機能（共同オーソリ）を使用して確認する	業務処理統制（手作業＋自動）
売掛金の回収が漏れるリスク（クレジットカード取引のみ）	クレジットカード会社との取り決めにより，リスクをクレジットカード会社が負担する	※注

注：売掛金の回収が漏れるリスク（クレジットカード取引のみ）を分類について空欄としている。掛という信用ではなく，クレジットカード取引のみとしているのは，売掛金の回収リスクをクレジットカード会社に手数料を支払うことにより移転して，一定の範囲に抑えるという企業の政策であり，リスクマネジメントとしての広い意味での統制となる。ただし，業務における統制ではないため，空欄としている。

(続き)

想定されるリスク	リスクに対応した統制	分類
〈追加されるリスク1〉		
会計システムのプログラムが誤っているリスク	テストの実施などにより誤りがないことを確認する（パッケージであれば最新版であるか確認する）	全般統制
伝票の承認を誰でも実施できてしまうリスク	ID・パスワード等により，会計システムにおいて伝票承認を責任者しかできないようにする	全般統制
会計システムが稼働（動作）しないリスク	保守契約などで故障を発見すると適切に対応できるようにする	全般統制
会計システムで管理している帳簿や伝票類が消失してしまうリスク	バックアップデータを取得しておく	全般統制
伝票承認権限を付与する権限が適切に管理されないリスク（意図しないところで自由に伝票承認権限が付与されてしまう）	伝票承認権限を付与する権限を使用するときは，事前に承認を取るとともに，使用の記録を取り事前承認と突合する	全般統制
権限外の者（悪意を持った者）による会計システムの帳簿記帳のリスク	経理担当者にID・パスワードを付与しておき，担当者以外の会計システムへのアクセスはできないようにする	全般統制
〈追加されるリスク2〉		
ITシステム間のデータ連携を誤るリスク	テストの実施などにより誤りがないことを確認する	全般統制
商品マスタが職務上認められない者によって更新されるリスク	商品マスタの操作権限者を適切に定めるとともに，責任者が承認しないと販売単価が正式にならないようにする	業務処理統制（手作業＋自動）

出所：有限責任あずさ監査法人IT監査部（2013），42-77ページより編集・加筆。

り，第一と同様に伝統的会計帳簿と同一である。この原則は内部統制の観点からも整備する上において，必須となるものである。また，どのような取引でも原則として一連の原始書類（注文書，送り状，納品書など）は必要であ

図表3-4-9 IT会計帳簿を前提とした帳簿組織の設計における基本原則

伝統的会計帳簿	IT会計帳簿	内容
①各企業の行っている取引をその内容によって分類すること	①各企業の行っている取引をその内容によって分類すること	伝統的会計帳簿でもIT会計帳簿でも，取引の種類別形態を明らかにして，その上で帳簿組織を定めることが基礎要件のひとつである。また，各種類の取引ごとにその発生度数を明らかにすることが考慮事項である。
②各種取引についての記帳内容・記帳方法を適正に定めること	②各種取引についての記帳内容・記帳方法を適正に定めること	伝統的会計帳簿でもIT会計帳簿でも，各種の取引について必要な書類の形式，記帳内容，記帳方法並びにその集計などについての手続を立案する。なお，どのような取引でも原則として一連の原始書類（注文書，送り状，納品書など）は必要である。
③すべての取引について内部牽制制度及び内部統制制度を重視し，これを帳簿組織の中に織り込むこと	③すべての取引について内部統制制度を重視し，これを帳簿組織の中に織り込むこと	企業の内部活動についての内部統制制度は，資産の保全と業務の有効性及び効率，財務報告の信頼性，事業活動に関わる法令等の遵守という適切な経済活動の上で欠くことのできない要件である。このためには，職務分掌を明確にし，内部牽制制度を組み込むとともに，適切な経営管理を行うための必要な資料が会計記録からいつでも入手できるようにする必要がある。また，IT会計帳簿として，プログラム化された自動的な統制を組み込むことが重要となる。
	④帳簿組織に関わるIT全般統制を有効にすべきこと	IT会計帳簿特有であり，すべての取引について内部統制制度を重視し，これを帳簿組織の中に組み込むだけでは，IT化された場合は十分ではなく，IT全般統制を有効にすることが必要である。
④帳簿の設定を適切かつ高能率にしなければならない	⑤業務処理システムとの連携も含め，帳簿の設定を適切かつ高能率にしなければならない	伝統的会計帳簿では，記入順序から，帳簿を原始簿（仕訳簿または仕訳帳に代わる帳簿），最終簿（総勘定元帳及び補助元帳）の2種類に分けている。これに対して，IT会計帳簿は，自動的な機能があり，記入順序という概念で分ける必要はなくなる。代わりに，販売管理システムなど，業務処理システムでの管理データが補助元帳の内容と同一となり，IT会計帳簿として詳細なデータを取り込むか，集約されたデータを取り込むかを経営管理の観点から検討する必要が生じる。

（続き）

伝統的会計帳簿	IT会計帳簿	内容
⑤財務諸表をはじめ必要な報告書の調製を考慮のうちに入れること	⑥財務諸表及び経営管理において必要な報告書の調製を考慮のうちに入れること	伝統的会計帳簿でもIT会計帳簿でも、財務諸表は取引の記録と並んで重要な記録であり、会計目標のひとつであり、帳簿記入の最終の集約表であることから、帳簿組織は日常の取引の適正な記録を行う上にさしつかえない限り、常に財務諸表及びその他の報告書を適切に作りうることを基礎条件とすべきである。また、IT会計帳簿では、経営管理において必要な情報を伝統的会計帳簿よりも容易にかつ正確に抽出することが可能であるため、この点を強調している。
⑥会計監査の実施並びにそれが有効にできることを前提とすべきこと	⑦会計監査の実施並びにそれが有効にできることを前提とすべきこと	帳簿組織の立案、実施について、内部統制制度が十分に実行できるように構築されていると、内部監査もかなり楽となり、外部監査（会計監査）も試査を前提とすることができる。なお、IT会計帳簿では、全般統制についても有効性が求められる点は留意する必要がある。
⑦外部への提出書類を帳簿から容易に作りうることを前提とすべきこと	⑧外部への提出書類を帳簿から容易に作りうることを前提とすべきこと	税務署への提出書類など、提出すべき報告書を規則的に帳簿などの記録から作りうることを要する。提出書類に記載された金額などの数字が帳簿記録を基礎としたものであることを、技術的に完全に示しうるよう帳簿組織が立案される必要がある。なお、上場会社など有価証券報告書等を提出する際は、XBRLにより作成されたデータによりEDINET提出が要求されている。また、国税における申告を電子申告で実施する場合は、EDINETと同様にXBRL形式のデータで提出となっている。このため、IT会計帳簿を利用している場合、入力されたデータから最終的な提出までが電子データで完結することが制度上も可能となっている。

出所：沼田嘉穂（1968）『帳簿組織』中央経済社，47-51ページより編集・加筆。

り，取引の証拠書類であるとともに仕訳記入の基礎となるとしているが[208]，内部統制の観点からは必要な書類が揃っていることを求めるものであり，内部統制構築に欠かすことはできない。また，どのような帳簿記入が必要であるかを明らかにすることを求めているが，経営管理に会計データを活用するこ

---

208 沼田嘉穂（1968），48ページ。

とを考えると，IT会計帳簿において，より重要性が高まる。

第三は，すべての取引について内部統制制度を重視し，これを帳簿組織の中に組み込むことであり，伝統的会計帳簿と同一である。沼田（1968）では内部牽制制度及び内部統制制度としているが，現在は内部統制の中に内部牽制があると考えられているため，内部牽制自体の文言は削除している[209]。内部統制を帳簿組織の中に織り込むことは，内部統制の目的である，資産の保全と業務の有効性及び効率性，財務報告の信頼性，事業活動に関わる法令等の遵守という適切な経済活動の上で欠くことのできない要件である。さらに，経営管理の観点からは，会計記録から必要な資料がいつでも得られるようになっている必要がある。

IT会計帳簿における特有の留意点としては，プログラム化された自動的な統制を組み込むことが重要となる。例えば，図表3-4-10「処理の完全性のためのアプリケーション統制」では，入力－処理－出力に分類した脅威／リスク及び統制の例示を記載している。まず，入力段階において，伝統的会計帳簿では，仕訳を起票する際に記載の誤りがあると，金額面では借方と貸方の合計の不一致による検出や承認者による内容も含めたチェックによる検出が考えられる。IT会計帳簿では，権限者により承認された入力が正確かつ完全（網羅的）であることをプログラム化された統制及び人手による統制の組み合わせにより実施される。

例えば，プログラム化された統制であればAlphabetic-or-numeric Test[210]に

---

209 企業会計審議会（2011b），10ページでは，統制活動として，「例えば，取引の承認，取引の記録，資産の管理に関する職責をそれぞれ別の者に担当させることにより，それぞれの担当者間で適切に相互牽制を働かせることが考えられる。」として，統制活動の例示として内部牽制を挙げている。

210 他にも多くの統制の手法があるが，処理と出力では下記のような手法がある。
処理：Control total Test―テストの処理の前後に独立して合計を算出し，比較することですべての項目が処理されることをテストする。Correct file Test―処理で使用されているファイルが最新の正しいファイルかテストする。
出力：Distribution―報告書が意図された人にしか渡されないことが確実であるかをテストする。
Summers, Edward Lee（1989）*Accounting Information Systems,* Houghton Mifflin Co., pp.421-425より引用・翻訳・編集。

図表3-4-10　処理の完全性のためのアプリケーション統制

処理段階	脅威／リスク	統制
入力	データが，無効，権限がない，不完全，不正確である	フォームデザイン※注1，ドキュメントの取消と保存※注2，承認と職務分掌，ビジュアルスキャニング※注3
処理	出力と保存されたデータにおけるエラー	データマッチング※注4，ファイルラベル※注5，バッチトータル，クロスフッティング及びゼロバランステスト※注6，書込保護メカニズム，データベース処理における完全性手順※注7
出力	不正確もしくは不完全なレポートを使用する	レビューと調整※注8，暗号化とアクセスコントロール，パリティチェック，メッセージ承認技術※注9

注1：エラーや脱落の発生が最小化するようにソースドキュメントや他のフォームを設計すること。
注2：すでに入力されたドキュメントが，不注意や不正により再度システムに入力されないように取り消されること。
注3：システム入力前にソースドキュメントの正当性と妥当性についてスキャンすること。
注4：ある特定のケースで，実行される前に2もしくはそれ以上のデータ項目を照合すること（例えば，得意先への支払前に注文書と請求書を照合する）。
注5：ファイルラベルが正しく最新のファイルにアップデートされていることを確保する必要があること（内部ラベルとして，ヘッダーとトレーラー記録という重要な2つのタイプがある）。
注6：例えば，借方と貸方合計が一致，得意先元帳の金額と対応する売掛金勘定の差額がゼロ，など。
注7：データベース・システムは，処理の完全性を確保にするために，データベース管理者，データ辞書と同時更新の統制を利用する（例えば，複数のユーザが同時に同じ記録を更新しようとする際に，エラーの発生を防ぐ）。
注8：システムからの出力のユーザによるレビュー。すべてのトランザクションと他のシステム更新はコントロールレポート，ファイル状況／最新報告，他のコントロールのメカニズムと一致しなければならない（加えて，総勘定元帳の勘定と補助元帳の勘定の合計は完全に一致すべき）。
注9：電子的なメッセージが送り先で受け取られたことを知らせるために使われる技術（エコーチェック，トレーラー記録，番号が付けられたバッチ）
出所：Romney, Marshall B. and Paul J. Steinbart（2014），pp.287-291より引用・翻訳・編集。

より，0（ゼロ）を誤ってO（オー）を入力した場合のように，数値を入力する際に誤って文字を入力するとエラーが表示されたり，Range Testにより，一定範囲を超えた金額を入力するとアラームにより注意を促したりするなど，入力段階でも入力ミスに対して対応することが可能となる。この結果，入力時に入力ミスが判明することとなり，伝統的会計帳簿と比較すると，プログラム化された統制に関しては早いタイミングですべてを対象とした自動

的なチェックが可能となるという特徴がある。業務プロセスという観点からも，入力時点で誤りが判明し，すぐに修正することは，後でチェックにより判明し，修正するよりも短時間での処理が可能であると考えられる。

　処理段階において，伝統的会計帳簿では，記帳した仕訳に関して総勘定元帳への転記と集計，また，試算表に転記を行う。この過程で，借方記入と貸方記入が常に等しくなるという複式簿記の原理から，誤りを発見し，必要な修正手続を実施する。これに対して，IT会計帳簿では入力されたデータに対して，プログラム化された統制を実施する。また，出力段階において，処理された情報が適切な利用者に限定されて提供されることは伝統的会計帳簿でもIT会計帳簿でも同じであるが，IT会計帳簿は情報自体のアクセスコントロールを伝統的会計帳簿よりも厳しく行う必要が生じる。

　第四は，帳簿組織に関わるIT全般統制を有効にすべきことであり，これはIT会計帳簿特有の基本原則である。伝統的会計帳簿では，紙媒体である会計帳簿や請求書等の証憑類を中心とした帳簿組織であり，物理的に紙媒体を管理することで記録の改ざん等を防ぐことが可能であった。これに対して，IT会計帳簿では，会計帳簿はITによって作成され電子媒体に保存されている会計帳簿であり，ネットワーク経由で接続するなどの方法によって担当者以外が会計帳簿を改ざんする可能性が生じるとともに，会計ソフトのプログラムミスによる誤った集計などのIT会計帳簿特有のリスクが生じてしまう。このために，セキュリティや開発などに関して，ITに対応する内部統制である全般統制が求められるのである。

　第五は，業務処理システムとの連携も含め，帳簿の設定を適切かつ高能率にしなければならないことであり，伝統的会計帳簿との比較で変化が生じている。伝統的会計帳簿では，記入順序から，帳簿を原始簿，最終簿の2種類に分けているが，IT会計帳簿では，原始簿，最終簿のデータは連動しており，記入順序という概念の重要性は大きく低下している。伝統的会計帳簿では特殊仕訳帳や補助元帳の設定は取引の種類による分類及び分課と分業制度，勘定科目の数によって定まるとしているが[211]，会計ソフトの機能で現金出納帳，

211　沼田嘉穂（1968），49ページ。

売掛帳，売上帳，手形記入帳等から入力する場合は，同じく，適切に設定することが求められる。これは，同じ販売取引でも取引ごとに仕訳帳で入力するか，特殊仕訳帳で入力するかがバラバラであると，効率性や正確性の観点からも望ましくないからである。なお，販売管理システムなどの業務処理システムを利用している際は，補助元帳や特殊仕訳帳としての売上帳などの情報を業務処理システムで保有しており，どこまでをIT会計帳簿に取り込むかが重要となる。

ERPのような図表2-2-4における第三形態のシステムであれば，統合データベースを利用しているため，業務処理システムとIT会計帳簿の情報は統合されており問題ないが，IT会計帳簿に業務処理システムからデータを取り込むのであれば，経営管理の観点から詳細なデータを取り込むか，集約されたデータを取り込むかを検討する必要が生じる。理想的には，詳細データをIT会計帳簿でも取り込むことができれば，IT会計帳簿自体で経営管理の観点から詳細な分析を実施することが可能となる。逆に，集約データであれば，業務処理システムを利用しないと分析ができないこととなる。ハードウェアやネットワークの性能向上もあり，流れとしては詳細データの取り込みの方向で進んでいると考える。

第六は，財務諸表及び経営管理において必要な報告書の調製を考慮のうちに入れることである。伝統的会計帳簿でもIT会計帳簿でも，財務諸表は取引の記録と並んで重要な記録であり，帳簿記入の最終の集約表であることから，財務諸表における必要な報告書の調製について議論の余地はない。また，IT会計帳簿はデータの抽出・加工が容易であり，経営管理において伝統的会計帳簿と比較して高い優位性を有している。経営者は伝統的会計帳簿，IT会計帳簿に関係なく，経営管理のための情報を要求するのが通常と考えられる。ただし，統計，分析などの資料的な報告書は確定的なものではなく，企業の規模と経営内容によって大幅に相違する[212]。このために，自由にデータを加工できるIT会計帳簿の優位性は高く，また，最近は報告書を情報システムで用意するのではなく，データとして利用者に提供し，利用者が自ら抽出・加工

---

212 沼田嘉穂（1968），50ページ。

して報告書をニーズに応じて作成する方向となっている。

　第七は、会計監査の実施並びにそれが有効にできることを前提とすべきことであり、伝統的会計帳簿でもIT会計帳簿でも同様である。帳簿組織の立案、実施について、内部統制制度が十分に実行できるように構築されていることは、内部監査においても外部監査（会計監査）においても本来的には前提条件と考える。もし、帳簿組織の立案、実施について、内部統制に重大な瑕疵があるのであれば、内部監査では網羅的に監査する必要が生じる。また、外部監査も試査を前提とすることができなくなり、不正リスクも強く意識した監査が必要となる。特に、会計帳簿に対応する根拠としての原始書類などに関して、監査証拠の観点から十分意識することが必要となる。さらに、IT会計帳簿では、全般統制についても有効性が求められる点は留意する必要がある。

　第八は、外部への提出書類を帳簿から容易に作りうることを前提とすべきことであり、伝統的会計帳簿でもIT会計帳簿でも同様である。提出書類に記載された金額などの数字が帳簿記録を基礎としたものであることを、技術的に完全に示しうるよう帳簿組織が立案される必要がある。伝統的会計帳簿では、仕訳から報告書までが紙媒体となる。これに対して、IT会計帳簿においては、制度上も電子申告における添付する計算書類等やEDINETで提出する財務諸表等は電子提出が認められており、仕訳から報告書までが電子媒体となる。また、電子申告やEDINETではXBRL形式が利用されており、データ加工が可能であることから、電子データの特性が発揮されやすくなっている。

第5節　内部統制の観点から生じるIT会計帳簿の問題

　内部統制の観点から求められるIT会計帳簿について検討してきたが、伝統的会計帳簿からの変化における最大の影響は、手書きの会計帳簿の作成から決算書の作成までが可視化されていたものが、IT化によりブラックボックス化してしまうことであり、ここから発生するリスクを内部統制により企業の許容範囲まで低減させることが求められる。ここで求められる内部統制とし

ては，プログラムの中に組み込まれるものと，手作業との組合せで機能するものがあり，さらに，その方針やルールなどを明らかにして，文書化などの方法により利用者が理解できるようにすることがあげられる。また，全般統制についてもIT化された部分に対して求められる。IT化は人間の判断と比較して，柔軟な対応が行いにくいため，例外事項への対応というエラー処理を意識して構築することが重要となる。

このように内部統制の重要性はあげつつも，どこまでが求められるかについては，先行研究でも具体的な記載はなされていない。これは，企業において規模や業種などでリスクの度合いが異なるとともに，制度でも企業会計審議会（2011）等で詳細な記載はなされておらず，費用対効果の観点もあり，どこまでを求めるかは企業によって変わるためと考えられる。内部統制報告制度でも，コストの議論は重視されており，金融庁から内部統制に関する効率的な実務を意識した事例集が公表されている[213]。この中では，例えば，外部の会計専門家へ業務委託する場合や市販の会計パッケージの使用による効率化の事例があげられている。

図表3-5-1はIT会計帳簿における，証憑書類等から決算書の作成までの流れと，そこでの会計ソフト等で中心となる会計データファイルと勘定科目等のマスタの関連を示したものである。証憑書類等からの流れで，IT会計帳簿における問題について検討する。①における証憑書類から仕訳の入力は，伝統的会計帳簿では仕訳の起票であり，仕訳のデータが作成されることは変わりがない。ただし，証憑書類が紙媒体ではなく電子媒体となるケースも生じている。例えば，社内のワークフローによる経費精算などがあげられる。また，②のように原価計算システムや販売システムと会計ソフト等が連動しており，自動で仕訳データが作成されるケースもある。このような，証憑書類等も可視化されていたものが電子化され，このリスクを認識するとともに必要な内部統制の構築と運用が求められる。この際に，電子化されることによる照合や分析の実施が容易になることから電子化のメリットを活かすための検討が望まれる。

---

213 金融庁総務企画局（2011）「内部統制報告制度に関する事例集（～中堅・中小上場企業等における効率的な内部統制報告実務に向けて～）」。

図表 3-5-1　IT 会計帳簿における，証憑書類等から決算書の作成までの流れ

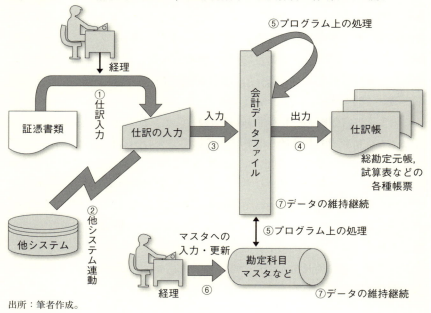

出所：筆者作成。

　③から⑤までは会計データが入力され，プログラム上で処理され，結果として出力されるという会計ソフト等での処理を示している。内部統制については，自動化のみならず手作業との組合せにより，結果として虚偽記載が発生するリスクを低減するための内部統制が構築・運用されることが求められる。なお，電子帳簿保存法を適用する場合には，会計帳簿を含む帳簿の電子データを保存する場合の要件が法的に定められている。例えば，システムの中に訂正・削除履歴の機能など不正な帳簿処理を発見できる機能が組み込まれていることが要求されており，プログラムの中に組み込まれる内部統制に一定の枠がはめられている。

　⑥については，勘定科目マスタなどマスタに関する入力や更新を示しているが，最近は通信環境の発達により入力場所の制限がなくなってきており，これは①でも同様である。セキュリティ面からリスクが生じるが，内部統制としてはITの統制目標としてあげた正当性という，権限のある者による入力，

更新の重要性が高まると考えられる。現状ではIDとパスワードが一般的であるが，IDとパスワードが盗まれた場合にはなりすまされる可能性があるため，本人を認証する技術をどこまで取り込むかは大きな論点となる可能性がある。また，企業集団管理という観点からは，親会社で勘定科目マスタなどマスタに関する入力や更新する権限を持ち，子会社には権限を与えないとすることが可能となるとともに，海外子会社などの会計帳簿を日本の本社から閲覧することも可能となる。このように，伝統的会計帳簿では不可能であることがIT会計帳簿によって実現できるという大きなメリットとなる可能性が生じるのである。

最後に⑦のデータの維持継続であるが，阪神・淡路大震災や東日本大震災では，会計データの消失が発生している。また，外部からの侵入や内部でのデータの改ざん等の事件も発生している。ITへの依存度が高まるにつれ，便利な反面，リスクも増加するため，データが安全に守られ，また，必要に応じて速やかに利用できるようにしておくことが内部統制の観点からも必要となる。ITの技術の進展は非常に早く，常識と考えられていることが急に変わってしまうこともあるだけに，企業会計審議会（2011）におけるIT環境への対応という組織を取り巻くIT環境を適切に理解し，それを踏まえて，ITの利用及び統制について適切な対応を行う必要性がより強くなると考える。

伝統的会計帳簿からIT会計帳簿への変化でブラックボックス化したと述べたが，伝統的会計帳簿における手書き帳簿の原点の持つ意味を忘れてはならない。IT化による利便性の反面，ブラックボックス化によるリスクが生じており，このリスクへの対応が内部統制により担保されなければ，信頼性ある会計帳簿は作成されない恐れがある。また，このことは経営への活用時もブラックボックス化により，数値を盲目的に利用する可能性が生じることとなる。伝統的会計帳簿及びIT会計帳簿のメリットとデメリットをしっかりと理解し，内部統制を適切に構築，運用するとともに，ITが苦手とする例外処理などをどこまでIT化するかも踏まえ，対応していくことが望まれる。

第4章
監査の観点から求められる
IT会計帳簿

　IT化の進展の中で，企業におけるITの利用は一般的であり，会計帳簿についてもIT会計帳簿が多くの企業で利用されている。このような状況において，公認会計士等による監査である財務諸表監査（会計監査）では，監査基準が原則を試査としていることから，監査実務も試査に基づいている。先行研究であるBrown (1962)，岡嶋 (2004) により監査の初期は精査であり，企業の拡大から物理的・費用的に困難となって試査となったことが明らかとなっている。
　しかし，本研究は，現代ではITの活用で母集団を直接データとして入手し，母集団を直接評価できるため，IT精査という概念を提示するとともに，監査基準も改正し，原則としてIT精査の実施とすべきことを提言している。また，仕訳の情報から領収書などの証憑書類に遡って検討するのではなく，証憑書類（データ）から監査人が仕訳を自動的に作成し，被監査会社作成の仕訳との検討を実施するというDual Trackingという新しい概念を，深度ある監査の実現のための手法として提示している。また，今後のビッグデータへのAI等の利用を見据えて，データの標準化などITを活用するための課題と提言を行っている。

第1節　IT監査及びIT評価の概念

　会計帳簿がIT化される中で，IT監査及びIT評価において求められるIT会

計帳簿はどのようなものであるか検討していく。ここではまず，公認会計士等が行う監査について検討を行い，次にIT監査及びIT評価の概念を検討し，IT監査及びIT評価におけるIT会計帳簿として求められるものは何か検討する。監査という用語は，日本において公認会計士等における監査に限定されるものではなく，政治資金監査や地方公共団体の監査委員監査・包括外部監査など多くの場面で使用されている。本研究では監査に関しては，公認会計士等による監査である財務諸表監査（会計監査）を中心として考え，監査が求められた背景や必要性を検討することによって，IT監査及びIT評価の概念を深く検討していく。

1.1 監査の概念と背景

　監査という言葉であるが，日本公認会計士協会の基準等には監査の定義はなく，監査基準委員会報告書（序）「監査基準委員会報告書の体系及び用語」の用語集や日本公認会計士協会のホームページにおいても同様である。アメリカ会計学会は，「監査とは，経済活動や経済事象についての主張と確立された規準との合致の程度を確かめるために，これらの主張に関する証拠を客観的に収集・評価するとともに，その結果を利害関係を持つ利用者に伝達する体系的な過程である」[214]と定義している。この定義は，財務諸表（会計）[215]監査，システム監査，業務監査などを含む広義となっている。

　定義の中に体系的な過程とあるが，これは，「監査は計画に基づいていること，すなわち，監査目的を達成するために証拠の収集と評価という相互に結びついた一連の行為が計画に従って選択され遂行されることを意味している。」[216]とされている。日本における監査基準でも，第三実施基準の二 監査計画の策定１において，「監査人は，監査を効果的かつ効率的に実施するため

214　アメリカ会計学会（1982）『基礎的監査概念』青木茂男監訳・鳥羽至英訳，国元書房，3ページ。

215　アメリカ会計学会によると，会計は，「情報の利用者が事情に精通して判断や意思決定を行うにあたって，事情に精通した上でそれができるように，経済的情報を識別し，測定し，伝達する過程である」としている。
　　アメリカ会計学会（1969）『基礎的会計理論』飯野利夫訳，国元書房，2ページ。

216　アメリカ会計学会（1972），4ページ。

に，監査リスクと監査上の重要性を勘案して監査計画を策定しなければならない」[217]としている。また，監査計画は当然必要であるが，最近はさらに監査戦略も意識されている。

現在は，日本公認会計士協会は監査に加え，広く保証（Assurance）業務という言葉を使用しており，「適合する規準によって主題を測定又は評価した結果である主題情報に信頼性を付与することを目的として，業務実施者が，十分かつ適切な証拠を入手し，想定利用者（主題に責任を負う者を除く。）に対して，主題[218]情報に関する結論を報告する業務」[219]をいうものとされている。また，ここにいう「保証（assurance）」とは主題情報に信頼性を付与することであり，法律上の保証（guarantee）や保険（insurance）とは意味の異なるものであるとしている。この保証業務を責任，測定／評価，保証という構成要素から整理したものが図表4-1-1である。

図表4-1-1における主題情報，規準は図表4-1-2に示した意味となる。例えば，過去情報を対象とする財務諸表監査であれば，「主題は財務諸表において表

217　企業会計審議会（2014）「監査基準」，8ページ。
218　規準の適用によって測定又は評価される事象。
　　国際監査・保証基準審議会（IAASB）（2015）「国際保証業務基準3000号　過去財務情報の監査又はレビュー以外の保証業務」日本公認会計士協会訳，12項（y）。
219　日本公認会計士協会(2017b)「監査・保証実務委員会実務指針第93号「保証業務実務指3000　監査及びレビュー業務以外の保証業務に関する実務指針」」，6ページ。
　　監査及びレビュー業務以外の保証業務としているが，この実務指針の公表により廃止となった2009年公表の監査・保証実務委員会研究報告第20号研究「公認会計士等が行う保証業務等に関する研究報告」では，保証業務を下記の様に定義しており，両者の定義に重要な相違はないと認められる。
　　「公認会計士等が業務実施者として行う保証業務とは，一般に，「主題に責任を負う者」が，一定の規準によって主題を評価又は測定した結果を表明する情報（以下「主題情報」という。）について，又は，主題それ自体について，「想定利用者」に対して信頼性を付与するために，業務実施者が自ら入手した証拠に基づき規準に照らして判断した結果を結論として報告する業務」。
　　また，企業会計審議会から2004年に「財務情報等に係る保証業務の概念的枠組みに関する意見書」が公表されており，意見書での保証業務の定義も大きな差異はない。
　　企業会計審議会(2004)「財務情報等に係る保証業務の概念的枠組みに関する意見書」，4ページ。

図表 4-1-1　保証業務の構成要素

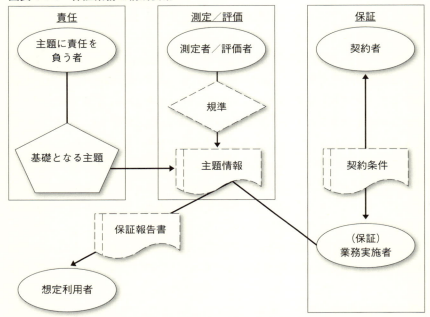

出所：International Auditing and Assurance Standards Board (2013) *ISAE 3000 (Revised), Assurance Engagements Other than Audits or Reviews of Historical Financial Information, International Framework for Assurance Engagements and Related Conforming Amendments*, Appendix 3より翻訳・編集。

図表4-1-2　保証業務に関連する用語

- 主題情報（Subject matter information）
  一定の規準によって主題を評価又は測定した結果を表明する情報をいう。主題情報は，保証報告書における結論の対象であり，保証業務において業務実施者は，主題情報に関する結論の基礎となる十分かつ適切な証拠を収集する。
- 規準（Criteria）
  主題に責任を負う者が主題情報を作成する場合及び業務実施者が結論を報告する場合に主題を評価又は測定するための一定の規準である。適切な規準は，次のような要件を備えている必要がある。ただし，業務実施者が，一定の規準として，自らの期待，判断及び個人的な経験を用いることは適切ではない。
  (1) 目的適合性，(2) 完全性，(3) 信頼性，(4) 中立性，(5) 理解可能性

出所：日本公認会計士協会(2016a)「監査基準委員会報告書(序)監査基準委員会報告書の体系及び用語」，16・25ページより編集。

示されている財政状態，経営成績及びキャッシュ・フローの状況であり，主題情報は会社法計算書類や有価証券報告書に含まれる財務諸表である。そして，主題に責任を負う者は，財務諸表の作成に責任を負う経営者である。主題に対する評価は，財務諸表の適正性又は適正な表示について行われる。また，評価に際しての規準は，一般に公正妥当と認められる企業会計の基準である」[220]。なお，保証業務における「規準」は，主題の評価又は測定の規準であり，保証業務を実施する業務実施者にとっては判断の基準となるため，監査業務を含む保証業務では必須となり，適切な規準であることが求められる。

1.2 IT監査及びIT評価の概念と背景

IT監査という言葉であるが，必ずしも明確な定義が定められたものではない。IT監査として，堀江（2006）は「IT監査とは，事業体で行われる業務を，IT及びその適用システム（またはプロセス）という観点から，その目的が達成されているかどうかについて，独立かつ専門的な立場から証拠を収集及び評価して，その結果を関係者に報告する行為である。」[221]としている。他の先行研究では，「IT監査とは情報システムの品質面の評価及び助言に関わる専門的な業務である。」[222]という定義もあり，さらに「IT監査とは，主題が財務情報よりもITに関連する監査のことである。」[223]とし，主題に関しては，IT要素を多く持つものとなっているが，はっきりした境界はないとしている。

IT監査は会計監査に起源があるため，まず，財務情報システムとそれに関連する組織，技術情報に焦点を当てること，また，例えば医療機器や航空機制御システム，製造用ロボットなどは，一般的にはIT監査人の専門的な領域

---

220 日本公認会計士協会（2009）「監査・保証実務委員会研究報告第20号　公認会計士等が行う保証業務等に関する研究報告」，2ページ。
221 堀江正之（2006）『IT保証の概念フレームワーク』多賀出版，172ページ。
222 ロブ・ファイヌマン／カイ・ハン・ホー／エードー・ローズ・リンデグレーン／ピート・ベルトマン他（2010）『IT監査の基礎と応用』有限責任監査法人あずさ監査法人IT監査部訳，中央経済社，134ページ。
223 ロブ・ファイヌマン／カイ・ハン・ホー／エードー・ローズ・リンデグレーン／ピート・ベルトマン他（2010），94ページ。

とはならない[224]ことが先行研究において述べられている。両者はIT監査について，表現の違いはあるが本質的には大きな相違はなく，本研究では，最初に述べた堀江（2006）の定義に基づき，議論を進めていくことにする。ただし，1.1で述べたように，監査業務，すなわち保証業務の一環で実施するためには適切な規準（Criteria）が必要であり，個人の勘や経験で判断するものではない。

　IT監査の目的は，企業等の事業体において，ITのリスクをマネジメントするためと考えることができる。さらに広くとらえるとガバナンスの一環と考えることができる[225]。IT監査における実施者であるが，外部者としては公認会計士等などの専門家，内部者としては監査役等や内部監査部署が想定される。これは監査という言葉を使用していることから，独立の立場という独立性を重視しているためである。ただし，IT監査においてすべてを監査することは現実的でないことから，IT自体に内部統制を組み込むことはもちろんのこと，ITを利用している部署や情報システム部署による内部統制が整備・運用されていることが前提となる。IT化において，特徴があるのは，利用部署に加え，情報システムの部署が関わるという点である。例えば会計システムであれば，どのように内部統制を組み込むかを情報システムの部署が技術面から，また，利用部署である経理部が実務的に可能かどうかも含めた実態面から検討することになる。

　さらに，実際の業務において，入力したデータが正しいかどうかのチェックを実施するなど，内部統制という仕組みを構築するだけではなく，適切に運用することも重要となる。また，実施対象を事業体としているのは，ITは企業のみが利用するわけではなく，例えば，公益法人やNPO法人などの非営

224　ロブ・ファイヌマン／カイ・ハン・ホー／エードー・ローズ・リンデグレーン／ピート・ベルトマン他（2010），94-95ページ。

225　下記のように，ITガバナンスを含めたIT監査の定義もある。
　　IT監査は，「組織体の目的達成のためのITリスクマネジメント（ITリスク管理態勢）の適切な整備・運用を保証し，ITガバナンスに貢献するために，ITにまつわるリスクに対するITリスクマネジメントおよびIT統制を，独立した監査の立場から，客観的に検証・評価し，その結果を報告し，必要に応じて勧告や提言・助言等を行うことである」。
　　吉武一（2012）「第2章IT監査の実施方法」社団法人日本内部監査協会編『IT監査とIT統制』同文舘出版，44ページ。

利法人なども利用するため，事業体と範囲を広げていると考えられる。ITは外部からはわかりにくく，ハードウェアなどの価格が下がったといっても初期投資及び毎年の運用に一般的には一定のコストが発生する。また，プログラムによる大量・反復的な処理がなされるため，トラブルが生じた際の影響は大きく，ITのリスクに関してマネジメントするという観点からIT監査は重要であると考えられる。

　現在，IT監査の実施を法律で強制しているケースはない[226]。公認会計士等による財務諸表監査（金融商品取引法監査）や計算書類監査（会社法監査）という会計監査の一環でIT評価が実施されるが，この場合は，IT評価は外部者でかつ独立の第三者である公認会計士等が監査を実施しており，これは法定監査であり，かつ強制的な監査である。ただし，通常は考えにくいが，ITを利用していない場合は，IT評価を実施しないケースもあり得る。このため，確かに強制とはならないが，実際は金融商品取引法監査や会社法監査の対象でITを利用していないケースは考えにくく，図表2-3-1の経済産業省の上場会社に対する会計・業務プロセスのシステム化に関する調査結果でも，自社のシステム化の度合いでシステム化を実施していないという回答はほとんどない状況であった。

　本書では会計監査の一環としてのIT評価として，IT監査という用語を使用していない。これは堀江（2006）の定義では，その結果を関係者に報告する行為としているが，会計監査においてこの行為が必須ではないため，ITに係る内部統制の評価に関して，IT評価という用語を使用している。内部統制監査では，内部統制の評価の状況について意見を述べるため，IT監査に近いが，ITを評価しない可能性も存在するため，会計監査と同様にIT評価としている。なお，IT評価の結果に重大な問題があれば，財務諸表や計算書類にも影響を与える可能性があり，改善を文書等で促すことから，実質的には公認会計士等による法定監査の対象会社では，IT監査が行われていると考えることができる。

　会計監査では，あくまでも財務諸表や計算書類が適正もしくは適法であるかを監査することが目標であり，IT評価を行った結果において問題が生じて

226　堀江正之（2006），173ページ。

いたとしても，財務諸表や計算書類自体に問題がなければ意見表明は適正もしくは適法となる。また，会計監査の目的は財務諸表や計算書類が適正もしくは適法であるかの表明であるため，IT評価の対象も会計に関連するかどうかで判断されることになる。公認会計士等による財務諸表監査や計算書類監査では，多くの場合で実質的にはIT監査が実施されているが，その結果は公表されないため，その実態をつかむことは難しい状況である。

　平成20年4月1日以後の事業年度からディスクロージャーの信頼性を確保するための企業における内部統制が有効に機能していることを経営者自らが評価し，「内部統制報告書」を金融商品取引法に基づき作成することを義務付けている。この内部統制報告制度では，「内部統制報告書」は公認会計士等による監査を受けることとされており，内部統制の基本的要素として，「IT（情報技術）への対応」をあげ，IT評価を要求している。これは，「IT環境の飛躍的な進展によってITが組織に深く浸透した」という現状の認識がある[227]。

　なお，内部統制報告制度では，開示すべき重要な不備として開示がなされるケースがあるとともに，東京証券取引所等の証券取引所における適時開示によりITの問題が開示されるケースがある。事例の中では監査法人によるIT評価の結果，問題が発見されたケースも存在する[228]。また，公認会計士等によるIT評価だけではなく，内部監査部などの対象業務システムの部署もしくは情報システムの部署から独立した部署による，内部監査としてのIT監査が実施されることもある。

　図表4-1-3に保証業務に該当するIT監査及びIT評価の例を記載している。受託業務のセキュリティ，可用性，処理のインテグリティ，機密保持及びプライバシーに係る保証業務は，データセンター等が受託業務で実施しているITに係る内部統制の整備運用状況に関して公認会計士等が保証業務を実施する

---

[227] 企業会計審議会（2011）「財務報告に係る内部統制の評価及び監査に関する実施基準」，15-20ページ。
[228] 株式会社 東日カーライフグループが平成18年12月20日に開示した適時開示資料によると，「監査法人からの指摘により，調査を行ったところ，システム導入時の対応が十分でなかったことにより，中古車システムから会計システムへの連動についてプログラム上の不具合が残っていた」等の記載がある。

図表4-1-3　保証業務に該当するIT監査及びIT評価の例

種類	規準	主題	主題情報	業務実施者	法定/任意
財務諸表監査の一環としてのIT評価	一般に公正妥当と認められる企業会計の基準	財務諸表において表示されている財政状態，経営成績及びキャッシュ・フローの状況	計算書類，財務諸表	公認会計士等	法定
内部統制監査の一環としてのIT評価	一般に公正妥当と認められる内部統制の評価の基準	内部統制報告書において表示されている財務報告に係る内部統制の評価の状況	内部統制報告書	公認会計士等	法定
受託業務のセキュリティ，可用性，処理のインテグリティ，機密保持及びプライバシーに係る保証業務（IT監査）	受託業務のセキュリティ，可用性，処理のインテグリティ，機密保持及びプライバシーに係る内部統制の評価のための原則及び規準	受託業務のセキュリティ，可用性，処理のインテグリティ，機密保持及びプライバシーに係る内部統制の評価の状況	システムに関する記述書	公認会計士等	任意
システム監査（経済産業省）※注	システム管理基準，情報セキュリティ管理基準	選定した監査対象の範囲について，システム監査の目的に応じた監査テーマによる	主題に応じて決定される	システム監査人	任意

注：経済産業省のシステム監査において，保証型に加えて助言型も提示されている。経済産業省商務情報政策局監修（2005）『新版システム監査規準解説書平成16年基準改訂版』，58ページ。
出所：日本公認会計士協会（2009）「監査・保証実務委員会研究報告第20号 公認会計士等が行う保証業務等に関する研究報告」，企業会計審議会（2011）「財務報告に係る内部統制の評価及び監査に関する実施基準」，日本公認会計士協会（2017a）「IT委員会実務指針第7号 受託業務のセキュリティ，可用性，処理のインテグリティ，機密保持及びプライバシーに係る内部統制の保証報告書」，経済産業省（2004）「システム管理基準」，経済産業省（2016）「情報セキュリティ管理基準」より編集。

ものであり，この場合は保証報告書を発行しておりIT監査となる。IT監査については，日本公認会計士協会IT委員会が公表している「IT委員会実務指針第7号　受託業務のセキュリティ，可用性，処理のインテグリティ，機密保持及びプライバシーに係る内部統制の保証報告書」に基づいて実施する

ことになる。

　経済産業省のシステム監査については、主題及び主題情報は選定した監査対象の範囲について、システム監査の目的に応じた監査テーマにより決定されるとしている。例えば、セキュリティに関する内部統制について、情報セキュリティ管理基準に準拠して情報システム部署が自主点検しており、この自主点検報告書の評価の状況について、システム監査人が情報セキュリティ監査基準（必要に応じてシステム監査基準）に準拠してIT監査を実施することがあげられる。このような任意ではあるが、保証業務に該当するIT監査の枠組みがあり、実務でも行われている。

　IT監査及びIT評価は、金融商品取引法監査や会社法監査の対象のみならず、それ以外でも監査役等の監査や経営者が内部監査を利用して実施することは十分可能である。例えば、自社の会計ソフトや業務システムが有効に稼動しているか、会計ソフトの情報を活用して不正の情報がないかを検討するなど、内部監査としてIT監査を実施することが考えられる。また、上場企業のみならず、中小企業においても、例えば、パッケージソフトのアップデートを失念すると正しい結果が処理されないケースや、誤って仕訳データを入力してしまうケースなどは生じうるため、今後、IT監査又はIT評価の実施が望まれると考える。また、会計監査や内部監査等では、ITを活用した監査として、データを入手して監査に活用するCAATと呼ばれるコンピュータ利用監査技法も利用が進んでおり、この点も検討する。

第2節　会計不正へのIT監査及びIT評価

2.1　会計不正と会計監査の発展の歴史

　会計不正の問題は現代の企業においてのみ発生するものではなく、古くて新しい問題であり、歴史上、何度も繰り返し発生している。また、日本独自のものではなく、欧米も含め世界的に会計不正は繰り返されている。会計不正で社会問題となると、制度面での対応が行われることが多く、特に、最近はガバナンスに焦点を当てた改正が行われてきている。例えば、取締役会強

化の動き，監査役や会計監査人に関する改正等があげられる。日本での最近の会計不正としてはオリンパス事件が大きな社会問題となり，ここでは会計監査人の監査についても問題となった。この結果，平成25年3月に企業会計審議会から「監査基準の改訂及び監査における不正リスク対応基準の設定について」が公表となり，不正による重要な虚偽表示のリスクに対応した監査手続等の明確化が図られている。

　また，2015年5月に発覚した東芝の不適切会計の事案は，開示不正の問題の根源に潜む企業のガバナンス体制に対しても様々な疑問が発せられている。[229] 2015年6月に，東京証券取引所は，会社が株主をはじめ顧客・従業員・地域社会等の立場を踏まえた上で，透明・公正かつ迅速・果断な意思決定を行うための仕組みである「コーポレートガバナンス・コード」を公表し，[230]実効的なコーポレートガバナンスの実現への対応を図っている。会計監査に関しては，2016年3月に金融庁の会計監査の在り方に関する懇談会から提言が公表されている。提言では，最近の不正会計事案などを契機として，改めて会計監査の信頼性が問われているという認識から会計監査の信頼性確保のための取組みについて述べている。また，「5. 高品質な会計監査を実施するための環境の整備」において，（3）監査におけるITの活用として取り上げられており，取引等の網羅的なチェックについて触れるとともに，監査の現場におけるITの活用が，業務の効率化や深度ある監査に繋がっていくこと[231]への期待が記載されている。[232]

229　八田進二（2017）「終章　結論」八田進二編著『開示不正―その実態と防止策―』白桃書房，252ページ。
230　東京証券取引所（2015）「コーポレートガバナンス・コード～会社の持続的な成長と中長期的な企業価値の向上のために～」，2ページ。
231　会計監査の在り方に関する懇談会（2016）「「会計監査の在り方に関する懇談会」提言―会計監査の信頼性確保のために―」，14ページ。
232　なお，金融庁企業会計審議会において，「監査報告書の透明化」として「監査上の主要な事項（Key Audit Matters:KAM）」の議論が行われており，この中で日本公認会計士協会による26社におけるKAM試行の取りまとめが報告されている。この中で，選定されたKAMの領域の一つに「財務報告に関連するIT情報システム」が記載されており，ITに関して監査報告書に記載される可能性があることを示している。
　http://www.fsa.go.jp/singi/singi_kigyou/siryou/kansa/20171117/20171117/1.pdf，2018年1月28日。

会計不正は，上場会社に関しては，最終的には不正による有価証券報告書の虚偽記載として問題となることが多い。これは，言葉を換えれば，会社の実態が財務諸表等に一般に公正妥当と認められた企業会計の基準に基づいて正しく写像されていないことであり，これを信じた利害関係者が，正しくない財務諸表等に基づいて株式の売買等を行うケースが生じている。また，取締役会，監査役会，さらに会計監査人の会計監査においても発見することができず，資本市場における適正な情報開示がなされていないことは，資本市場の根本を揺るがすことにつながることから，大きな問題になることが多い。

　企業会計審議会の「監査基準の改訂及び監査における不正リスク対応基準の設定について」では，「循環取引等への対応について，当審議会において継続して検討を行う」[233]こととしており，制度としても対応が十分にできていないことを示しており，会計不正が根絶されると考えるのは早計である。また，会計不正は上場会社特有ではなく，中堅・中小企業でも発生しており，筆者は企業再生の実務を行っている経験上，株式会社や公益法人等の約10社について調査の実施を行ったが，すべての法人において粉飾決算，すなわち会計不正が行われていた。会計不正の目的は法人によって異なるため，上場している場合には株価を維持したいなどの特有の目的があるが，会計不正はどの法人にも可能性があるものと考えられる。

　財務諸表等は会計帳簿から作成されるものであり，会計不正があるということは，会計帳簿において正しくない，すなわち虚偽記載となる仕訳が起票されていることを示している。この会計帳簿は紙媒体によって作成され保存されているケースもあるが，最近は，会計ソフトなどを利用してITによって作成され電子媒体に保存されているIT会計帳簿の割合が大部分となっている。また，法人によっては通常は総勘定元帳などを紙に出力せず，必要があるときに出力したり，国税庁の電子帳簿保存法の申請・承認により電子データ自体が正式な会計帳簿となっていたりするケースもある。

　IT会計帳簿を前提とした，会計不正の防止を考える場合，第3章で述べたように帳簿組織としてとらえ，帳簿組織に内部統制を組み込むとともに，有

233　企業会計審議会（2013）「監査基準の改訂及び監査における不正リスク対応基準の設定について」，2ページ。

効に運用されることが必要となる。ただし，内部統制は経営者が設定するものであることから，経営者不正に対して内部統制は限界があり，会計監査では経営者が内部統制を無効化するリスクを考慮することが求められている。経営者が内部統制を無効化するリスクに対して，IT会計帳簿に移行することで，伝統的会計帳簿では実現できない会計不正防止につながる点，また発見しやすい点はどのようなものがあるのかを検討することは重要であると考える。なお，帳簿組織として考えると，IT会計帳簿で仕訳を起票する際の根拠資料となるのは，販売管理システムなど他のシステムのデータであることも多いことから，IT会計帳簿として検討する範囲として，会計仕訳に対応する証憑書類（もしくはデータ）も含めて検討する。

　平成25年12月に経営者保証に関するガイドライン研究会から経営者保証に関するガイドラインが公表され，中小企業・小規模事業者等の経営者による個人保証に関して，経営者保証に依存しない融資の促進が，平成26年2月から進められている。ここで，財務状況の正確な把握，適時適切な情報開示等による経営の透明性確保が強く打ち出されており，中小企業でも会計不正の防止は重要となると考えられる。当然ながら，ガバナンスの問題もあり，会計帳簿のみで解決することはできない。しかし，会計不正の防止にIT会計帳簿が貢献することは可能であると考える。

　通信コストやハードウェア，ソフトウェアにおける価格低下の動きの中で，伝統的会計帳簿からIT会計帳簿の大きな流れが今後も進んで行くと考えられる。企業の実態を数値で表す会計は今後も重要であり続け，その会計の基本が会計帳簿であり，適時，正確，また，一般に公正妥当と認められる企業会計の基準のひとつである企業会計原則にある正規の簿記の原則に基づく会計帳簿であることが求められる。そして，IT会計帳簿が会計不正の防止にも貢献することは望ましい姿であり，この検討を行うことは重要である。

2.2 会計監査におけるITへの対応

　公認会計士等による会計監査[234]において，ITへの対応は，第一に内部統制

234　会計監査は内部監査でも会計監査と言われるが，本研究では，公認会計士等による金融商品取引法や会社法に基づく法定監査としての会計監査とする。

の評価としてのIT評価，第二に実証手続としてのコンピュータ利用監査技法であるCAAT（Computer-assisted audit techniques）に大きく分けることができる。内部統制の評価としてのIT評価は，公認会計士等がIT評価を実施するが，この前提は被監査会社がITに係る内部統制を有効に整備・運用していることであり，この中には内部監査としてのIT監査を行っている場合もある。内部統制報告制度が適用されている場合は，被監査会社においてもIT評価を実施しているが，あくまでも財務報告に関してであり，例えば，顧客情報などのセキュリティについては，通常は対象外となっている。

しかしながら，企業のリスクマネジメントとしては，顧客情報が漏えいすると企業活動に支障が生じる恐れがあるので，企業内の顧客情報を管理している部署で自主監査を実施し，さらに，必要に応じて内部監査部門による内部監査を実施することが有効となる。このようなIT監査が実施されていることは，内部統制がモニタリング機能として有効に機能していることを示しており，IT監査が企業の内部もしくは外部によって実施されている場合，会計監査の一環としてのIT評価においても，その結果を直接もしくは間接的に利用する可能性が生じる。

会計監査において，リスクアプローチを採用しており，「リスクアプローチに基づく監査は，重要な虚偽の表示が生じる可能性が高い事項について重点的に監査の人員や時間を充てることにより，監査を効果的かつ効率的に実施できる」としている[235]。ここで，リスクを財務諸表の重要な虚偽表示を看過して誤った意見を形成する可能性としてのリスク，すなわち監査リスクとしてとらえ，監査リスクを許容可能な低い水準に抑える。監査リスクは，図表4-2-1にある重要な虚偽表示リスクと発見リスクで構成される[236]。

固有リスクと統制リスクは，企業側に存在するリスクであり，財務諸表監査とは独立して存在している。固有リスクは，企業の内部統制を考慮せずに財務諸表に虚偽表示の発生する可能性を示しているものであるのに対し，内

---

[235] 企業会計審議会（2005）「監査基準の改訂に関する意見書」，1ページ。
[236] 監査リスク＝固有リスク×統制リスク×発見リスク，と監査リスクの構成要素の相互関係をモデル化することができる。
山浦久司（2015）『監査論テキスト第6版』中央経済社，89ページ。

図表 4-2-1　監査リスクの構成要素

重要な虚偽表示リスク		監査が実施されていない状態で，財務諸表に重要な虚偽表示が存在するリスクをいい，誤謬による重要な虚偽表示リスクと不正による重要な虚偽表示リスクがある。アサーション・レベルにおいて，重要な虚偽表示リスクは以下の2つの要素で構成される。
	固有リスク	関連する内部統制が存在していないとの仮定の上で，取引種類，勘定残高，開示等に係るアサーションに，個別に又は他の虚偽表示と集計すると重要となる虚偽表示が行われる可能性をいう。
	統制リスク	取引種類，勘定残高又は開示等に係るアサーションで発生し，個別に又は他の虚偽表示と集計すると重要となる虚偽表示が，企業の内部統制によって防止又は適時に発見・是正されないリスクをいう。
発見リスク		虚偽表示が存在し，その虚偽表示が個別に又は他の虚偽表示と集計して重要になり得る場合に，監査リスクを許容可能な低い水準に抑えるために監査人が監査手続を実施してもなお発見されないリスクをいう。

出所：日本公認会計士協会（2016b）「監査基準委員会研究報告第1号　監査ツール」，4ページより引用。

部統制の効果を考慮した後の重要な虚偽表示の発生する可能性が重要な虚偽表示リスクということになる。[237] ITに係る固有リスクとしては，会社の規模，業種等に照らした情報システムの要員の不足の有無や情報システムのハードウェア，ソフトウェア，ネットワーク等の会社の現況に照らした問題の有無[238]が考えられる。また，株主からの強い配当請求の圧力や事業部・海外を含む支店や関係会社に対する経営指導及び監督の欠如などの固有のリスクがあると，経営者による内部統制無視の可能性につながるため，統制リスクに加えて固有リスクに留意した会計監査の実施が必要となる。

会計監査では財務諸表の適正性に関して意見を表明し，財務諸表に信頼性を付与するが，図表4-2-2にあるように，財務諸表は上場会社であれば一般的

237　日本公認会計士協会（2016b）「監査基準委員会研究報告第1号　監査ツール」，4ページ。
238　日本公認会計士協会（2003）「監査委員会研究報告第15号　経営環境等に関連した固有リスク・チェックリスト」，11ページ。
　なお，現在，監査委員会研究報告第15号は廃止となっているが，例示として問題ない部分であり，引用している。

図表 4-2-2 販売取引における業務プロセス，ファンクション及び会計データとの関連（例示：売上と入金）

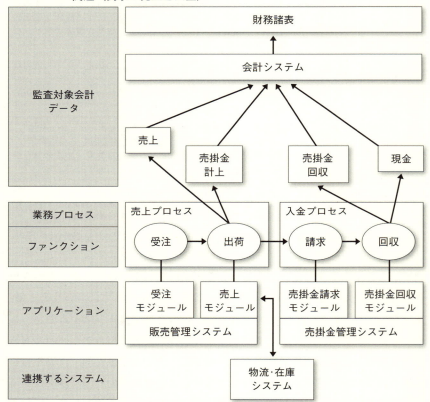

出所：日本公認会計士協会（2011a）「IT委員会実務指針第6号 ITを利用した情報システムに関する重要な虚偽表示リスクの識別と評価及び評価したリスクに対応する監査人の手続について」，10ページより引用。

にIT会計帳簿から作成され，ツールである会計システムから出力される。監査人は，財務諸表の重要な勘定科目が，どのような取引，企業の業務プロセス及びアプリケーションと関連しているかについて理解する必要がある。例えば，IT会計帳簿において起票される仕訳について，販売プロセスがIT化[239]

---

[239] 日本公認会計士協会（2011a）「ＩＴ委員会実務指針第6号　ＩＴを利用した情報システムに関する重要な虚偽表示リスクの識別と評価及び評価したリスクに対応する監査人の手続について」，10ページ。

図表4-2-3　監査リスクと手続の相互関係

手続				リスク対応手続		
		リスク評価手続		内部統制の運用評価手続	実証手続	
					分析的実証手続	詳細テスト
対象とするリスクと要素	固有リスク	統制リスク		発見リスク		
		内部統制の整備状況	内部統制の運用状況			
		デザイン	業務への適用	想定	裏付け後	
		重要な虚偽表示リスク				

出所：日本公認会計士協会（2016b），9ページより引用。

しており，販売管理システム等のアプリケーションを利用しているケースを前提に考える。出荷基準により，（借方）売上／（貸方）売掛金という仕訳が計上されたとき，販売管理システムとの対応で，どのイベント（事象・時点等）で仕訳が計上されるか，仕訳計上日，勘定科目，計上金額といった仕訳の条件がどのように決定されるかを理解する必要がある。

業務プロセスにおける内部統制の評価を行うことにより，統制リスクを検討することになるが，手続と監査リスクの相互関係を示すと，図表4-2-3となる。統制リスクの検討において，内部統制の整備状況と運用状況を評価する必要がある。また，リスク対応手続として，実証手続が記載されているが，実証手続について，「監査人は，評価した重要な虚偽表示リスクの程度に関わらず，重要な取引種類，勘定残高，開示等の各々に対する実証手続を立案し実施しなければならない」[240]ことが要求されている。この内，分析的手続は，「財務データ相互間又は財務データと非財務データとの間に存在すると推定される関係を分析・検討することによって，財務情報を評価することをいう。分析的手続には，他の関連情報と矛盾する，又は監査人の推定値と大きく乖離す

240　日本公認会計士協会（2013a）「監査基準委員会報告書330　評価したリスクに対応する監査人の手続」，3ページ。

る変動や関係の必要な調査も含まれる」[241]。

　詳細テストは，実証手続のうち，分析的実証手続以外の手続をいうが，例えば，実在性や評価の妥当性等に関する監査証拠を入手する場合に実施される。具体的には，現金や手形の現物の実査や銀行への残高確認状による確認，期末日後の資金の記録の閲覧により買掛金の計上漏れがないかを検討すること等があげられる。監査手続としては，記録や文書の閲覧，現金等の実査，観察，質問，確認，再計算，再実施などがある。実証手続の実施が要求されているのは，「監査人のリスク評価が判断に基づくものであり重要な虚偽表示リスクのすべてを識別していない場合があること，及び内部統制には経営者による内部統制の無効化を含む固有の限界があることといった事実を反映している」[242]からであり，特に経営者による内部統制を無効化するリスクを意識していることがわかる。

　会計監査におけるIT評価は，リスク評価手続及び内部統制の運用評価手続に対応した内部統制の評価としてのIT評価と実証手続からなる。内部統制の評価としてのIT評価は，「第3章4.2　内部統制の観点から求められるIT会計帳簿」において述べた全般統制・業務処理統制の評価が中心となる。統制リスクに関して，IT特有のリスクの例示として図表4-2-4があげられる。なお，図表4-2-1における固有リスクについても理解する必要がある。例えば，事業上のリスクとしての重要な虚偽表示リスクを示唆する状況と事象として，「企業のIT戦略と事業戦略との間の不整合，財務報告に関係する重要な新規ITシステムの導入」[243]があげられ，この点を考慮した監査手続が要求される。また，実証手続としてのコンピュータ利用監査技法であるCAATは，手作業では不可能な手続の実施や効率性の向上につながり，深度ある監査の実施に貢献する。

241　日本公認会計士協会（2016a）「監査基準委員会報告書（序）監査基準委員会報告書の体系及び用語」，36ページ。
242　日本公認会計士協会（2013a），11ページ。
243　日本公認会計士協会（2015b）「監査基準委員会報告書315　企業及び企業環境の理解を通じた重要な虚偽表示リスクの識別と評価」，33ページ。

図表4-2-4　統制リスクに関するIT特有のリスク

- 不正確なデータをそのまま処理してしまう，正確なデータを誤って処理してしまう，又はその両方を行ってしまうシステム若しくはプログラムへの依拠
- データの破壊や，未承認若しくは実在しない取引の記録又は取引の誤った記録等のデータの改ざんにつながる可能性がある適切な権限を有しない者によるデータへのアクセス。複数の利用者が共通のデータベースにアクセスするような場合にこのようなリスクは高まる。
- IT担当者が職務の分離によって割り当てられた権限を越えるアクセス権を有している可能性
- マスタ・ファイル内のデータの未承認の変更
- システム又はプログラムの未承認の変更
- システム又はプログラムの必要な変更の不備
- 不適切な手作業の介在
- データの消失又は必要なデータにアクセスできない可能性

出所：日本公認会計士協会（2015b）「監査基準委員会報告書315 企業及び企業環境の理解を通じた重要な虚偽表示リスクの識別と評価」，15-16ページより引用。

2.3 内部統制の評価としてのIT評価

（1）IT評価におけるIT会計帳簿の有効性

　内部統制の評価におけるIT評価として，全般統制・業務処理統制について有効性を評価するが，IT会計帳簿を前提とした帳簿組織において，会計監査上の最終的な到達点は，一言でいうならば，「出力結果（数値）は信頼できるかどうか」ということである[244]。「出力結果（数値）は信頼できる」ということを分解すると，①「入力（データ）が信頼できる」（業務処理統制），②「処理（プログラム）が信頼できる」（全般統制）になると考えられる。そして，この2項目についての監査人の心証を高めるために，出力結果に対する証憑などとの突合や確認作業が行われる。これを具体的な例として表したものが図表4-2-5である。

---

[244] 中村元彦（1999）「企業会計・監査事例研究　情報システム導入時における監査上の留意点」『JICPAジャーナル』平成11年9月号，27-29ページ。
　第3章では，ITの統制目標など内部統制報告制度における基準等から検討しているが，2.3では別の視点から検討している。なお，全般統制・業務処理統制というIT統制による手法は同じであり，具体的な対応策のレベルでは両者での差異は生じない。

図表 4-2-5　IT 会計帳簿が有効と判断できる具体例

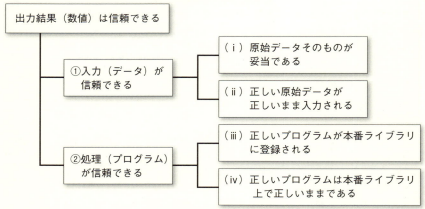

出所：中村元彦（1999）「企業会計・監査事例研究 情報システム導入時における監査上の留意点」『JICPAジャーナル』平成11年9月号，28ページより引用。

①「入力（データ）が信頼できる」は，例えば，「原始データそのものが妥当である」及び「正しい原始データが正しいまま入力される」に分解できると考える。この結果，プログラムが正しいならば，正しいデータは正しく処理されるが，誤ったデータは誤ったまま処理されることになる。「原始データそのものが妥当である」とは，取引を正しく示す証憑書類もしくはデータが会計データとして入力され，不正なデータの入力は防止・発見されるということである。原始データとして販売管理システム等の業務処理システムを考えると，例えば，アクセスコントロールによって入力担当者以外が入力・更新・削除できないようにすることがあげられる。重要な点は，データ入力の基礎である証憑書類もしくはデータが取引に基づき正確に作成され，適切に承認されることである。

「正しい原始データが正しいまま入力される」とは，入力ミスは防止・発見されるということである。さらに，これは手作業によるチェックと，プログラムによる自動チェックに分けられる。手作業によるチェックとしては，入力データに対する出力リスト（仕訳チェックリスト）により入力の正確性を確認するなどの方法がある。プログラムによる自動チェックとしては，日付が当該期間以外のものがないかを確認したり，連番チェックで同じ伝票や抜けた伝票番号がないかを確かめるなどの方法があり，すべての入力原票が正

確に過不足なく入力されるためのインプットコントロールが求められる。また，エラーデータについて発見し，修正・再処理するというエラーデータのコントロールもこれに該当する。なお，販売管理システムなど業務処理システムから自動的にデータが連動し，自動仕訳が起票されるときは，プログラムによる自動チェックとなる。

「入力（データ）が信頼できる」ことを実現するのが業務処理統制であり，IT会計帳簿を利用している経理部署を中心とした経理業務プロセスにおける内部統制が有効に機能しているか，会計監査において評価を通常実施する。ここでは，会計システムに組み込まれている内部統制も対象となる。会計システムのプログラム自体はブラックボックスとなっているが，手作業の業務も含め，被監査会社が業務の記述書やリスクコントロールマトリックスなどにより文書化することで，統制という観点から可視化することが可能となり，テストを実施することによって，整備・運用状況の評価が可能となる。

次に，②「処理（プログラム）が信頼できる」とは，例えば，「正しいプログラムが本番ライブラリ（もしくは，ハードディスクなどの補助記憶装置や媒体）に登録される」及び「正しいプログラムは本番ライブラリ上で正しいままである」に分解できると考える。「正しいプログラムが本番ライブラリに登録される」とは，プログラム開発時の品質管理が確立されているということであり，企画・開発段階での内部統制の整備・運用状況が良好ということである。適切な統制手続がどのように設計されているか，完成したプログラムをどのように本番環境に移行するか，緊急事態発生時に本番プログラムをどのように変更するかなどもこれに該当する。パッケージソフトの利用割合が高いことはすでに述べたが，販売管理システム等の業務処理システムとのデータ連携やパッケージをベースとした会計システムのカスタマイズを実施することは，上場会社では筆者の会計監査の経験上，多く存在すると考えており，この場合も正しいプログラムが求められる。

「正しいプログラムは本番ライブラリ上で正しいままである」とは，プログラムの改ざんは防止・発見できるということであり，本番ライブラリ上のプログラムに対するアクセスコントロールによって，担当者以外が照会・更新・削除できないようにすることがあげられる。また，情報システム部門と

図表4-2-6　情報システム部署における職務の分離の留意点

① システム開発要員（プログラマ）はセキュリティ，オペレータ，管理グループ（変更管理），どれも決して兼任できないが，保守作業は開発と同意義で兼任は可能である。
② 開発要員（プログラマ）と運用（オペレータ）の兼任は不可。開発要員（プログラマ）とライブラリアンの組み合わせも不可。承認されないプログラム変更のリスクがある。やむを得ないときには，「モニタリングと検証の仕組み」を導入する。
③ データベース管理者にはアクセスログ（変更ログ）の上位者レビューのコントロールしかない。
④ セキュリティアドミニストレータは，品質保証グループとは兼任可能である。
⑤ ネットワーク管理者はユーザ側のセキュリティ管理は受け持つが，開発（プログラミング）は兼務不可である。
⑥ システムアナリストは品質保証と兼務は不可。この場合の補完的コントロールは第3者監査のみである。
⑦ アプリケーションプログラマはシステムプログラムライブラリへのアクセスは不可。テストバージョンの本番環境への移行は可，ただし，バックアップ手続の決定はデータベース管理者の仕事である。

出所：清水惠子・中村元彦（2007）『IT専門家のための目からウロコの内部統制』税務経理協会，113ページより引用。

　他部門との職務の分離により，開発者がデータ処理を行うことを防止したり，情報システム部門内でも開発と運用を分離することもこれに該当する。例示は会計システムを開発もしくはカスタマイズした場合を前提としているが，市販のカスタマイズができないパッケージソフトであれば，例えば，「最新のバージョンが利用されている」及び「インストールしてある会計ソフトやデータが勝手に削除や変更されない」とすることができる。

　「処理（プログラム）が信頼できる」ことを実現するのが全般統制であり，会計システムを開発しているのであれば，情報システム部署における内部統制が有効に機能しているか，会計監査において評価する。また，パッケージソフトである会計ソフトを利用しているのであれば，情報システム部署もしくは会計ソフトを所管する部署における全般統制を評価する。情報システム部署においても職務の分離は重要であり，ITに関連する職務分離は，チェック（牽制）機能が働かなくなる兼務をしないことがポイントとなる。IT会

245　清水惠子・中村元彦（2007）『IT専門家のための目からウロコの内部統制』税務経理協会，112ページ。

計帳簿や業務処理システムの導入により，職務の分離が消失したことを記載したが，情報システム部署での業務は手作業が多く，職務の分離が重要となる。会計監査の観点からは，図表4-2-6に記載した点が留意点となる。

（2）不正事例から見るIT評価

ITに係る内部統制に関連した不正事例を分析する。会計システム自体に関する不正事例は調査した範囲において該当はなく，IT会計帳簿を前提とした帳簿組織で，業務処理システムと連動しているケースについて検討する。図表4-2-7，図表4-2-8とも上場会社の子会社における不正事例であり，不正に関する第三者委員会の報告書から一部を抜粋している。図表4-2-7では，講師に支払う指導料の算定システムから売上計上しているが，無料事業やサービスとしての延長授業も本来計上できない売上に対応するものはデータ修正が必要であるが，修正せずに売上を計上したものである。図表4-2-5における「①入力（データ）が信頼できるか」の項目について，信頼できないこととなり，業務処理統制が有効でないことを示す。

報告書の中で，「サービス授業や値引き契約分についても売上が計上される欠陥システム」と記載しており，この状況を経営者も数値を多額にするため

図表4-2-7　業務処理システムに原因がある不適切な会計処理事例（その1）

- 事例1：株式会社リソー教育
- 内容：売上の不適正計上
- 金額：売上高8,308百万円
- ITに関連する主な問題点：子会社において，売上計上システムが契約内容とは無関係に，講師に支払う指導料の算定システムを利用して，その指導料に見合う金額の授業料が入金されているとの仮定に基づいて売上を計上するものであるため，サービス授業や値引き契約分についても売上が計上される欠陥システムであった。本来は，サービスとしての延長授業，科目の追加契約等獲得のための販促的無料授業等については，売上に計上できないサービス授業であり，講師に指導料を支払うために売上計上システムに入力したとしても，売上高は当該計上できない金額を控除する必要があった。
- 問題点に対応する対策：適切な会計システムの構築として，適切な売上計上基準に即したシステムを早期に構築することが必須である。

出所：リソー教育株式会社第三者委員会（2014）「報告書（要約）」，5-8ページ・35ページより編集。
http://www.riso-kyoikugroup.com/ir/pdf/2014/20140210.pdf，2015年9月21日。

図表4-2-8 業務処理システムに原因がある不適切な会計処理事例（その2）

事例2：沖電気工業株式会社
- 内容：売上の架空計上，回収不能な売上債権の隠蔽
- 金額：平成19年3月期から平成24年3月期までの6年間の累計で，当期純利益が173億円の損失
- ITに関連する主な問題点：スペインでのプリンタ販売を担当する連結子会社（OKI SYSTEMS IBERICA, S.A.U.）において，売上の架空計上，回収不能な売上債権の隠蔽が発生した。実体を伴わない売上・売上債権の計上（架空売上・売上債権の計上）は主に以下2パターンとなる。

〈パターン1〉
　会計システム上で出荷が記録されているケースであり，帳簿上の在庫は減少するが，実際には出荷していないため帳簿外の在庫が発生する。

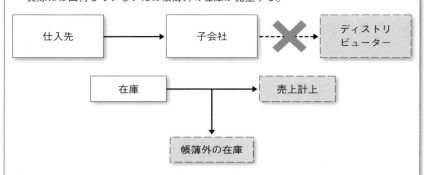

〈パターン2〉
　会計システム上で出荷が記録されないケースであり，この場合，帳簿上の在庫は変動せず，会計システム上では売上と売上債権のみ計上される。

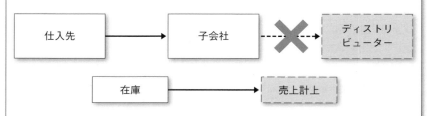

　一般的に，会計システムにおいては，売上，売上債権，売上原価，在庫の計上，売上請求書の発行，商品の出荷などが連動している。しかし日本におけるプリンタ販売を担当する連結子会社（株式会社沖データ）では，実際の商品出荷を伴わないような保守サービス商品群があったため，実際の商品出荷に連動しない処理ができるようなシステム仕様を採用していた。このため，上述のような架空計上

(続き)

> の防止を目的として，各販売会社の管理部門が売掛金明細等を確認することによりシステム投入データの妥当性チェックを行うことになっていた。ただし，スペインでのプリンタ販売を担当する連結子会社ではそのプロセスが機能していなかった。
> 　なお，スペインでのプリンタ販売を担当する連結子会社の担当者は，平成18年頃から会計システムへの入力時に，実体取引の有無を識別する記号を付していた。
>
> ● 問題点に対応する対策：
> ① 直接的な再発防止策
> 　外部倉庫の利用禁止，売掛金明細確認等の投入データの妥当性チェックの実施の徹底，主要財務数値を中心としたモニタリングKPIを定義し，運用する。J-SOXにおける内部統制文書（業務記述書，RCM，フロー図）を使用し，再検証の上，内部統制チームによる妥当性を確認する。
> ②「グループ企業管理規程」の見直し
> 　「グループ企業管理規程」自体を実効性のある規程とする。「グループ企業管理規程」の細則には，「営業上の権限の範囲」に資金調達方法，製品在庫管理方法，売上債権管理方法及び自主事業運営方法を含み，さらに人事面での待遇や罰則規程を含めた会社の経営管理一般に関する権限付与状況の把握・見直しに関する規程を含むものとする。
> ③ 情報システムに係る権限規程の見直し
> 　連結子会社の会計システムの仕様の正確性，及びその承認権限の妥当性を確認するために，平成25年3月末までに情報システムに係る権限規程の見直しを行い，それを管理する体制を構築する。

出所：沖電気工業株式会社（2012）「改善報告書」，1-15ページより編集。
　　　https://www.oki.com/jp/ir/filing/2012/fl2017.pdf，2015年9月21日。

に黙認していた。業務処理システムからのデータを会計システムは正しく処理しているが，業務処理システム自体の入力（データ）が正しくなければ，財務諸表に表れる数値も正しくない。この無料の授業に関する時間は管理部門のシステム責任者が未消化時間数を把握するための特殊フラグを付けて管理し，アクセスも同責任者のみとしていた。図表4-2-5における「②処理（プログラム）が信頼できるか」の項目について，システム責任者が不正データを管理し，直接には業務処理システムのデータの書換は行っていないが，欠陥システムの放置も含めて，信頼できないこととなり，全般統制が有効でないことを示す。
　次に，図表4-2-8であるが，親会社では会計システムにおいては，売上，売上債権，売上原価，在庫の計上，売上請求書の発行，商品の出荷などが連動している。これに対し，海外子会社では実際の商品出荷を伴わないような保

守サービス商品群があったため,実際の商品出荷に連動しない処理ができるようなシステム仕様を採用している。そのため,自動化された統制機能が働かず,さらに各販売会社の管理部門による人間系のチェックが機能しなかったこと,すなわち業務処理統制が有効でないことが会計不正の原因となった。この事例も,前の事例とともに経営者が数値を改ざんすることに関わっており,企業統治の問題もあるが,少なくともグループ経営という観点から,親会社として子会社の適切な業務処理統制の整備・運用を求める必要が生じる。

　企業会計の複雑性が増してくる中,繰延税金資産や引当金などの見積項目は判断が難しい面が強く,入力(データ)が信頼できるかという問題では,証憑書類(データ)が取引を正しく表していることが求められるため,より帳簿組織の構築について重要性が高まってきている。また,図表4-2-7や図表4-2-8のように,業務処理統制の適切な整備・運用が重要でありながらも,経営者が関与する場合は,内部統制は経営者が構築するものであることから,ITに係る内部統制が無効化されるリスクが生じてしまう。このため,会計監査においては,内部統制に依存しないで,経営者が内部統制を無効化するリスクに留意して,実証手続を実施することが求められる。

(3) IT評価で求められるIT会計帳簿

　会計監査では,IT評価として,ITに係る内部統制を対象として,ITの利用に関する概括的理解を行うとともに,全般統制,業務処理統制の評価を通常実施する[246]。まず,入力データの信頼性から検討する。IT会計帳簿の場合,通常は証憑書類に基づく入力もしくは業務処理システムからのデータ連動となるが[247],証憑書類もしくはデータは,業務処理統制により正しい情報(デー

---

[246] IT委員会実務指針第6号では,内部統制を含む,企業及び企業環境の理解を求めており,固有リスクに当たる内容も対象となるが,ここでは統制リスクを対象に,業務プロセスにおける内部統制を検討する。

[247] ERPでは,ひとつの取引に対して1回の入力で販売・購買といった業務プロセス上のデータも会計データも同時に作成される仕組みとなっていることが本来の姿であるが,この場合の監査上の留意点として,下記に「Q5:ERPが利用されている際のリスク評価手続及びリスク対応手続における留意点はどのようなものでしょうか。」の記載がなされている。
日本公認会計士協会(2012)「IT委員会研究報告第42号　IT委員会実務指針第6号「IT

図表4-2-9　内部統制報告書におけるバックアップの問題で開示された事例

> 会社名：株式会社ダイオーズ
> 会計期間：第41期（平成20年4月1日－平成21年3月31日）
> 重要な欠陥とした事項：
> 　　当社では，システムの保守及び運用の管理を適正に行うため，「運用・保守管理規程」を定めて遵守することが義務付けられているが，コンピュータデータの保全手続において，当該規程の運用が不十分であったため，会計データの一部が消失し，当期の財務諸表作成にあたって消失した会計データの修復作業を行うこととなった。
> 　　事業年度の末日までに是正されなかった理由は，上記会計データのバックアップデータ復元作業のテスト実施が十分でなく，バックアップデータ消失のリスクを予見できなかったためである。[248]

出所：株式会社ダイオーズ（2009）「内部統制報告書」，2ページより引用。

タ）であることを前提に議論を進める。証憑書類からの手作業での入力もしくはデータ連動において，手作業は職務の分離によるダブルチェックとなるが，データ連動では自動化されているため，被監査会社が実施している開発時のテスト計画，本番移行直前のテスト結果のレビューや実際に監査人が，送信データと受信データを突合し，送信したデータが誤りなく受信されていることを確かめたりする。[249]

　会計監査上，IT評価で手続として必須となっているものは実務指針上にないので，あくまでも監査人がリスクという観点から判断していくことになる。これは，業種・業態によって内部統制に差は生じるし，少なくともキーとなるコントロールは会社ごとに異なるため，同様の制度があるアメリカでも盲目的なチェックリスト方式に警鐘が鳴らされている。[250]このため，図表3-3-3で述べたITの統制目標などの観点で，リスクが許容範囲まで低減していることを確かめる必要があり，本来，チェックリストで一律に評価することで終

を利用した情報システムに関する重要な虚偽表示リスクの識別と評価及び評価したリスクに対応する監査人の手続について」に関するＱ＆Ａ」
248　当該会計システムがパッケージソフトであるかは不明であるが，自社開発でもパッケージソフトでもこの問題は同様のリスクがある。
249　例えば，販売管理システムから売上管理台帳が出力され，総勘定元帳と照合できるのであれば，資料間での照合によっても検証することができる。また，CAATによりデータを入手し検証する方法もある。
250　清水惠子・中村元彦（2007），52ページ。

了となるものではない。また，それだけに公認会計士はITに関する基礎知識が必要となる。[251]

次に，全般統制として，処理（プログラム）が信頼できるかという点であるが，自社開発もしくは外部業者への委託による開発であれば，仕様書等でどのようなロジックであるかを確かめることができるが，利用割合が高いパッケージソフトでは内部がブラックボックスとなってしまう。ただし，パッケージソフトはシステム開発における不正なプログラミングの改変は起こりにくく，[252]多くの利用者が存在することからプログラムの誤りも指摘に基づき適宜修正されるため，一般的にリスクが低いとされる。また，紙媒体ではなく電子媒体で保存されていることから会計データの消失のリスクがあり，内部統制報告書において，図表4-2-9のような開示事例もある。

会計監査におけるIT評価の観点からIT会計帳簿に求められるものを検討する。具体的なものとして，筆者も企業のIT統制に関する研究会委員として参加した，経済産業省の「システム管理基準 追補版（財務報告に係るIT統制ガイダンス）追加付録」では，付録7として，財務会計パッケージソフトウェアの機能等一覧表を例示している。これは，会計パッケージとしてカスタマイズしないで使用している場合のIT統制の評価に有用と思われる質問項目の例示であり，会計ソフトメーカーが，会計パッケージの機能等に関する情報をユーザに提供することにより，ユーザの内部統制の整備・構築，評価が効率的に実施されることを目的としたものである。[253]

質問のカテゴリは大きく8つあり，質問のカテゴリと質問項目をまとめた

251　公認会計士試験にはアメリカと異なり，ITについての科目はなく，試験合格後に教育を行うこととなる。試験合格後の補習所にも，全般統制や業務処理統制などITに関する科目が設定されているが，それ以外に，ITに関する監査人の教育は，持続的に実施する必要があると考え，下記の研究報告を公表している
　　日本公認会計士協会（2013b）「IT委員会研究報告第27号　監査人のためのIT教育カリキュラム」。
252　例えば，システム開発の事例で，情報システム部の部員が給与システムのプログラムを不正に改変し，給与計算上の端数を自己の給与口座に集計した事件が発生している。
253　経済産業省（2007）「システム管理基準 追補版（財務報告に係るIT統制ガイダンス）追加付録」，付録7．1ページ。

図表4-2-10 財務会計パッケージソフトウェアの機能等一覧表（例）の一部

	質問のカテゴリ		質問項目
1	データの入力	1-1	入力の正確性と完全性の確保
		1-2	仕訳データ確定の承認機能
		1-3	変更の可能性と履歴の保存及び追跡可能性
2	インターフェイス	2-1	アプリケーションとしてのインターフェイス機能
		2-2	汎用データによるインポート機能
		2-3	汎用データによるエクスポート機能
3	集計・検索・出力の機能	3-1	仕訳データの集計
		3-2	仕訳データの検索
		3-3	出力に関する機能
4	繰越処理	4	年次及び月次等の繰越処理
5	各種法規対応	5-1	消費税の処理
		5-2	電子帳簿保存法への対応可能性
6	パッケージの導入保守	6-1	新規セットアップ
		6-2	バージョンアップ
7	システム運用管理	7-1	稼動記録の保持
		7-2	データファイルの保全
8	アクセス管理等	8-1	システムに対するアクセス制限
		8-2	ユーザIDの管理に資する機能
		8-3	ログ収集の可否
		8-4	権限設定の制限など

出所：経済産業省（2007）「システム管理基準 追補版（財務報告に係るIT統制ガイダンス）追加付録」，付録7より引用・編集。

ものが，図表4-2-10となる。正式な質問項目は項目ごとに詳細かつ細分化して記載されており，これらの質問項目への対応ができていれば，IT会計帳簿として自動化された統制面では必要最低限の機能を有しているとともに，経営管理面でも活用できるのではないかと考える。第3章で述べたように，IT会計帳簿として自動化された機能が存在しなくとも，人手による統制も含めて統制が有効であれば会計監査上も問題はない。ただし，図表4-2-10の項目

図表4-2-11　財務会計パッケージソフトウェアの機能等一覧表（勘定奉行）の一部

質問コード	想定するリスク	統制目標	質問項目	いいえ	はい	コメント	メニューによる設定状況 デフォルト	メニューによる設定状況 オプション
1	入力されるデータに漏れや重複がある。	入力データの完全性、正確性、正当性を維持すること	1-1 入力の正確性と完全性の確保					
			1 入力の正確性を確保するため、入力時のマスタ・ファイルチェック、論理チェック等、プログラムによるチェック機能があるか。					
			①伝票日付と会計期間の整合性のチェック機能		○	会計期間以外の日付を伝票は入力できない。[仕訳処理]－[仕訳処理]入力し確定すると、会計期間外の伝票日付である旨のメッセージが表示され、登録をすることができない。	○	
			②貸借金額のバランスのチェック機能		○	貸借金額が不一致の状態で登録しようとすると、その旨のメッセージが表示され、登録をすることができない。	○	
			③勘定科目（コード）のマスタへの実在性のチェック機能		○	[仕訳処理]－[仕訳処理]の仕訳伝票の勘定科目コード入力欄に、[勘定科目登録]で登録されていない勘定科目のコードを入力し確定すると、登録されていない旨のメッセージが表示され、確定することができない。	○	

出所：株式会社オービックビジネスコンサルタント（2015）「システム管理基準 追補版（財務報告に係るIT統制ガイダンス）追加付録」、付録7より引用・編集。

で「いいえ」であっても，別の統制によって内部統制として問題はないとすることは通常はコストが大きく，費用対効果が満たされない可能性がある。

　会計ソフトメーカーによっては，図表4-2-10に関して詳細に記載しており，例えば，勘定奉行では，図表4-2-11のように，詳細に記載したものを作成している。図表の1-1では他の会計期間の入力禁止，貸借不一致の入力禁止，勘定科目マスタに存在しない科目コードでの入力禁止などの会計ソフトにおける自動化された統制が記載されている。プログラムによる自動化された統制が中心であるが，図表4-2-10の1-2にある承認に関する機能は，設定や削除，変更などの運用状況が有効でなければならないため，自動化されたものと手作業及び自動化された統制の組み合わせが必要である。

　また，図表4-2-10の2のインターフェイスでは，他の業務処理システムのデータとの連動や会計監査におけるCAATの利用のためのデータが入手できるかについての情報を入手することができる。このように，図表4-2-10はIT評価で求められる会計パッケージソフトの機能であり，現在は強制化されていないが，これらの機能について会計情報の信頼性を高めるためにも，会計監査対応など一定の場合では，利用における備えるべき要件とすることも含め検討することが必要と考える。会計パッケージを前提としているが，会計パッケージでなくても使える内容が多く，会計システムも同様と考えることができる。

第3節　試査を前提とした監査の限界とCAATによる IT精査及びDual Trackingの実現

　今日の企業活動において，ITを利用している企業は多数を占めており，さらに電子商取引など高度に利用しているケースも多く存在する。公認会計士等による会計監査では会計帳簿を対象とするが，会計帳簿も情報化の進展に合わせて，会計監査で紙媒体を利用しているとしても，会計システム（会計ソフト）から出力されたもの，すなわち電子媒体に保存されている会計帳簿（IT会計帳簿）を利用していることが多数である。また，会計数値の根拠となる請求書などの証憑類についても，販売システムと連携しているなど，紙媒

体ではなく電子媒体となるケースが増加している。これを公認会計士等の会計監査という視点から考えると，監査人は，監査対象となる会計帳簿や販売に係る売上帳などの記録が紙媒体から電子媒体に変化することにより，紙媒体では困難と考えられた手続を実施することが可能となる。監査証拠は監査人が意見表明の基礎となる個々の結論を導くために利用する情報であり[254]，紙媒体でも電子媒体でも監査証拠として認められている。

　公認会計士として会計監査の実務を経験する中で，感じている疑問が2点ある。第一は，監査は試査で行うことが原則となっているが，試査を行う対象の母集団が電子媒体として入手できるのであれば，対応する証憑類まで検討することはできないにせよ，母集団を直接対象として精査（IT精査[255]）が可能となるのではないかという点である。例えば，仕訳の入力時にマイナスの金額は入力しないというルールを設定しているケースで，母集団自体にマイナスの金額がないことを検討するなど，異常な数値等が母集団にないことを確かめることは監査において有用と考える。また，手作業では現実的に困難な作業をITの活用により実現することが可能になるとともに効率化にもつながる。さらに，AI（人工知能）の活用なども含めITの進化は加速しており，見積りの監査などの主観性が強い場合での適用も進むと考える。

　第二として，通常の会計監査は，電子データの活用により現在の監査よりも早い時点で監査業務を行うことができるのではないかという点である。月次での決算が締め切られた後に，初めてその月の会計記録の閲覧等を行うが，仕訳等の入力のみならず販売管理等の各種のシステムの利用は，日々行われており，より早いタイミングで監査業務を実施することは実現可能だからである。特に，四半期・年度末は決算整理処理があるため，締切処理は時間が

254　日本公認会計士協会（2016a），13ページ。
255　母集団全体を対象として監査手続を行うことは精査としての一面を持つが，帳簿類の記録の信頼性を確かめるために，仕訳に対して対応する証憑類までを検討することは現実的には困難であり，ITを活用することによって，今まで実務でできなかった手続が実施できるという視点から広がる反面，現行の制度上の精査に対しては限定的な面があることから，本研究ではIT精査という用語を使用している。
　　なお，日本公認会計士協会（2016c）「IT委員会研究報告第48号　ITを利用した監査の展望〜未来の監査へのアプローチ〜」では精査的手法という用語を使用している。

かかる反面，投資家からは早期開示の要求が強く，期末の監査に十分な時間が取りにくいという現状がある[256]。実務において感じているこのような問題意識から，電子データを入手して会計監査で利用する技法であるCAAT等を活用することによる影響及び課題に関して検討を行う。

3.1 監査基準等における試査と精査

（1）監査基準及び監査基準委員会報告書における試査と精査

監査基準の「第三 実施基準」における「一 基本原則」では，「4 監査人は，十分かつ適切な監査証拠を入手するに当たっては，財務諸表における重要な虚偽表示のリスクを暫定的に評価し，リスクに対応した監査手続を，原則として試査に基づき実施しなければならない。」としており，監査基準上も試査が原則であることを明示している。ここで，試査及び対応する用語としてあげられる精査は図表4-3-1のように定義されており，母集団を意識した定義となっている。また，試査の定義として図表4-3-1では，サンプリングによる試査と特定項目抽出による試査があげられている。本研究では母集団を推定す

図表4-3-1　試査及び精査の定義

試査：特定の監査手続の実施に際して，母集団（監査の対象とする特定の項目全体をいう。）からその一部の項目を抽出して，それに対して監査手続を実施することをいう。試査には，一部の項目に対して監査手続を実施した結果をもって母集団全体の一定の特性を評価する目的を持つ試査（サンプリングによる試査）と，母集団全体の特性を評価する目的を持たない試査（特定項目抽出による試査）とがある。
精査：取引種類又は勘定残高を構成している項目の母集団全体（又は当該母集団における階層）について，そのすべての項目を抽出して監査手続を実施することをいう。

出所：日本公認会計士協会（2016a），23・28ページより引用。

---

[256] 日本公認会計士協会は，公認会計士が高品質の監査を実施するためには，十分な期末監査期間の確保が必要であるとして，平成29年12月8日に会長声明「十分な期末監査期間の確保について」を公表するとともに，この中で「ITの活用等」に取り組んでいるとしている。
　日本公認会計士協会（2017d）「十分な期末監査期間の確保について」。
http://www.hp.jicpa.or.jp/ippan/about/news/files/0-99-0-2-20171208.pdf，2017年12月15日

図表4-3-2　監査手続の対象項目の抽出方法

(1) 精査（100％の検討）
(2) 特定項目抽出による試査
(3) 監査サンプリングによる試査

出所：日本公認会計士協会（2011b）「監査基準委員会報告書500　監査証拠」，10ページより引用。

るのではなく，ITを活用して，母集団自体を入手し，限定的ではあるが精査するというIT精査を提示し，検討していることから，試査の内，サンプリングによる試査を中心に対比して検討する。

　監査人は十分かつ適切な監査証拠を入手するため，適切な監査手続を立案し実施しなければならない。日本公認会計士協会（2011b）において，監査手続の対象項目の抽出に関して，「監査人は，内部統制の運用評価手続及び詳細テストを立案する際には，監査手続の対象項目について監査手続の目的に適う有効な抽出方法を決定しなければならない。」としている。そして，監査手続の対象項目の抽出方法として，図表4-3-2の方法が示されている。

　精査について，内部統制の運用評価手続には通常適用せず，詳細テストにおいては用いられること，例えば，「情報システムによって自動的に行われる反復的な性質の計算等，精査が費用対効果の高い方法である場合[257]」には適切であることが示されている。このように，原則は試査としながらも，費用対効果の点から精査が適切である場合を示している。また，試査におけるサンプリングリスクは，試査を採用する際に検討が必要であり，サンプリングリスクにより運用評価手続において内部統制が実際の状態よりも有効もしくは有効でないという結論の可能性が生じる。このために統計的サンプリングが求められるが，詳細テストにおいて精査をすることにより，サンプリングリスクを一定のケースではゼロに近付けることが可能であると考える。

　しかし，監査基準が原則として試査に基づき実施としていることから，先行研究である有限責任あずさ監査法人IT監査部（2013）では，CAATとしてコンピュータ利用監査技法の章を設けているが，対象を母集団全件とすることができると，あくまでも試査が原則との立場での解説となっている。[258] 被監査会社に

257　日本公認会計士協会（2011b）「監査基準委員会報告書500　監査証拠」，11ページ。
258　有限責任あずさ監査法人IT監査部（2013）『IT統制評価全書』同文舘出版，373ページ。

おいてIT会計帳簿をはじめ，ITを利用していないケースはほとんどないことは認識しながらも，監査基準では試査が原則という定めにより，あくまでも補助的にIT精査を実施するという感覚が監査人にあるのではないかと考える。

（2）歴史的に見た監査目的と精査と試査

　歴史的に見ると当初から試査が行われたのではなく，Brown（1962）によれば1850年までは監査の目的は不正の発見であり，精査による手続が行われていたが，書き誤り（誤謬）の発見や報告された財政状態の適正性の決定が監査の目的に加わる中で，試査の手続が加わってきたとされている。1850年から1933年において，内部統制は認識されないか，わずかに認識された状態である。また，1940年から1960年において，監査の目的が報告された財政状態の適正性の決定となり，内部統制が重視される中で，手続は試査によって実施されたとされている。この変化を示したものが図表4-3-3である。なお，日本公認会計士協会（2016）では，1980年から現在は，監査目的は財務諸表の適正性・不正及び誤謬の発見であり，方法として試査となっている。また，未来について検討しており，監査目的自体は変化しないが，方法が精査及び精査的手法になるとしている。

　図表4-3-3で年代の古代から1500年と1500年から1850年までの記載が同一となっている。両者の違いは，1500年から1850年までの間に，所有と経営の分離が起きるとともに，2つの変化が生じたことがあげられる。第一に標準化された会計の仕組み（standardized system of accounting）が正確な報告と不正防止に役立つという認識，第二に規模の大小に関わらず会計の独立した再調査（independent review of the accounts）の必要性の認識が生じたことである。図表4-3-3では，監査目的と内部統制の重要性との関係から，内

259　R. Gene Brown（1962）"Changing Audit Objectives and Techniques," *Accounting Review*, October 1962, p. 697より引用・翻訳。
　R. Gene Brown（1962），p.698では，1500年から1850年までにおいて，その後しばらくして，内部統制が会計システムによる望ましい生産物を作り出すという合意が形成されたが，監査プロセスには明確に特定されなかったとしている。会社が適用する技術や仕組みに対して監査が追いついていないという議論をよく耳にするが，既にこの時代においても同様の問題が発生していることがわかる。

図表4-3-3 Brown, R. Geneによる監査目的，検証の範囲，内部統制の重要性の年代的関係

年代	監査目的	検証範囲	内部統制の重要性
古代-1500	不正の発見	精査	認識されていない
1500-1850	不正の発見	精査	認識されていない
1850-1905	不正の発見 書き誤り（誤謬）の発見	若干の試査, 主としては精査	認識されていない
1905-1933	報告された財政状態の適正性の決定, 不正・誤謬の発見	精査と試査	軽微な認識
1933-1940	報告された財政状態の適正性の決定, 不正・誤謬の発見	試査	重要な認識
1940-1960	報告された財政状態の適正性の決定	試査	重要視する

出所：R. Gene Brown (1962) "Changing Audit Objectives and Techniques," *Accounting Review*, October 1962, p.696 より引用・翻訳。

部統制の重要性が強調されていく過程を読み取ることができ，財務諸表監査において内部統制の重要性がより強調されていること[260]を理解することができる。

先行研究では，岡嶋（2004）によると，試査は，当初，単にすべての取引項目のチェックが物理的・費用的に困難になったという現実的な理由から行われたにすぎない[261]とされている。これは，被監査会社の規模の拡大に対して，監査資源の面での制約及び被監査会社のコスト負担への抵抗ということであると考えられる。確かに，IT化が進んでいない時代においては，試査しか現実的には採用できない可能性が高いが，現代ではITの活用により，母集団自体を入手してIT精査を実施することが可能となる。精査において問題となる費用面の問題もクリアできるのであれば，限定的な面があるとはいえ，IT精査を行うことは社会からの監査の期待に応えるひとつの方法といえるのではないかと考える。

リトルトン（1952）も1880年代に専門雑誌に公表された監査プログラムに

---

260 栗濱竜一郎（2000）「財務諸表監査における内部統制の評価の意義」『北海道大学経濟學研究』第50巻第1号，105-106ページ。

261 岡嶋慶（2004）「イギリス・プロフェショナル監査と不正の摘発」『三田商学研究』Vol.47，267ページ。

図表4-3-4　1880年代の監査プログラム（一部）

（監査プログラム）
監査開始手続
- 帳簿一覧表並びに現金出納帳を所持する人の氏名一覧表を作成すること。
- 簿記組織をしらべ，かつ，勘定の突合せ計画をたてること。
- 会社の定款をしらべ，かつ，小切手振出，約束手形の署名に関する議事録をしらべること。

（監査一般プログラム）
現金出納帳
- 現金出納帳は全監査事項の根本をなくすものであるから，この帳簿をつぶさに検べること。
- 現金出納帳が定期に別に浄書されることがあれば，これを報告すること。
- 異常な収入支出を注意すること。
- 重役会の承認のある場合をのぞき，資金勘定に基づく支出がないかどうかを知ること。

出納帳と証憑書類との照合
- 各現金支出項目を詮索し，かつ，各項目ごとに証憑書の提出をもとめること。
- 現金領収額を領収証控帳と比べること。
- 勘定書と証憑書は取締役に提示せられたるものなりや，また，それらが組織的に確認せられるものなりやを報告すること。
- 証憑書にはすべて点検済の印をおし，かつ，記帳にもすべて点検の記号を付すること。
- 証憑書のない項目につき，その正確であるか否かを検べるなんらの方法なき場合には，証憑書の喪失した分を一覧表にまとめ，かつ，勘定書を確認するに先だち喪失した証書類を手に入れること。
- すべての加算及び転記を点検すること。

出所：リトルトン（1952）『会計発達史』片野一郎訳，同文舘，425-426ページより引用・編集。

ついて記載しており，図表4-3-4の内容を見ると，現金出納帳で「この帳簿をつぶさに検べること」，出納帳と証憑書類との照合で「すべての加算及び転記を点検すること」など精査を前提とする記載がなされている。ただし，個々の突合せ（checking）に代わるべき「試査」のtestについては何も触れられていないと述べるとともに，一論者が依頼者は比較的簡単な表面的な検査に相当する程度の料金しか払いたがらないので，完全な検査を行うことは不可

能な場合がしばしばある[262]としており，報酬という観点から試査に関する議論自体は存在することが考えられる。

3.2 IT精査の実務における動きと課題
（1）CAATによる仕訳テスト

　IT精査は，監査手続の中の実証手続と位置付けられる。精査から試査への移行は，3.1（2）で述べたように監査資源の面での制約及び被監査会社のコスト負担への抵抗から精査が困難となったためであり，内部統制と統計学の手法により母集団全体を推定することを基本としている。しかしながら，試査が母集団を推定するのに対して，IT精査は母集団を電子データとして入手し，異常の有無を検証するため，会計監査においても深度のある監査の実現につながる。IT精査の実施において，ツールとしてCAATが利用され，監査の現場でも統計的なデータはないが，仕訳データに関しては高い割合となっており，業務処理システムのデータについても実施しているケースは一定割合存在すると考える。以下，CAATの実務に関して検討する。

　実務では，被監査会社の電子媒体に保存されている電子データを入手して監査で利用する技法として，CAATが利用されている。特に，最近は財務諸表監査における不正への対応が重視され，経営者による内部統制の無効化に関係したリスク対応手続として，総勘定元帳に記録された仕訳入力や決算整理仕訳や修正仕訳についての適切性を検証するため，仕訳テストとして会計期間の仕訳の全データを電子媒体で入手し，検証することが行われている。実際に筆者がCAATを利用して仕訳テストを行っているケースでは，最大で仕訳データが225万件存在していた。もし，このケースでCAATを利用していないと図表4-3-5のように，決算整理仕訳及び期末近くの仕訳について，紙の帳簿を通査する程度が限界ではないかと考える。

　CAATを活用した仕訳テストでは，例えば，図表4-3-6のような手続が行われる。特に，CAATを活用した仕訳テストでは，紙の会計帳簿では見ることができない情報を電子データでは保有していることが多いため，この情報を

262　リトルトン（1952）『会計発達史』片野一郎訳，同文舘出版，427ページ。

図表4-3-5 仕訳テストにおける手作業とCAATの相違

対象項目	手作業	コンピュータ利用監査技法（CAAT）
仕訳	期末時点で行われた仕訳入力及び修正を対象とした仕訳テスト	CAATによる監査対象期間の全仕訳を対象とした仕訳テスト

出所：日本公認会計士協会（2013c）「IT委員会研究報告第43号　電子的監査証拠」，14ページより編集。

図表4-3-6　CAATを活用した仕訳テストの例示

①仕訳の入力時にマイナスの金額は入力しないというルールを設定しているケースで，母集団自体にマイナスの金額がないことを確かめる。
②売上計上時に，対応する相手科目が資本金など通常発生しない科目となっていないこと（イレギュラーな仕訳パターンとなっていないか）を確かめる。
③仕訳の承認者に承認権限者でない者がいないか確かめる。
④仕訳の入力者と承認者が同一人物（自己承認）であるものがないか確かめる。
⑤会社の休日や夜中など入力日や時間が異常と考えられるものを抽出して確かめる。

出所：中村元彦（2015）「会計監査におけるCAAT活用の影響と課題」『現代監査』No.25，166ページより引用。

監査に利用することが可能となる。さらに，CAATを利用してIT精査を行う場合，早ければわずか数分で検証が可能となり，監査の効率化にもつながる。例えば，⑤の入力日や時間は紙の伝票では印刷されていないことが多く，データでしかわからないものを利用することによって，深度のある監査が実現できると考える。

仕訳テストは不正への対応として求められており，監査人は，経営者による内部統制を無効化するリスクに対する監査人の評価に関わらず，以下の監査手続を立案し実施しなければならない。[263]

①　財務報告プロセスの担当者に対して，仕訳入力及び修正のプロセスに関連する不適切な又は通例でない処理について質問すること。
②　期末時点で行われた仕訳入力及び修正を抽出すること。
③　仕訳入力及び修正を監査対象期間を通じて検証する必要性を考慮すること。

③はCAATであれば検証が可能であり，紙の会計帳簿に対して手作業では仕訳の件数が大量の場合は限定的となるため，CAATの優位性が明らかとなる。

263　日本公認会計士協会（2015a）「監査基準委員会報告書240　財務諸表監査における不正」，6ページ。

（2）仕訳テスト以外でのCAATの活用

仕訳テスト以外でも，例えば，図表4-3-7のような手続が行われる。⑥の減価償却費に関して，手作業では減価償却費をサンプルで計算する，もしくは減価償却費のオーバーオールテストを行うことが一般的であるが，CAATの活用により固定資産台帳の全固定資産に関して減価償却費の再計算を実施することが可能となる。固定資産台帳データ自体の正確性という問題はあるが，計算に関してはIT精査の実施が可能であるとともに，費用対効果の観点では，対象範囲を拡大しても必ずしも作業の増加につながらず，逆に効率的に実施できるケースもあると考える。業務処理システムからデータを入手できるかがポイントとなる。

また，年齢調べとして，例えば回収予定日を30日以上経過している売掛金を売掛金データから抽出するなどにも利用されている。さらに，期間帰属の検討として倉庫の出荷情報や製造ロットに集計されるコスト情報を利用したカットオフの検討など，監査人が手作業では限定的にしか実施できない手続がITを利用することによって実現可能となる。現状では，月次や年次での推移表等を作成して分析の実施での利用，確認状の抽出や内部統制の評価におけるサンプル抽出のために，被監査会社からデータを入手することも行われている。大手監査法人を中心として電子監査調書を利用しているケースでは，これらのケースでは電子データで監査調書までが完結することになる。

図表4-3-7　仕訳テスト以外でのCAATの活用の例示

①受注データ・出荷データと請求データを全件照合し，受注や出荷に基づかない売上計上がないことを確かめる。
②売上に対する値引率や原価率などの異常値の抽出。
③請求書番号などのキーとなる項目があることにより，対応する取引の取消や返品がわかる場合に，翌期に売上が取り消されていたり，返品されていたりしているデータを抽出して確かめる（仕訳データ上にあれば，仕訳データで確かめる）。
④システムの受託開発など一定の期間が必要なケースで，受注から売上までが異常に短いものの抽出（架空売上の可能性）。
⑤検収予定日を過ぎているが売上未計上の工事の抽出。
⑥減価償却費の再計算。
⑦棚卸資産の総平均法による評価計算の再計算。

出所：中村元彦（2015），166ページより引用。

(3) 実務での課題

　CAATを利用すれば，母集団を推定するのではなくIT精査として母集団を直接対象とし，母集団を直接評価できるので，サンプリングリスクの排除にもつながり望ましいことである。監査の現場でも，CAATの利用は増加しつつあり，会計データに関する仕訳テストは高い割合となっているが，現場で十分な手続が実施されているかという観点からは課題があると考えている。監査業務の実務での課題には，重要な点として3点ある。第一の点は，エラー（異常値）の定義であり，第二の点は，データのフォーマットの不統一，第三の点は，電子的監査証拠の証明力の検討があげられる。

　第一のエラー（異常値）の定義であるが，CAATの活用によってIT精査を実施した場合，一定の条件に該当するデータを抽出した際に，当該抽出したエラー（異常値）が大量の場合，どうするのかという問題がある。エラーとして抽出したデータは，本来すべて検討すべきであり，抽出したデータからのサンプリングは理論的には説明ができないと考える。現実的に1,000件抽出されたときに，すべてを検討することは困難であるが，図表4-3-8のように一般的にはエラーと考えられるが，会社の実態を踏まえるとエラーではないケースが多く見られる。このため，会社の実態を踏まえたエラーの定義（もしくは，エラーの再定義による条件を追加した絞り込み）によりエラーを抽出し，抽出したエラーはすべて検討することになる。なお，何がエラーであるかは一律に決

図表4-3-8　エラー定義における例示

エラー定義の例	説明
〈汎用的なエラーの定義〉 会計期間から2カ月以上超えた年月日での入力がある	例えば，会計期間が2014年1月1日から12月31日において，2013年9月30日に仕訳入力がなされているケースが該当する。
〈会社の実態を踏まえたエラーの定義〉 会計期間から2カ月以上超えた年月日での入力がある（経過勘定項目は除外する）	会社では，保険料等を契約期間分をまとめて一括で支払う場合，支払時に前払費用に全額計上するとともに，毎月の費用への振替を同時に起票（5年契約の一括払いでは，60カ月分の仕訳を起票）するため，経過勘定項目を除外する。

注：汎用的なエラーの定義では，例えば対象が1,000件を超えていると現実的に調査不能であるが，実際は大部分が経過勘定項目の事前入力であることが判明し，会社の実態を踏まえたエラーの定義で抽出した結果30件となれば，すべての調査が可能となる。
出所：中村元彦（2015），167ページより引用。

められるものではなく，監査人が被監査会社に対するリスクを踏まえた上で会社の実態を把握することが必要であり，専門的能力を発揮する局面である。

　第二のデータのフォーマットの不統一であるが，仕訳データのフォーマットは各会計ソフト会社もしくは開発している被監査会社でバラバラな状態であり，監査現場では，被監査会社ごとにカスタマイズして対応することが必要となり，効率的な対応ができない。例えば，仕訳が1行ではなく，複数行（複数仕訳）になる場合などは，データの形式が様々であるため，企業やソフトごとに対応する必要があり，分析のための準備に多くの時間がかかってしまう。これは，仕訳データのみならず，請求書などの証憑類も同様である。この点について，有価証券報告書はXBRLを活用して，開示レベルではフォーマットの統一化が図られている。会計情報の活用を考えると，科目体系などのフォーマットの標準化が必要であり，さらに，関連する証憑類（特に，電子商取引）のフォーマットの標準化も同様に進めるべきではないかと考える。

　第三の電子的監査証拠[264]の証明力の検討であるが，「監査人は，監査手続を立案し実施する場合には，監査証拠として利用する情報の適合性と信頼性を考慮しなければならない。[265]」とされており，旧来の書面を前提とした監査証拠と電子的監査証拠との相違を検討する必要がある。例えば，稟議書について，書面では承認印が捺印であるのが，電子的な承認では承認されたという電子的な記録のみとなり，監査証拠の証明力への影響を検討する必要が生じる。これに関して，「企業内部で作成される監査証拠の証明力は，情報の作成と管理に関する内部統制等，関連する内部統制が有効な場合には，より強くなる。[266]」としており，検討において内部統制が重要であることが示されている。

　このため，電子的監査証拠においては，入手する情報に関連するIT統制の整備・運用状況が有効であるかが重要となる。すなわち，全般統制及び業務処理統制の評価が必要となり，有効でなければ，データの改ざん等により母

264　電子的監査証拠とは，企業において電子的に作成，転送，処理，記録，保存された情報から監査人が入手し，意見表明の基礎となる個々の結論を導くために利用する情報である。
　　日本公認会計士協会（2013c）IT委員会研究報告第43号「電子的監査証拠」，1ページ。
265　日本公認会計士協会（2011b），2ページ。
266　日本公認会計士協会（2011b），7ページ。

集団自体に問題がある可能性が生じる。また，内部統制が有効であったとしても，電子データを監査人に渡す際に改ざんされる可能性や誤った電子データが渡される可能性もある。入手した電子データが母集団と同一でなければ正しい評価を行うことはできないため，仕訳データであれば集計して試算表と突合するなどの，入手した電子データに対する正確性及び網羅性の観点からの同一性の検証が必要となる。

（4）会計監査における早期化の実現に向けたIT会計帳簿の活用

会計監査は金融商品取引法監査であれば，有価証券報告書に監査報告書が添付され，会社法監査であれば，計算書類等に対して監査報告書が添付されるため，監査業務は期限が設定された業務である。有価証券報告書は投資家からは判断に資する重要な情報源であるため，上場会社で一定の期限までに理由もなく監査報告書等を添付した有価証券報告書の提出が遅延した場合，上場廃止という厳しい措置がなされる。また，監査報告書に不適正意見や意見の表明をしない旨が記載され，かつ，その影響が重大であると同じく上場廃止となる。

それだけに，適切な監査が行われなくてはならないが，実務上，3月決算が日本では集中しており，このことからも，期末監査といわれる決算日から監査報告書を提出する日までは監査業務の集中が発生している。[267] IT会計帳簿により会計データは電子化しており，この活用によって効率化とともにより有効な監査が実行できれば，効率化が図られ，リスクが高い業務により監

---

267 日本公認会計士協会が平成29年12月8日に公表した「期末監査期間に関するアンケート調査結果の概要等（中間取りまとめ）」では，協会としてとるべき施策を検討するために，期末監査の現場の実態を把握することを目的として，平成29年3月期決算会社を対象にした期末監査期間に関するアンケート調査を実施している。

この中で，上場会社及び非上場会社で会社法に基づく監査を受けている会社は6,000社を大きく超えており，回答者の90％以上が期末監査の過密スケジュールが原因で監査従事者の負担が重いと感じるとともに，監査品質を維持する観点から期末日後の監査期間の延長を望んでいることが読み取れるとしている。

日本公認会計士協会（2017c）「期末監査期間に関するアンケート調査結果の概要等（中間取りまとめ）」。

http://www.hp.jicpa.or.jp/ippan/about/news/files/3-99-0-4b-20171208.pdf，2017年12月15日。

図表4-3-9　調査報告書で早期のデータ分析が記載された事例

> 事例：長野計器株式会社
> - 内容：財務担当取締役による仮払金と代理店・子会社を利用した株主への貸付
> - 金額：貸付金192百万円
> - 問題点発覚の経緯：株主への正規の手続を経ていない貸付金を，仮払金勘定を使用して承認手続を取らずに資金提供していたものである。4月22日からの監査で，「仕訳入力及び修正」データについて，検証したところ，金額の大きな仮払が検出された。摘要欄から財務担当取締役が関与していることがわかり，事件が発覚した。
> - 監査への評価：監査法人の監査についても，充分であったとは言い切れない。本件発覚の手掛かりとなった，仮払の検証についても，期中監査の中での金額が異常に大きい伝票，処理日が変則的なもの等の検証を念入りに実施していれば，早期に発見された可能性が高いと思料される。

出所：長野計器株式会社（2014）「調査委員会調査報告書」より編集。

査資源を投入できるとともに，IT精査などサンプリングによる，監査の限界に対しても有効な手を打つことが可能となる。ただし，電子化によるデメリットもあり，この点は十分考慮する必要がある。第一に，早期のデータ入手，第二に継続的監査，第三にフォーマットの統一化について検討するとともに，媒体の電子化による留意点を検討する。

第一の早期のデータ入手であるが，これは，年次単位ではなく，月次単位でデータを入手するなどの方法で，より早いタイミングで監査を実施するというものである。ただし，月次の締切後に，遡って過去データを修正できてしまうと，監査で検討したものから変更される可能性が生じてしまうため，図表4-2-10「財務会計パッケージソフトウェアの機能等一覧表（例）の一部」の「1-3 変更の可能性と履歴の保存及び追跡可能性」に関する機能を会計システムが有しており，この統制が適切に運用されていなければならない。そして，会計監査では修正の履歴を閲覧し，修正の有無もしくは修正の履歴の検討を行うことによって，月次等での締切処理の妥当性を検証し，問題がなければ期中で監査を実施した範囲を広げることが可能となり，結果として，期末監査における作業を減らすことが可能となる。

開示されている不正の事例で，CAATを活用して不正を発見したケースを図表4-3-9に示しているが，ここでは監査への評価として，月次のデータを活用していれば早期の発見につなげることが可能であったとの記載がある。会計

図表4-3-10 会計帳簿における媒体の相違

比較項目	紙媒体	電子媒体
取扱いに当たっての専門性	媒体自体の取扱いに関して専門的知識は不要	専門的知識が必要
機器等への依存度	依存しない	依存度が高い
データの受け渡し	人間が介在	人間は不要
取扱いの容易性	見読可能であるため、そのまま利用可能。追記及び抹線による取消も自由	見読不可能であるため、見読するためのツールが必要。追加・取消のためにもツールが必要
データの修正	手間を要し、かつ、痕跡が残る	容易、かつ、痕跡を残さず可能
ミスの反復性ないしは連続性	人的又は物理的に防止が容易	コンピュータシステム的な対応が必要、かつ、発見の遅れ又は困難な場合が生じる
作成者の特定	比較的容易	比較的困難
正本としての特定	容易であり識別可能	システム的な制御が必要であり、識別も困難
セキュリティの必要性	災害盗難対策等の物理的対策で十分	災害盗難対策に加え、アクセス制御・不正データ処理防止等の電磁的対策が必要

出所:日本公認会計士協会（2001）「情報システム委員会（現:IT委員会）研究報告第21号 電子化された会計帳簿の監査対応」、8ページより編集。

監査で不正を発見したことが開示されている報告書で記載されており、CAATの有効活用の例となるが、タイミングの点では改善する余地はあると考える。ただし、CAATを機械的に適用しても有効な監査は実施できず、被監査会社の理解を十分に得ていなければならない。例えば、図表4-3-9では摘要欄への適正な入力がなければ発見できなかった可能性があり、被監査会社が適切な運用をしていないと入手したデータに対して適切な抽出をするための条件設定ができない。

　CAATを利用することは会計監査において有用であり、深度のある監査の実施において必要と考えるが、その際に、会計帳簿における媒体の相違を理解しなければならない。図表4-3-10において比較しているが、会計帳簿が紙媒体、電子媒体の相違があったとしても、中身である情報としての相違はない。ただし、規制当局や金融機関の立場、監査の立場では不正を中心とした不適切な会計処理に対して厳しい対応をしているが、データの修正が容易で

ある点，正本としての特定が困難である点，作成者の特定が比較的困難である点は不正の発生につながりやすいと考えられる。また，例えば，二重帳簿の作成も紙媒体よりも容易であり[268]，会社用，税務申告用，金融機関用の別々の決算書を作成するなども実務では行われることがある。

第2章第4節で述べた電子帳簿保存法は，あくまで会計帳簿などの帳簿を法人税法上で電子化を認める場合の要件を定めたものであり，金融商品取引法監査や会社法監査における会計監査でこの要件が求められるわけではない。特に，電子帳簿保存法はシステム自体に内部統制機能が組み込まれていることが要件となっている。これに対して，会計監査の観点からは，ITのリスクのマネジメントがなされているかの視点で検討するため，システム自体に組み込まれている内部統制機能が十分ではなくとも，人手によるチェックなど一体としての内部統制が機能していれば有効であると判断されることとなる。入手データを月次などの早いタイミングで入手することは，特に不正への対応を考えると，入手したデータの信頼性を十分検討しなければならない。

実務で被監査会社からデータを入手する際は，入手データの完全性の確認が重要となる。完全性（同一性）を確かめる方法としては，例えば，監査人側で特定の科目の合計金額や件数を集計し，入手したデータと被監査会社の総勘定元帳と突合して確かめる方法がある[269]。また，実務的には個人情報に当たる情報は入手を避けるべきであり，特に，特定個人情報（マイナンバー）に関しては，監査上の入手は可能となっているが[270]，本来入手するものではないため，母集

---

268 日本公認会計士協会（2001）「情報システム委員会（現：IT委員会）研究報告第21号 電子化された会計帳簿の監査対応」，8ページ。

269 日本公認会計士協会（2012），14ページ。

270 日本公認会計士協会は，2014年10月10日に「特定個人情報の適正な取扱いに関するガイドライン（事業者編）（案）」（本文，別添及び別冊による構成）に関する意見募集に対し，「行政手続における特定の個人を識別するための番号の利用等に関する法律」第19条第5号の「委託」に監査業務が含まれることを明確にされたい旨の意見を提出し，特定個人情報保護委員会から，下記の考え方が示され，問題がないことが確認されている。「会社法第436条第2項第1号等に基づき，会計監査人として法定監査を行う場合には，法令等の規定に基づき特定個人情報を取り扱うことが可能と解されます。一方，金融商品取引法第193条の2に基づく法定監査等及び任意の監査の場合には，個人番号関係事務の一部の委託を受けた者として番号法第19条第5号により，特定個人情報の提供を受け

団の入手は監査に必要な範囲，必要なフィールドに限定すべきである。また，入手してしまった際は，まず削除をして保管しないようにする必要がある。

　第二に継続的監査であるが，CAATの活用によって，試査からIT精査が可能になると考えられるが，あくまでも電子データは月次や年次での決算が締め切られた後に入手できるのであり，監査業務において事後的となるため，その結果として十分な作業時間が確保しにくくなるという問題がある。これに対して，継続的監査（Continuous Audit）という企業が利用しているシステム自体に監査の機能を組み込むことによって，常時監査を行う[271]という考え方がある。問題がある仕訳などが発生すると，自動的に発生時に記録され，リアルタイムでの監査が実現できる仕組みとなる。[272]

　監査でこの機能を利用すると，決算整理処理が行われる前でも，被監査会社の会計処理と同じタイミングで問題の有無を確かめることが可能となる。実際に行う方法としては，①企業が利用しているシステム自体に監査の機能を用意して，この監査機能を監査人が利用する方法，②監査人側が監査モジュールを用意して，企業が利用しているシステムにこの監査モジュールを組み込む方法がある。なお，ERPパッケージソフトにおいては，監査で利用できる

ることが可能と解されます。」
特定個人情報保護委員会（2014）「（別紙）ガイドライン（事業者編）（案）に関する意見募集の結果について」No.123．
http://search.e-gov.go.jp/servlet/Public?CLASSNAME=PCMMSTDETAIL&id=240000003&Mode＝2，2015年9月20日．

271　日本公認会計士協会（2013c），19ページ．
272　アメリカ公認会計士協会（AICPA）では，White Paperとして監査におけるITの活用について研究をしており，監査の自動化や継続的監査（Continuous Audit），継続的モニタリング（Continuous Monitoring）について検討が行われている．
AICPA（2012a）*Evolution of Auditing: From the Traditional Approach to the Future Audit*．
http://www.aicpa.org/interestareas/frc/assuranceadvisoryservices/downloadabledocuments/whitepaper_evolution-of-auditing.pdf，2015年9月21日．
AICPA（2012b）*The Current State of Continuous Auditing and Continuous Monitoring*．
http://www.aicpa.org/interestareas/frc/assuranceadvisoryservices/downloadabledocuments/whitepaper_current-state-continuous-auditing-monitoring.pdf，2015年9月21日．

プログラムが予め標準機能として組み込まれている場合がある。これだけで早期化が実現できるものではないが,一定の効果は期待できると考える。また,監査人の立場ではなく,企業側がモニタリング機能として利用する場合,継続的モニタリング（Continuous Monitoring）として,内部監査や経営管理上利用することが可能となる。

　第三にフォーマットの統一化であるが,「第2章2.3 具体的な会計ソフトにおける変遷」において検討したが,IT化する際は扱うデータに関して定型化が必要となる。例えば,勘定科目の名称及び対応する勘定科目コードや,得意先名及び得意先コード等は統一していないと会計ソフト上,正しく集計ができない。伝統的会計帳簿であれば,得意先名に常用漢字表の字体を使用したり,旧字体を使用したりしても,会計帳簿を作成する担当者が理解できていれば正しく処理できるが,会計ソフトは対応する得意先コードで処理するため,誤って字体ごとに得意先コードを設定すると人間のような柔軟な判断はできず,訂正するまで誤ったまま処理を続けてしまう。このため,会計ソフトは導入時における,勘定マスタ等の設定作業が重要となる。

　経営において会計情報の活用を図るためには,勘定科目マスタなど必要な会計情報を入手するための定義の設定が必要となる。このマスタの設定は,多面的に要求され,例えば,部門やプロジェクト,地域など企業にとって必要な視点で集計が可能となるように設定する必要があり,これがIT化において重要な役割を持つ。さらに,勘定科目では大科目,中科目,小科目のように集計が行いやすくなるとともに,また,大科目からの詳細の分析も行いやすくなるような設定も実務上見られる。企業において自社内での統一化のみならず,グループ企業についても統一化が進むと,グループ全体としての情報を一元的に利用することが可能となる。金融商品取引法適用会社では,親会社及び子会社が採用する会計方針は,原則として統一するとしており,[273] 会計基準のコンバージェンスの動きやIFRS導入の検討に向けた動きなど,グループ内の情報の質は同質化してきており,利用が行いやすくなっていると考えられる。

　自社内もしくはグループ企業内では,経営に活用するために管理会計も含

273　企業会計基準委員会（2013）「企業会計基準第22号　連結財務諸表に関する会計基準」,第17項。

めた会計情報の定型化がIT化の効果を発揮するために一般的に行われる。ただし，インターネット経由で有価証券報告書等の開示書類を電子的に提出し，公衆縦覧に供するための電子開示システムであるEDINET（金融商品取引法に基づく有価証券報告書等の開示書類に関する電子開示システム）が平成13年から稼働しており，ここで公衆縦覧に供されている情報の二次利用性を高めるために，XBRLが採用されている。また，国税庁も国税電子申告・納税システム（e-Tax）の運用を2004年に開始し，法人税申告の財務諸表部分のデータ形式としてXBRLが採用されている。また，例えば図表2-2-18「データの入出力に関する機能の変遷」で示したように，会計ソフトでもXBRLの対応がなされている。

　XBRLの利用においては，タクソノミという電子的な勘定科目表，財務諸表の電子的なひな型が設定されるため，企業が独自に設定しない限りは，提出される財務諸表や申告書は一定のルールに従うこととなり，比較可能性が高まる。ただし，財務諸表や申告書は最終の要約された情報であり，ここには詳細な情報は備わっていない。国のIT戦略の中でも利活用の促進における問題点として，情報の連携や利活用を妨げる標準化・互換性の不足を掲げており，詳細の情報に関するタクソノミに当たる標準化が進めば，他社との比較や分析に有用になると考えられる。また，現在は会計ソフト間でのデータの移し替えはフォーマットなどが統一されていないため，多大な労力がかかってしまうが，標準化が進めば，互換性の観点からも有用ではないかと考える。

274　日本公認会計士協会（2014）「IT委員会研究報告第44号　新EDINETの概要とXBRLデータに関する監査人の留意事項」，第1項。
275　一般社団法人XBRL Japanホームページ「国内事例の紹介-1」。
　　また最近では，e-Taxのデータ形式にXBRLが利用されていることを生かして，複数の金融機関が，インターネット経由でこれらのデータを納税者・税理士等から受け付け，融資審査に利用するサービスを提供するようになったとしている。
　　https://www.xbrl.or.jp/modules/pico5/index.php?content_id＝4，2017年12月17日。
276　坂上学（2007）『XBRL入門』同文舘出版，39ページ。
277　内閣官房情報通信技術（IT）総合戦略室（2013）「今後のIT戦略　世界最先端IT国家創造宣言」説明資料，2ページ。
　　http://www.chubu.meti.go.jp/technology_jyoho/download/20130718/20130718naikakukanbou.pdf，2014年5月17日。

このような標準化を検討する動きとしては，AICPA（アメリカ公認会計士協会）のAudit Data Standard Working Groupが公表しているAudit Data Standards[278]がある。現在は，General Ledger Standard[280]，Order to Cash Subledger Standard[281]，Procure to Pay Subledger Standard[282] Inventory Standard[283]において，総勘定元帳と売上売掛金補助元帳（受注から入金まで），仕入買掛金補助元帳（仕入から支払まで），在庫元帳（在庫管理）についてのデータ標準が示されている。このような標準化が進めば，会計情報の更なる

278　AICPA（2015a）*Audit Data Standards. Base. July 2015.*
　　https://www.aicpa.org/content/dam/aicpa/interestareas/frc/assuranceadvisoryservices/downloadabledocuments/auditdatastandards/auditdatastandards.base.july2015.pdf，2017年12月17日。

279　Audit Data Standard Working Groupのホームページ
　　http://www.aicpa.org/interestareas/frc/assuranceadvisoryservices/pages/auditdatastandardworkinggroup.aspx，2014年5月17日。
　　XBRLを意識しており，データ処理に優れている。
　　なお，一般社団法人XBRL Japanから日本語翻訳版が提供されている。
　　https://www.xbrl.or.jp/modules/pico7/index.php?content_id=12，2017年12月18日。

280　AICPA（2015b）*Audit Data Standards. General Ledger Standard. July 2015.*
　　http://www.aicpa.org/InterestAreas/FRC/AssuranceAdvisoryServices/DownloadableDocuments/AuditDataStandards/AuditDataStandards.GL.July2015.pdf, 2015年9月21日。

281　AICPA（2015c）*Audit Data Standards. Order to Cash Subledger Standard. July 2015.*
　　http://www.aicpa.org/InterestAreas/FRC/AssuranceAdvisoryServices/DownloadableDocuments/AuditDataStandards/AuditDataStandards.O２C.July2015.pdf, 2015年9月21日。

282　AICPA（2015d）*Audit Data Standards. Procure to Pay Subledger Standard. July 2015.*
　　http://www.aicpa.org/InterestAreas/FRC/AssuranceAdvisoryServices/DownloadableDocuments/AuditDataStandards/AuditDataStandards.P2P.July2015.pdf，2015年9月21日。

283　AICPA（2017）*Audit Data Standards. Inventory Subledger Standard.* March 2017.
　　https://www.aicpa.org/content/dam/aicpa/interestareas/frc/assuranceadvisoryservices/downloadabledocuments/auditdatastandards/auditdatastandardsinventory.march2017.pdf, 2017年12月18日。

活用が進むとともに，売掛債権や買掛債務についてのデータなどとの関連性についても，企業内だけでなく他企業も含めて分析が可能となり，経営に活用できる情報になると考える。特に，売掛債権や買掛債務についてのデータ等の標準化が進むと，インプットからアウトプットまでの標準化となる。

また，国際標準化機構（ISO）においては，ISO/PC295 Audit Data Collection（ADC）専門委員会が設置され，外部監査，内部監査，政府機関等監査，税務調査等のため監査人による被監査会社等からの会計データ収集の標準化（異なる会計ソフトウェアであっても同じ形式で外部出力ができるように出力仕様の標準化を行うこと）の検討がなされている[284]。2015年11月に北京で第1回の総会が開催され，現在も検討が進められている。2016年5月に中国の南京の南京監査大学で開催されたWorking Group会合では，AICPAのADSが採用しているERPを基礎とする方式で合意され[285]，会計データ（総勘定元帳）に加えて，受注・入金（売上・売掛金），仕入・支払（仕入・買掛金），在庫，有形固定資産までが対象となっており，グローバルな標準化の可能性が生じている。

なお，フォーマットの統一化とともに，IT会計帳簿における技術的な統制機能に関する標準化を図り，2.2（3）でも述べたが，少なくとも上場会社等の会計監査対応が必要な場合は，一定の統制機能を利用することを強制化すべきではないかと考える。図表4-2-10「財務会計パッケージソフトウェアの機能等一覧表（例）の一部」に記載の機能が，開発した会計システムやパッケージソフトである会計ソフトに備わっており，その機能を利用しているのであれば，当該IT会計帳簿への信頼性は高まる。期末の決算整理時に，遡って期中のデータを自由に痕跡なく修正できることが良い会計ソフトという話を聞いたことがあるが，これでは信頼性のあるIT会計帳簿とはいえない。訂正時は赤黒として逆の仕訳を計上，もしくは仕訳の履歴がわからなければ，会計監査のみならず経営者も不正の余地があり経営管理上の問題が生じる。

IT会計帳簿が有効に統制機能を働かせたとしても，それだけで信頼性のあ

284　木村章展（2016）「会計データ収集の標準化の動向について〜ISO/PC295 Audit Data Collectionにおける検討状況について〜」『JICPAジャーナル』平成28年11月号，26ページ
285　木村章展（2016），27ページ。

る会計帳簿とはならず，帳簿組織として広く考える必要があるが，ツールである会計システムや会計ソフト自体に統制機能が組み込まれることによって，会計監査及び経営管理上のメリットが生じる。大型の会計不正の事例が近年発生しているが，国をはじめ日本公認会計士協会や関係者が会計帳簿の信頼性を高めるための対応を進めていく必要があると考える。また，中小企業においても，会計帳簿に税務用や金融機関用の仕訳を追加して，本来の決算書と別の決算書を作成する事例を聞くことがあるが，IT会計帳簿への信頼性を高めることは金融機関等の利害関係者にとっても有益であり，標準的な統制機能を組み込んだものを使用する場合に金利の引き下げ等を行うことによって，IT会計帳簿を普及することが可能となると考える。

3.3 見積りの監査へのITの活用とDual Trackingの実現

3.2において，IT精査に関して検討を実施したが，現状での利用は人手では実施できない作業も含めて，定型的，機械的な作業の効率化が中心であり，非定型的な見積りの監査へのITの活用の議論はあまり行われてきておらず，課題であると考えている。一方で，AI（人工知能）の活用なども含めITの進化は進んできており，深度ある監査のためにはITを活用する段階にきているのではないかと考えている。そこで，現状における会計監査でのITの活用を踏まえつつ，今後の見積りの監査においてどのような利用が可能であるか，さらに課題を考察する。また，将来的な監査の手法として，証憑など仕訳の根拠の電子化を前提として，監査人が仕訳を自動的に作成し，これを被監査会社が作成した仕訳と比較するDual Trackingについて述べる。

（1） 見積りの監査へのITの活用

見積りの監査における現状でのITの利用状況を調査したものはなく，筆者の会計監査における経験及び大手監査法人及び中小監査法人の公認会計士約10名へのヒアリングした結果，以下の2点に集約できると考える。第一は被監査会社からの資料に関する計算の妥当性検討でのITの利用である。例えば，表計算ソフトにより作成された資料であれば，データの追加の際に計算式が抜けてしまえば，合計値に集計されなくなってしまう。会計上の見積り関連

の資料は,経理の部署内で作成が完結することが多く,監査証拠として入手する各種資料の計算の妥当性の検討は基本であり,電子データを入手して再度計算の誤りがないかを検討する際にITは有効となる。

　第二に,貸倒引当金や賞与引当金のような,客観的なものが利用可能であり,主観性が少ない場合では,当該科目に対する監査において,高い割合でITの利用がなされていると考えている[286]。例えば,一般債権に対する貸倒引当金の監査における売掛金の年齢調べとして,売掛金元帳の電子データを入手し,年齢調べ表(エイジングリスト)を作成し検討することなどが実務で行われている。棚卸資産の評価も同様に,ITを利用した監査がなされることがある。これに対して,のれんの評価,繰延税金資産の回収可能性など将来の事業計画が算定要素となるような主観性が強い場合には,第一で述べた計算の妥当性の検討でITを使用しているが,そこから先は各監査人の考え方や手法に依存しており,ITの利用に関しても監査法人によるマニュアルや指示書のようなものは特にないとのことであった。

　現状でも見積りの監査におけるITの利用は行われているが,今後の活用の方向性としては,以下の3点が考えられる。第一に,のれんの評価,繰延税金資産の回収可能性など主観性が強い場面でのITの適用である。最近はAIなどの動きがあるが,AIが人間の代わりに,主観性が強い場合での会計監査を実施することは困難である。しかし,監査人の判断に資する情報をITが提供することは可能であると考える。例えば,将来の事業計画の合理性を検討する際に,単なる計算の妥当性にとどまらず,過去の実績との乖離や同業他社などの動き,外部環境などを考慮し実現可能な計画であるかについて情報が提供されると,より深度ある監査の実現が可能になると考える。この分野へのITの利用は徐々に進むと考えられる。

　第二に,過去データ,外部データ,非財務情報の活用である。過去データの活用は現在でも行われているが,ITの利用により例えば10年分の会計データの蓄積から分析を行うことも可能となっており,このような長期間のいわゆるビッグデータの活用は有用であると考える。また,国の政策としてオー

286　奥西康宏(2010)「ISA540における「見積りの不確実性」の内容と役割に関する分析」『現代監査』NO.20, 83ページ。

プンデータの推進がなされており，この活用も有用である。例えば，ある地域に小売店が出店計画を立て，高い収益の伸びを予定している場合に，オープンデータにより人口の過去からの推移で減少傾向が見られれば，この出店計画に対して監査人は当然疑問を感じるであろう。非財務情報も音声のデジタル化など，分析において活用される余地が高いと考える。合理性を確かめなければならない会計上の見積りに対して，このような情報は，監査人にとっても有用だと考える。

　第三に，監査のリアルタイム化と監査における付加価値の提供である。被監査会社においては，会計情報をはじめとし，企業の活動により日々記録された情報が作成されているが，CAATは事後的な会計監査のための入手にとどまっている。これに対して，CA（Continuous Auditing）のような被監査会社のシステムからデータを抽出し，監査人の用意したサーバ上に分析機能等を組み込むこと等により，常時監査を行うことが可能となる。現状では海外の一部にとどまっているが，見積りの監査への適用が可能な場合，問題事項の早期発見につながる可能性もあり，有用ではないかと考える。また，監査人は専門知識に加えて，多くの企業における監査の経験を有しており，見積りの監査を実施する中で，被監査会社が気づいていない減損の可能性など付加価値の高い情報を提供することが可能になると考える。

　見積りの監査へのITの適用における課題として，以下の3点があげられる。第一は情報の信頼性である。被監査会社から提供された電子データ自体が誤ったデータであれば，それ以降の作業は意味を持たない。それだけに情報の正確性と網羅性の検証は，より重要になってくる。また，被監査会社の全般統制の評価の重要性も高まると考えられる。第二は企業のモニタリング機能におけるIT活用の推進である。例えば，内部監査における会計上の見積り項目に関してITの利用が図られていると，会計監査でもそのデータの利用や内部監査の結果の利用を図ることにより，効率的で有効な監査の実施につなげることができる。会計監査人の側だけでなく，被監査会社におけるモニタリング機能としてITが活用されることが，最終的に会計監査での活用につながると考える。

　第三にデータの標準化の必要性と守秘義務の問題である。会計データに限

定してもデータの標準化はなされておらず，同じ会社でもソフトウェアの変更で過去データが利用できなくなることが生じることもある。現在，ISO/PC295 Audit Data Collectionとして，国際標準化機構（ISO）において標準化が検討されており，標準化が実現すると，異なったソフトウェアでもデータ収集が容易となり，ITの活用のハードルが下がると考えられる。また，会計監査における守秘義務の関係で，監査人は被監査会社のデータのみで考える傾向があるが，他社も含めてビッグデータとしてとらえると，AI活用におけるデータとして有用であると考える。法的な問題も生じるが，国や公認会計士協会などで守秘義務を解除し，ビッグデータとして分析し，ツール等として監査人への提供がなされると会計監査の発展につながるのではないかと考える。

（2）大手監査法人における見積りの監査へのITの活用の事例

現在，大手監査法人では積極的に研究を実施しており，監査現場での適用も一部で始まっている。ヒアリングを実施した監査法人の動きの一部としては，検討中のものも含めて見積りの監査へのITの活用として，図表4-3-11のような動きがあった。各監査法人において，共通している点として，第一に検討に必要となる情報を可視化及びグラフ等によるビジュアライズ化するという点である。のれんや繰延税金資産のような主観性が強い場合には，監査人個人の経験や専門知識など個人の力に依存することが多い。これが図表4-3-11①のように，例えば被監査会社の事業計画に対するストレスをかけた場合の予測値がツールから出力され，これを議論することによって経験の浅い公認会計士も検討をより深く実施することが可能となり，被監査会社との議論も深まることとなる。

第二に監査の中で人手では今まで実施できなかったことを可能とすることで，深度のある監査の実現を目指すという点である。図表4-3-11の③のように，全国にある大量の機械の稼働データから不稼働の固定資産を洗い出し，減損や除却の検討を行うことは，ITを活用しなければ実現は不可能である。また，図表4-3-11の④のように，業務報告等の非財務情報（文字情報）から問題となる言葉を読み取り，リスク評価に役立てることも，人手では網羅的に実施

図表4-3-11　大手監査法人における見積りの監査へのITの活用事例

① 過去の事業計画・実績から将来を予測するツール（のれん，有形固定資産の減損などでの利用）

　ストレスをかけた場合の分析も可能（例えば，計画の達成率が50％下がっても利益計上など）であり，被監査会社と数値での議論が可能となり，経験の浅い公認会計士には特に有用。

② AIを活用したナレッジのQ&A

　過去の不正事例（例えば，建設業での工事進行基準の不正事例）などを探すのに時間がかかっていたのが，機械学習の手法により効率的に実施でき，情報の共有化にもつながる。

③ 固定資産の実在性の検討

　全国多数の各拠点の固定資産の稼働データと固定資産台帳のデータを突合し，不稼働の固定資産を洗い出し，存在していない固定資産の検証や減損の検討に役立てる。

④ 金融機関の貸倒リスクについて，定性情報から予測モデルを構築

　債権の貸倒リスクについて，財務情報に加えて訪問記録等の文字情報（例えば，「試算表を請求」とある場合は，「財務情報が悪化」と考えるなど）や他の定性情報から貸倒予測を実施し，リスク評価に活用する。

⑤ 各店舗における将来業績予測について，複数の財務・非財務データから統計的に予測値を算出し，妥当性を検証

　全ての店舗におけるデータ，店長の実績の履歴という2つの切り口で統計モデル(ARIMAモデル)から検証

⑥ 工事売上について，工事案件が赤字になる場合の条件を統計的に分析

　機械学習による過去データを分析し，進行中の工事案件のうち，プロジェクトが無事に進行していくかどうか検討（工事期間などを変数として，抽出された案件にフォーカスして監査を実施）

⑦ 不正会計予測モデルによる見積もりも含めた検討

　過去の財務諸表の訂正パターンをAIにより学習するとともに，業界の特性の反映を行い，マクロ的な視点で不正会計の予測を実施する。

⑧ 金融機関の自己査定の見積もりに関して，与信先の財務データによる分析

　過去の過去のデータを分析し，どのようなパラメータが動くとどのようなことが起きるかを，理由も含めて情報を示す。

出典：平成29年7月22日開催の日本監査研究学会第39回東日本部会統一論題報告，中村元彦「会計監査におけるITの活用と見積りの監査への適用」の報告ために，有限責任あずさ監査法人（①②），有限責任監査法人トーマツ（③④⑤⑥），新日本有限責任監査法人(⑦⑧)へのヒアリングを実施した結果に基づき筆者作成

することは困難であるが，ITであれば可能となる。また，AIに関して，抽出した根拠が不明確という議論があるが，図表4-3-11の⑦のケースでは，AIを利用しているが，なぜこのような分析となったが原因も示されており，監査への利用が実施しやすくなっている。

　第三に監査の付加価値を意識しているという点である。監査人は，監査法人等で会計監査を通常は複数社を担当することが一般的であり，多くの事例や専門知識を保有しているとともに分析も監査業務において実施している。この知見を活用することにより，監査においてもより深い監査を実施することが可能であるが，被監査会社にとっても有用な情報となることが多い。例えば，図表4-3-11の⑥では，機械学習を活用して進行中の工事案件のうちどの案件が赤字となる可能性が高いかを分析しているが，経理や監査役も知りたい情報ということで，定期的に情報共有の機会を求められているという話を伺っている。この意識はすべてのヒアリングを実施した大手監査法人で持たれており，監査人への差別化につながる可能性がある。

　なお，ヒアリングの中で，課題としてあげられた内，監査業務が変わることへの現場の抵抗という話があり，筆者が大手監査法人に在籍していた際，リスクアプローチが適用された時期に，なぜ変えなければならないのかという監査の現場でよく聞かれた議論が，ITの活用を進める中で再び起きているのではないかと感じた。

（3）Dual Trackingの実現

　3.2（4）で述べた継続的監査は，あくまでも被監査会社のシステム上，一定の条件に該当したときに，当該データを抽出するものである。これに対して，Dual Tracking[287]の実現は，証憑など仕訳の根拠の電子化を前提として，監

287　本研究でのDual Trackingという概念であるが，Bartley J. Maddenが米国のFood and Drug Administration（FDA，アメリカ食品医薬品局）の医薬品認証に関して述べている考え方を会計監査に適用するものである。医薬品認証は安全性・効果の上でリスクのある可能性から厳しく認証が求められる面があるとともに，厳しい審査により認証が遅れて時期を逸してしまうことにより多くの犠牲が生じてしまうという二面性がある。これに対して，患者と医師が治療をコントロールすべきだとし，個人はリスクと回復の可能性のどちらかを選ぶことを可能とするDual Tracking（2つの選択肢）を提示してい

査人が仕訳を自動的に作成し，これを被監査会社が作成した仕訳と比較するというものである。減価償却費の再計算のような一部の項目ではなく，対象とする範囲は仕訳の全体であり，CAATの新たな活用が可能になると考える。Dual Trackingも監査の早期化につながるが，この実現のためには，証憑など仕訳の根拠の電子化を含め多くのハードルが存在する。

　現実的な問題として，被監査会社が組み込んでいるプログラムと同等のものを監査人側で作成することは不可能であり，想定をしていない。被監査会社がある程度処理を行った後の基礎データに基づいてDual Trackingは実施すべきである。Dual Trackingの大きなメリットは，会計監査はあくまでも被監査会社が作成した結果を仕訳として入手し，そこから源泉に戻るという流れとなっているが，Dual Trackingでは被監査会社と同じ作成の流れをたどることができるという点である（図表4-3-12）。被監査会社と同じ作成の流れであることから，作成時の条件によって処理が異なる点なども遡って検討するよりも理解はしやすく，2つの流れで監査を実施することでより深度あ

る。すなわち，新薬の認証プロセスに対して，通常の治験プロセスに加えて，第二の選択肢として，医師から説明を受けた患者は，製薬会社と法的な契約を結ぶことで，FDが認可した医薬品も治験中のものも選ぶことができる。このための仕組みとして，Tradeoff Evaluation Database（TED）という患者と医師が，治験中の新薬の効果や副作用のリスクについて十分に知ることができるデータベースを用意している。

　本研究では，会計監査が今までは被監査会社が作成した仕訳をスタートして実施しているが，監査人はもう一つの選択肢として，取引がどのような仕訳になるかという観点から，証憑書類やデータという原始証憑から仕訳を監査人側で生成し，被監査会社が作成した仕訳と比較するという監査手続を実施することが可能となる。特に，ITの進歩によりビッグデータを活用することが可能となると，どのような原始証憑が不正につながりやすいか，誤りが発生しやすいかということも分かるのではないかと考える。このような情報が日本公認会計士協会に蓄積され，監査人に提供されることは，監査人にとっても重要なツールとなり，監査の質の向上にもつながるため，実現には多くの課題が存在するが，実現に向けて研究を進めていきたい。

Bartley J. Madden（2007）*More Choices, Better Health: Free to Choose Experimental Drugs shows the Food & Drug Administration's lengthy drug approval process causes needless pain and suffering.*

https://www.heartland.org/_template-assets/documents/publications/21194.pdf,2018年1月29日。

図表4-3-12　一般的監査とDual Trackingの流れの相違

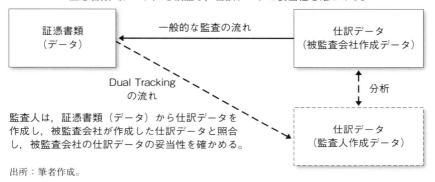

出所：筆者作成。

る監査の実現につながると考える。

　ただし，最初からすべてについてDual Trackingを実施することは困難である。このため，財務諸表を構成する勘定科目という観点から，棚卸資産や固定資産の台帳データや販売管理システム等のデータから勘定科目に対応する仕訳データを作成し，被監査会社の仕訳データと比較する方法であれば，実現可能性は高くなると考える。また，1日のデータに限定するなど期間的な範囲の限定も現実的な方法である。監査人は，被監査会社が作成する仕訳から証憑書類に遡って監査する方法に加えて，被監査会社の証憑書類やデータから監査人が作成する仕訳と被監査会社が作成した仕訳を比較するという新しい方法を得ることになる。

　監査手続の例示として再実施（図表4-3-13）があるが，ここでの再実施はあくまでも被監査会社のシステムを利用して再度データを投入して検証するものである。テスト環境でもなければ，再実施を行うことは通常は困難であり，再実施に代わるものとして，Dual Trackingを行うことが監査において有用ではないかと考える。表計算ソフト，データベースソフトはマイクロソフト社などから廉価で高機能のものが発売されており，関数などについて一定の訓練を行えば，十分使いこなすことは可能である。

　Dual Trackingでは，証憑書類（データ）から監査人が仕訳を自動的に作

図表4-3-13　再実施

> ITを利用する場合としては，自動化された統制に対して，入力時の統制についての再実施，記録された電子情報間の整合性を確認するITを利用した照合手続の再実施が考えられる。入力統制の検証に当たっては，本番環境へのテストデータの投入は，会社の情報システムに多大に影響を及ぼすことが考えられるため，慎重に行う。再実施に関する検証対象としては，アクセス・コントロール，自動化された統制で行われる入力時のマスタチェック，限界値のチェック等の各種入力統制及びシステム間のデータ連携についての照合，財務諸表の組替，名寄せ処理等が該当する。

出所：日本公認会計士協会（2011a），21ページ。

図表4-3-14　Dual Trackingを利用した分析的実証手続

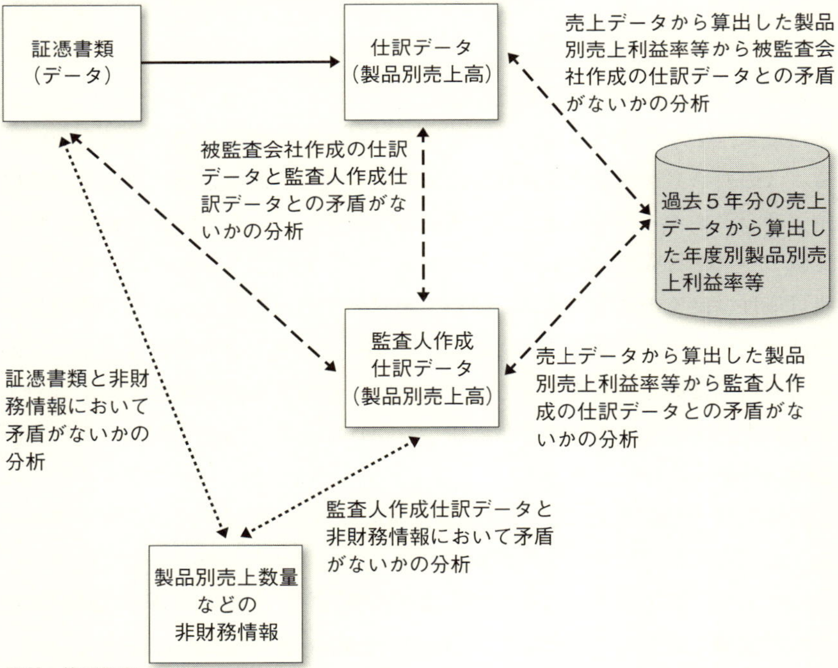

- 証憑書類（データ）
- 仕訳データ（製品別売上高）
- 監査人作成仕訳データ（製品別売上高）
- 過去5年分の売上データから算出した年度別製品別売上利益率等
- 製品別売上数量などの非財務情報

- 被監査会社作成の仕訳データと監査人作成仕訳データとの矛盾がないかの分析
- 売上データから算出した製品別売上利益率等から被監査会社作成の仕訳データとの矛盾がないかの分析
- 売上データから算出した製品別売上利益率等から監査人作成の仕訳データとの矛盾がないかの分析
- 証憑書類と非財務情報において矛盾がないかの分析
- 監査人作成仕訳データと非財務情報において矛盾がないかの分析

出所：筆者作成。

成するため,被監査会社が仕訳を作成する前に,比較すべき数値を用意できる点は監査の早期化にもつながる。また,実証手続としての分析的手続（分析的実証手続）があるが,Dual Trackingにおいて,非財務の情報も含めて基礎データを入手できれば,証憑書類（データ）との関連や仕訳データとの関連の分析や検討を行うことが可能となる。特に,被監査会社の証憑書類から仕訳を作成するとなると,監査人が被監査会社と同様の詳細なロジックを構築することは難しいため,照合時の差異に関して,許容できる範囲かを検討することが必要となる。

例えば,製造業で製品の出荷を工場から行っているのであれば,工場の倉庫における在庫データにより製品別売上数量を入手し,販売管理システムの関連データへの反映に問題がないかを検討したり,過去5年分の売上データから算出した年度別製品別売上利益率等から一定の許容範囲に入っているかを検討したりすることによって,金額の妥当性について監査証拠を入手することが可能となる（図表4-3-14参照）。また,外部データの入手が可能であれば,その利用に基づく分析も有用である。

第4節 深度ある監査の実現のための提言

公認会計士等による会計監査について,最近の会計不正事例の度重なる発生を受けて,金融庁をはじめ投資家など社会から厳しい意見が多く出されている。また,会計不正が発生すると,会計監査は試査が前提であり,すべてを見ているわけではないため監査には限界があると公認会計士側からコメントを行い,監査自体の存在意義についてより厳しい意見を受けてしまう。IT会計帳簿が一般的に利用されていることを踏まえると,いくつかの条件はあ

---

288 分析的手続とは,財務データ相互間又は財務データと非財務データとの間に存在すると推定される関係を分析・検討することによって,財務情報を評価することをいう。分析的手続には,他の関連情報と矛盾する,又は監査人の推定値と大きく乖離する変動や関係の必要な調査も含まれることをいう。
日本公認会計士協会（2016a）,36ページ。

るが，これに対して，ひとつの対応策としてIT精査及びDual Tracking，継続的監査等のITの活用があげられ，これらの手続のひとつもしくは組合せによって，会計監査の面から不正会計の発生を抑える効果があると考える。

　IT精査はサンプリングリスクの発生を防ぐとともに，母集団を推定するのではなく，母集団を直接評価することが可能となる。現在の監査基準は試査が原則であるが，監査基準を改正し，IT精査を原則とする時期に来ていると考える。また，監査における早期化も，ITを活用した継続的監査によるリアルタイム監査の実現，もしくはDual Trackingの実現により一定の効果が図られるとともに，深度ある監査の実現にもつながると考える。特に，Dual Trackingについて，減価償却計算で固定資産台帳データを入手して監査人が計算の正確性を再計算するなどの部分的なケースは実務でも行われているのに加えて，より広い範囲で監査人が証憑など仕訳の根拠の電子データや各種の台帳等のデータから仕訳データを作成し，被監査会社が作成した仕訳と比較することが可能となる。

　ただし，制度的な対応を含めてCAATの活用によるIT精査，継続的監査やDual Trackingの実現は多くの問題が存在している。第一に人的な問題がある。例えば，IT精査で異常値を抽出するためには，監査人は被監査会社の理解ができていなければ，何が問題となるかをつかむことができない。また，統計学などを含め，データ分析の知識も必要となる。監査人は単純作業などITに任せられる部分は任せて，よりリスクが高い部分へ監査資源を投入し，専門的な業務を行うとともに，さらに高度な専門性を求められることとなる。そのためにも，試験科目や補習所でのカリキュラムも含めたどのような人材を養成するかというゴールを明確とした教育体系が求められる。

　第二に，3.2（4）で述べた電子データの標準化の問題がある。仕訳の電子データや請求書などのフォーマットは統一化されておらず，CAATなど電子データを活用した監査において，大きな障害となっている。フォーマットの統一化を監査の面からのみ考えると進まないと考えられるが，監査の面だけではなく，統一化によってビッグデータの収集が容易になるなど社会的なメリットもあると考える。データの標準化が社会にとってどのようなメリットをもたらすのか，また，標準化に対してどのような障害，またデメリットが生

じるかについての検討が問題点として残っている。制度面ではEDINETなど開示に関する標準化の動きを内部資料にまで広げて進めて、AICPAのAudit Data StandardsやISOで検討しているようなデータ標準を定めることなどが必要になると考えている。

　第三に、これも3.2（4）で述べた、IT会計帳簿における技術的な統制機能に関する標準化を図り、少なくとも上場会社での利用において、その統制機能を利用することを強制化すべきではないかと考える。第二のフォーマットの統一化と第三の統制機能の利用の強制化は会計情報の標準化と信頼性の強化につながり、企業経営にとっても経営分析等に有用な会計情報の活用につながるとともに、不正利用の防止にもつながる。これらは会計監査においても当てはまり、監査上、当該IT会計帳簿に対する虚偽表示リスクが抑えられるとともに、CAATの利用においても有用となる。経済産業省（2007）をベースとして、検討することがひとつの方法である。

　第四に、3.3（1）で述べた、守秘義務を一定の条件においては解除し、多くの企業のデータをビッグデータとして分析することを可能にすることである。今後、AI等の活用が一般的となり、CAATという言葉自体も使われなくなる時代が来ると考えているが、そのためにはITの活用がより可能となるための法的な整備も含めた環境整備が求められる。電子データの標準化はビッグデータのために有効であり、最近のクラウド会計では標準化されていることから、会計ソフトメーカー側に会計データが蓄積し、その蓄積されたデータから学習を行い、より入力の効率化が図られている。会計監査においても、ビッグデータの活用は、3.3（2）で述べたように、多くの可能性を監査にもたらすことにつながるだけに、守秘義務の問題は避けて通ることはできない。定型的な業務をITに任せることによって効率化を図ることができるとともに、今まで技術的な面から実施できなかった手続をITの活用によって実施することが可能となる。

　情報化の進展により被監査会社のシステムが大きく変わるのに対して、公認会計士等による会計監査も影響を受けるのは当然であり、第一段階として、CAATを活用することがより深度のある監査の実現、効率化の実現につながる。不適切な会計処理の問題の中で監査の限界の議論が出て来るが、そ

の対応のひとつの方法としてCAATの活用によるIT精査の実現があげられる。そして，電子データが入手できる場合には，試査ではなく原則として精査に基づき異常値などを確かめることが必要であると考える。さらに実現時には，Dual Tracking，継続的監査などの次の段階に進んでいくことが望まれる。AI等の利用も今後進んでいくと考えられるが，被監査会社にある非財務データを含む色々なデータやオープンデータなど外部データを組み合わせることによって，従来は困難であった多くの手続を監査で行うことが可能となると考えており，監査の未来は多くの可能性にあふれていると考えている。

第5章
経営の観点から求められるIT会計帳簿

　IT会計帳簿が保有する会計情報は，経営において有用な情報でなければならない。この点に関して，まず現実に利用されている会計ソフトは利用者の求める情報について改良を重ねる中で一定の機能を搭載してきているという前提のもと，主要4社の機能等の調査により検討している。次に，先行研究として，井尻（1968）が多次元簿記により複式簿記の拡張を述べているが，この実現がIT会計帳簿により可能となり，非財務情報も含めて今まで取り込めなかった情報を取り込むことの有用性について検討している。また，企業における会計データは個別のデータでしかないが，決算公告のXBRL化を含めた開示の推進を図り，企業の集計された情報（統計情報）の開示を進めることは，結果的に企業自体へも自社の数値面での位置付けがわかり有用であることから，この実現のための各種の提言を行っている。

第1節　会計報告のためのIT会計帳簿

　会計情報は企業の活動を会計数値で表したものである。企業経営者は，会計情報を経営における各種判断を行う際に利用するとともに，株主に対しては受託責任を解除するために会計数値による結果を提示するが，株主への報告責任は会計責任（Accountability）といわれる。また，金融機関等から融資を受けるなど債務を有している場合，会計情報は返済能力の有無を判断す

図表 5-1-1　会計情報が要求される主な外部報告

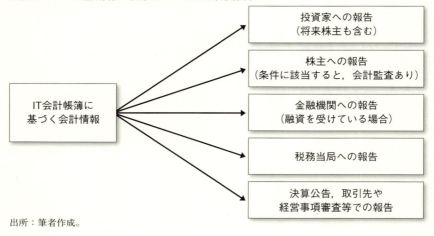

出所：筆者作成。

る材料として利用される。さらに，税務上も会計情報をもとに課税所得や税金の算定が行われている。企業を取り巻く利害関係者への会計報告及び説明という観点から，IT会計帳簿について検討する。

　IT会計帳簿に基づき，会計情報は最終的に財務諸表や計算書類等により外部の利害関係者へと報告されることになるが，主な外部への報告として考えられるものとしては，図表5-1-1があげられる。ここで求められている情報は，適法もしくは適正ということである。会計帳簿に求められるものとして，第1章第1節で記載したが，会社法・会計計算規則では適時・正確が求められ，企業会計原則では，網羅・正確，正規の簿記の原則が求められる。一言で述べるのであれば，会計のルールに従った正しい，粉飾など会計不正がなされていない会計情報であることが求められる。

　図表5-1-1では主な会計情報が要求される報告を記載しているが，正しい会計情報であるための制度的な担保が行われる場合もある。金融商品取引法による開示は，現在の投資家のみならず，将来の投資家（株主）に対しての会計情報の提供が有価証券報告書等を通じてなされているが，有価証券報告書等における財務諸表には公認会計士等による会計監査が要求され，監査報告書によって会計情報の信頼性が担保される。これは，会社法による計算書類

で会計監査が実施されている場合も同様である[289]。また，株式会社以外でも公益社団・財団法人，国立大学法人，学校法人などで会計監査の対象に該当する場合も同様に会計情報に信頼性が付与されている。

　第4章で述べたように，金融商品取引法に基づく会計監査においては，一般に公正妥当と認められる企業会計の基準に従って，財政状態，経営成績及びキャッシュ・フローの状況が財務諸表において適正に表示されているか公認会計士等が意見を表明する。また，公認会計士等が監査の実施における判断基準として，一般に公正妥当と認められる監査の基準に準拠して監査を行う。上場企業では作成における会計のルールとして，一般に公正妥当と認められる企業会計の基準は日本基準，米国基準，国際財務報告基準（IFRS），修正国際基準（JMIS）の4基準が並存しており，算定される利益の金額が異なる可能性がある。その意味では，会計監査の対象である会計情報は，絶対的なものではなく，会計監査による保証は一定の会計のルールに基づいた相対的な正しさに関する保証ということができる。

　また，金融機関では融資先に対して，保有する在庫量が過大でないか，不良在庫は存在しないか，売掛債権が回収可能であるか，担保の土地の金額が時価と比較して含み損益がどの程度であるかなど，融資先から提出を受けた計算書類などの会計情報に関して，ヒアリングなどで入手した情報を加味して，実態の財政状態や経営成績を把握している。また，この情報を利用して，貸出債権を評価する自己査定を行っている。さらに，税務当局は課税所得の計算のため，計算書類とともに，申告書を入手しているが，この妥当性に関しては，税務調査として書面や実地での調査を行い，問題があれば，企業による修正もしくは更正により税務としての訂正を行う。なお，会計監査と比較すると自己申請であり信頼性は大幅に下がるが，入札などで建設業者が要求される経営事項審査において，経理処理の適正を確認した旨の書類を提出する場合もある。

　このような会計報告に関して，伝統的会計帳簿でもIT会計帳簿でも作成さ

289　会社法328条は大会社について会計監査人の設置を義務付けており，大会社は，最終事業年度に係る貸借対照表に資本金として計上した額が5億円以上であること，もしくは，最終事業年度に係る貸借対照表の負債の部に計上した額の合計額が200億円以上である企業を指している。

図表5-1-2　会計ソフトと販売管理ソフトの連動を実施したメリット

> 　発生主義を原則として，仕訳入力は日次処理とし，正確な日報作成を可能にするよう社員に対しても理解協力を要請した。販売管理ソフトによる500件内外に及ぶ顧客管理データの整備を行い，顧客ごとの販売，請求，売掛金管理等のデータ入力を開始した。あわせて仕入れに関してもコンピュータ管理を導入した。さらに，会計ソフトを導入し，先に導入した販売管理と財務会計を連動させることによって，販売・仕入と会計処理が一元管理できるようになり，事務処理の負荷が大幅に減少した。
>
> 　こうした取り組みの結果，事務処理が効率化したため，店舗の新設を含めた事業拡大への取り組みに注力できるようになった。また，会計業務の精度が向上したことで，ケアマネージャーや金融機関などの関係者の評価が高まったほか，税務当局からの信頼を得られるに至った。これらに加え，日報や月報の会計データを社員と共有することで，社員との一体感が高まったほか，事業分野ごとに採算性，問題点の把握が容易になったため，税理士からのアドバイスも受けやすくなり，意思決定のスピードが速くなった。

出所：中小企業庁（2014）「中小会計要領に取り組む事例65選」，66ページより引用。

　れる成果物は同じであり，IT会計帳簿のツールである会計ソフトについては，第2章第2部2.3で検討したように，検討したソフトのすべてにおいて主要簿である仕訳日記帳，総勘定元帳及び財務諸表，試算表の作成が機能として搭載されている。また，補助簿である現金出納帳，預金出納帳，補助元帳なども搭載されており，企業での必要性に応じて利用されている。財務報告に関する伝統的会計帳簿における作成物はIT会計帳簿との相違はなく，「第2章2.1 会計ソフトにおけるメリットとデメリット」で記載したように，正確性が担保されるとともに，業務の効率化，経理業務のコストダウンが図れることが，IT会計帳簿利用における大きなメリットとなっている。

　また，経理業務のIT化のひとつとして会計ソフトの導入が行われるが，さらに，業務についてもIT化を実施し，会計ソフトとのデータ連動を進めることは，正確性の担保と業務の効率化につながる。図表5-1-2は，介護用ベッドやキャリアカー，車椅子をはじめとする介護用品のレンタル業の会社が会計ソフトと販売管理ソフトの連動を行ったケースであり，そこでの取り組みと効果が記載されている。システム化が可能となるために，業務フローの整備やフォーマットに基づく正確な日報の作成を同時に実施したと考えるが，結果として，事務処理の負荷が大幅に減少している。また，会計業務の精度が向上したことで，ケアマネージャーや金融機関，税務当局の関係者の評価が

高まったとあり，正確性の担保も事例から重要であることが読み取れる。

第2節 会計情報活用のためのIT会計帳簿

2.1 IT会計帳簿が提供する会計情報

　第1節の会計報告という観点からは，伝統的会計帳簿でもIT会計帳簿でも作成される成果物は同じである。次に，会計帳簿における会計情報を経営に活用するという観点から検討する。会計帳簿が伝統的会計帳簿からIT会計帳簿に変化することによって，会計情報の再利用が可能になるという大きな変化が生じる。例えば，企業経営において資金情報は通常，重要な情報であるが，IT会計帳簿を利用しているのであれば，会計情報から資金情報を作成することは容易であり，一般的な会計ソフトであればこの機能は，第2章第2節2.3で検討したように標準で装備されている。

　財務報告は通常は外部への報告であり，これに対してIT会計帳簿における会計情報を経営に活用するというのは内部への報告であり，このことを示したものが図表5-2-1である。欧米では，accounting information system（AIS）という用語を使用しており，会計情報システムと翻訳することができるが，本研究ではIT会計帳簿のツールという位置付けとなる。図表5-2-1ではAISを2つの重要な構成要素に分類しており，外部への財務報告（財務会計）と内部への経営管理のための報告（管理会計）としている。経営管理としては，原価計算，予算，システム研究（Systems Study）を例示としてあげている。システム研究は例えば，報告がタイムリーでないなどAISの問題に対してシステムを対象として研究するものである。

　システム研究におけるステップとして，計画（戦略計画の策定），分析（現行システムのレビュー），デザイン（新システムのデザイン），実行とフォローアップ（新システムを適切に実行し，モニターし続ける）[290]が述べられており，このためにBPRによる既存の業務のプロセスを抜本的に見直すことなどを求

---

[290] Moscove, Stephen A., Mark G. Simkin, and Nancy A. Bagranoff (2001) *Core Concepts of Accounting Information Systems,* John Wiley & sons, inc., p.15. より引用・翻訳。

図表 5-2-1　会計情報システム（AIS）

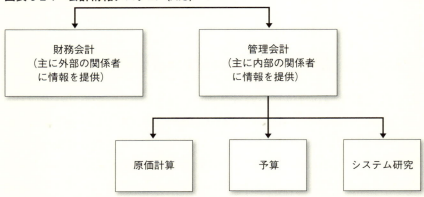

出所：Stephen A. Moscove, Mark G. Simkin, and Nancy A. Bagranoff (2001) *Core Concepts of Accounting Information Systems,* John Wiley & Sons, inc., p.9より引用，翻訳。

めている。AISはあくまでも会計情報（accounting information）を扱うものであり，システム研究においてもどのような情報を，誰に，どのようなタイミングで提供できるのかが重要となる。このため，既存で扱っている情報に限定せず，経営管理上，必要な情報を調査し，その情報を利用するという視点で検討する。

　経営管理の視点で，IT会計帳簿によって内部に対する報告として利用できる主なものを記載したものが，図表5-2-2である。経営管理のための内部での利用であるため，企業によってどこまで利用しているかは異なってくる。これは企業による業種，規模，財務状況などにより必要となる会計情報が異なるためである。外部報告である財務報告に関しては，伝統的会計帳簿でもIT会計帳簿でもIT化という点の相違はあるが，最終成果物に関する差異は生じていない。これが，内部報告としての経営管理の情報においては，IT会計帳簿の利用において，どのような伝統的会計帳簿との相違があるかを検討する。

2.2 予算管理情報

　伝統的会計帳簿では，予算に関する仕訳の起票は行われないため，会計帳簿として予算の情報は保有しておらず，予算管理のために別に予算実績の情報

図表 5-2-2　会計情報が要求される主な内部報告

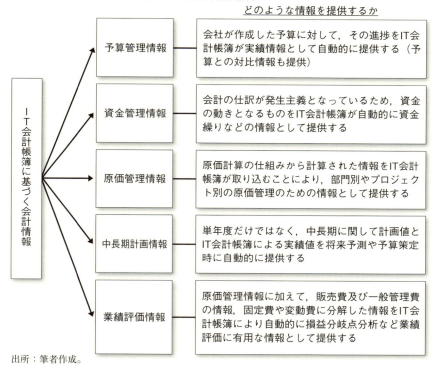

出所：筆者作成。

を，伝統的会計帳簿の実績情報を利用しながら作成する。これに対して，IT会計帳簿では，予算の情報を入力しておくことによって，設定された集計単位で実績を集計する。例えば，部門別やプロジェクト別に予算が設定されていれば，部門別やプロジェクト別に予算と実績の対比が可能となる。ただし，当然ではあるが，予算情報は未来情報であり，事前での入力がなければならない。

　第2章第2節2.3で主要な会計ソフトの機能を検証したが，すべての会計ソフトにおいて，予算実績管理の機能が搭載されている。また，日本公認会計士協会東京会で実施したアンケート調査において[291]，パッケージソフトウェア

---

[291] 調査会社による会計パッケージの市場に関するレポートに登場する会計パッケージソフトウェア提供会社48社中15社（回答率31.3％）から回答を得ている。なお，会社によ

の機能について質問を行い，そのひとつとして予実管理について調査している。この結果，アンケートに回答したすべての製品について予実管理は可能としており，予実管理ができないという製品はなかった。ただし，予実管理のメッシュ（会社単位，部門単位，プロジェクト単位，製品単位）やシミュレーション機能の有無などの違いがあり，ユーザはどのレベルの予実管理が必要なのかを明確化した上で比較検討する必要があると思われる[292]との記載があり，必要な情報とともに，入力を含めて対応可能かの検討が必要となる。

なお，会計ソフトとしては，予算実績管理機能としているが，IT会計帳簿のツールである会計ソフトはあくまでも予算実績管理のための情報を提供するものであり，図表5-2-2のように，予算管理情報として議論を進める。企業経営においてPDCAサイクルを継続して実行することは重要であり，会計数値面でのC，すなわちモニタリングにおける予算実績の情報は必要な情報となる。この予算実績の情報は，設定を行う必要があるが，設定後は自動的に情報を入手できるとともに，差異についての原因分析を勘定科目であれば元帳の内容を検討することとなる。また，一定金額以上での抽出や担当者やプロジェクトなどの条件での抽出において，紙での目視による検索と比較して，より高速に見逃しもなく検索ができる。

なお，予算実績の情報という面だけではなく，IT会計帳簿により情報を早く正確に入手できることが大きなメリットとなる。図表5-2-3は，税理士事務所に記帳代行の委託を行っていたが，会計ソフトを導入し自社での作成に切り替えた会社の取り組みと効果の事例であるが，会計情報が早く正確になったことがメリットして記載されている。この結果，従業員のコスト意識が高まることが記載されているが，このような意識は長期にわたって企業に影響を与える可能性が高く，利益につながるものである。他の事例の中でも，タイムリーな経営判断が行えることが書かれているケースがあり，IT会計帳簿の利用が適時に会計情報を入手するために有用であることが読み取れる。

り複数の製品を発売しているため，回答製品数は72製品中21製品となっている。
日本公認会計士協会東京会コンピュータ委員会（2012）「公認会計士の職業領域のひとつとしてのITについて」『公認会計士業務資料集』第52号。
292　日本公認会計士協会東京会コンピュータ委員会（2012），31ページ。

図表5-2-3　会計業務を外部委託から会計ソフトを導入し自計化を実施したメリット

> 　税理士事務所と検討の上，経理システムの導入による税理士事務所とのリアルタイムな情報共有を進めることでの時間的なロス削減，社員教育と情報発信による社員のコスト意識の改善を目標とした。毎月1回，当社経営陣に顧問税理士からフィードバックされ，予算管理を含めた現状把握と問題点の洗い出し等が行われるようになっている。
>
> 　投下コスト確認の精度が高まったことで，仕入先，外注先に価格交渉を行い，原価抑制の道筋も立てやすくなったほか，税理士事務所とのリアルタイムな情報共有により，予算と実績のずれに関する把握が迅速，確実となり，数値に基づく経営判断が，これまでより更にスピーディーになった。経理処理の基準を明確化することで，会計帳簿の正確性が担保され，会計記録に対する意識が高まったほか，従業員のコスト意識が高まった。結果として，製造部門の従業員が製造効率改善に向けた提案を率先して行う雰囲気が見られるようになっている。
>
> 　金融機関に対しても数字に基づいた話ができるようになり，高い信頼を得るに至っている。

出所：中小企業庁（2014），33ページより引用。

2.3 資金管理情報

　経営において，資金管理は重要である。資金が不足することは企業においては事業の継続ができないことを意味しており，資金手当ができなければ法的にも倒産につながる。経営成績としては損益計算書における損益であるが，減価償却や引当金など損益と資金の動きとの乖離は大きくなっており，資金の動きは損益計算書から判断することは難しくなっている。特に，事業拡張期に入金までの期間（回収サイト）と出金までの期間（支払サイト）のタイミングがずれ，資金が行き詰る場合は，損益計算書では黒字となるが，資金が不足するという，いわゆる黒字倒産が発生する。利益はオピニオン，キャッシュは事実といわれるが，キャッシュ・フロー計算書が財務諸表となっているのもその重要性からである。

　資金は企業における血液であり，キャッシュ・フロー計算書が事後の作成であるのに対して，資金管理は事前が中心であり，予測も行う必要がある。資金管理において会計情報の活用は必須であり，IT会計帳簿を有効に活用することは有用である。具体的な利用について，公益社団法人全国経理協会が主催しているコンピュータ会計能力検定試験1級の過去問により検討する。

図表5-2-4が実際の過去問題であり，将来予測による会計情報から一定条件で月別資金繰り表を作成する問題となっている。
　月別予算資金繰り表シートEX1.xlsに問題から数値を記載したものが図表5-2-5である。売掛金は翌月回収，買掛金は翌月支払という前提であるので，売上高として計上されたものについて，売掛金として計上されたもの以外は現金売上となるため，例えば，4月については「売上高65,590,000円－売掛金19,677,000円＝現金売上45,913,000円」が算定される。また，4月で計上された売掛金が5月に回収されるため，5月の売掛金回収に19,677,000円が計上される。仕入についても同様である。実際はエクセルの表であり，計算式が入っているため，各月における現金収支に関わる項目（予測）が変更になった場合，自動的に月別予算資金繰り表シートは変更される。
　現実には予測通りの数値から大きく乖離することもあり，予測を修正しながら資金繰りを検討する。また，例えば，月別予算資金繰り表の7月の月末現金残高は15,303,890円であるが，運転資金や緊急時の対応として保有する現金残高として通常20,000,000円と考えているのであれば，7月までに資金手当を行う必要があり，手当を行った結果が再度反映される。月別予算資金繰り表の作成を会計帳簿とは関係なく行うのであれば，伝統的会計帳簿でもIT会計帳簿でも差異は生じない。しかしながら，将来の予測情報をIT会計帳簿が扱うことにより，将来の貸借対照表や損益計算書を予測情報として作成することが可能となり，予測としての資金繰り情報も入手することが可能となる。
　将来情報をIT会計帳簿が扱うことは，シミュレーション機能を持つことでもあり，計画を変更しても，正確かつ迅速に財政状態，経営成績，資金繰りの予測情報の入手が可能となる。IT会計帳簿では会計情報を電子媒体で保管しており，通常，会計情報は年度単位での管理となっている。このため，伝統的会計帳簿と異なり，一時的に将来の年度を設定し，前年度の残高を繰り越し，大きな単位での将来予測による仕訳を起票すれば，未来の貸借対照表や損益計算書が作成でき，シミュレーションとして数値の変更も自由に実施できる。
　ただし，資金繰りに関しては，仕訳情報だけでは不足しており，キャッ

図表5-2-4 コンピュータ会計能力検定試験1級第29回「資金管理」(問題) 抜粋

第1問 全経物産株式会社では，平成26年上半期（4月1日～9月30日）の月別予算資金繰り表を作成する。今，予測資料に基づき，原案を作成している。EX1.xlsの月別予算資金繰り表を完成し，下記の設問に答えなさい。(20点)

〈付記事項〉

1 各月における現金収支に関わる項目（予測）は次の通りである。

	4月	5月	6月	7月	8月	9月
売上高	65,590,000	64,250,000	64,330,000	61,890,000	64,520,000	66,700,000
仕入高	28,859,600	25,700,000	33,451,600	29,707,200	25,808,000	40,020,000
人件費	14,757,750	11,565,000	13,509,300	12,996,900	16,452,600	10,005,000
営業経費	14,429,800	20,560,000	14,152,600	18,567,000	14,194,400	21,344,000

2 売掛金は翌月回収，買掛金は翌月支払である。4月分の支払額・回収額についてはEX1.xlsの月別予算資金繰り表シートに記入済みである。
3 営業経費は現金支出のみである。
4 期首現金残高は，988,000円である。

〈EX1.xlsの内容〉

	資金繰り項目	4月	5月	6月	7月	8月	9月
経常収支	現金売上						
	売掛金回収	41,700,000					
	経常収入合計						
	現金仕入						
	買掛支払	19,800,000					
	人件費支払						
	営業経費支払						
	営業外費用						
	経常支出合計						
	経常収支過不足						

〈設問〉
1. 6月の経常支出合計はいくらか。
2. 財務収支過不足が不足するのは何月か。
3. 5月の収支過不足合計はいくらか。
4. 9月末の現金残高はいくらか。

出所：弥生スクールプロジェクトメンバー編集（2015）『平成27年度版コンピュータ会計能力検定試験1級対策テキスト・問題集』実教出版，131ページより引用・編集。

図表5-2-5 コンピュータ会計能力検定試験1級第29回「資金管理」(解答) 抜粋

資金繰り項目		4月	5月	6月	7月	8月	9月
経常収支	現金売上	45,913,000	57,825,000	32,165,000	30,945,000	45,164,000	60,030,000
	売掛金回収	41,700,000	19,677,000	6,425,000	32,165,000	30,945,000	19,356,000
	経常収入合計	87,613,000	77,502,000	38,590,000	63,110,000	76,109,000	79,386,000
	現金仕入	17,315,760	17,990,000	6,690,320	23,765,760	10,323,200	36,018,000
	買掛支払	19,800,000	11,543,840	7,710,000	26,761,280	5,941,440	15,484,800
	人件費支払	14,757,750	11,565,000	13,509,300	12,996,900	16,452,600	10,005,000
	営業経費支払	14,429,800	20,560,000	14,152,600	18,567,000	14,194,400	21,344,000
	営業外費用	31,400	38,600	38,400	28,400	31,800	24,600
	経常支出合計	66,334,710	61,697,440	42,100,620	82,119,340	46,943,440	82,876,400
	経常収支過不足	21,278,290	15,804,560	(3,510,620)	(19,009,340)	29,165,560	(3,490,400)

出所:弥生スクールプロジェクトメンバー編集 (2015), 131ページより引用・解答につき筆者作成。

シュ・フロー計算書であれば，固定資産の売却時に「未収入金」で処理した場合など，一部の修正をすれば作成できる。しかし，月別予算資金繰り表であれば，売掛金・買掛金の現金・手形・振込等の内訳や得意先からの回収予定・仕入先への支払予定などの月別の詳細な情報が必要となる。このため，例えば売掛金回収や買掛金支払であると，会計ソフトでは，入力された売掛金・買掛金の仕訳データから取引先別に回収予定や支払予定を手作業で入力したり，回収条件や支払条件の設定により自動的に予定を作成したりすることによって，月別予算資金繰り表を作成する。また，手形管理や借入金管理，預貯金管理機能により，予定に基づく予算資金繰り表の作成機能を搭載している場合もある。

　仕訳の起票として考えると，キャッシュ・フロー計算書の直接法の考え方を取ることによって，会計上の取引が発生した際に，会計上の仕訳を起票するとともに，キャッシュとしての仕訳を起票することによってキャッシュ・フロー計算書の数値が作成されていく。このため，各勘定科目について資金としてどのようなキャッシュ・フロー上の仕訳が起票されるかを設定しておけば，仕訳に応じてキャッシュとしての仕訳が計上されることになる。この設定を適切に行うことによって，実績としての資金繰りは会計上の仕訳を起票することによって自動的に作成される。

　沼田（1986）は，機械記入による売掛金元帳及び売掛金勘定や，さらに月末などの定期に機械記入される勘定書[293]の一例を記載している。機械記入による売掛金元帳及び売掛金勘定の例示では，あくまでも実績の情報であり，将来情報までは触れていない。これは，執筆当時における会計システムにおいて，ハードウェアのスペックが十分ではなく，データベースについてRDB（リレーショナルデータベース）のように，データを蓄積して自由に検索・抽出などを行う機能が搭載されていなかったことも要因であると考える。経営の観点からは，将来の資金繰り情報の要望は当然であり，支払条件の設定など条件設定と予測に基づく入力を前提とするが，IT会計帳簿では自動的に資金繰り情報も提供できることは有用である。2.2と2.3で述べたように，会

293　沼田嘉穂（1968）『帳簿組織』中央経済社，304・306ページ。

図表 5-2-6　会計ソフトによる情報提供

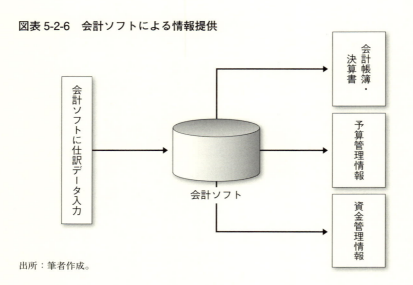

出所：筆者作成。

計ソフトに仕訳データを入力することにより作成される情報を示すと，図表5-2-6となる。

2.4 原価管理情報

　原価計算は，製造業における製品製造活動の原価計算が一般的であり，製品1単位当たりの製造原価を計算することである[294]。原価計算の目的は，財務諸表作成目的と経営管理目的に分けられるが，財務諸表作成目的については伝統的会計帳簿でもIT会計帳簿でも，必要に応じて製造原価報告書の作成が求められ，成果物に差異はない。一般的な会計ソフトでは，製造原価報告書の作成を含めた仕訳の記帳は可能となっているが，原価計算自体の機能はなく，業務システムとしての原価計算ソフトや個別原価計算の機能を有する会計ソフトなどを利用する必要が生じる。ソフトを利用する場合，間接費配賦や部門共通原価の配賦が可能となっており，配賦の条件を定義することによって，業務上の負担が大きく削減される。

　例えば，株式会社オービックビジネスコンサルタントの勘定奉行Ⅴ ERP財

294　佐藤正雄（2007）『現代原価計算論』多賀出版，22ページ。

図表 5-2-7　個別原価管理業務処理フロー

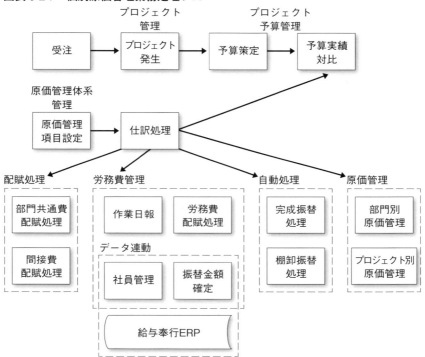

出所：株式会社オービックビジネスコンサルタント（2008）勘定奉行V ERP財務会計システム（個別原価管理編）パンフレットより引用・編集。

務会計システム（個別原価管理編）の場合，システムが前提とする個別原価管理業務処理フローは図表5-2-7のようになる。プロジェクト予算管理は，プロジェクトごとに複数予算の策定を行い，仕訳データからプロジェクト・サブプロジェクト別の予算実績管理を行うものである。また，当初予算・修正予算など複数予算の登録も可能となっている。2.2 予算管理情報で述べたが，伝統的会計帳簿と比較してIT会計帳簿は予算情報も保有することが可能であり，原価管理の観点からも，原価計算情報を保有することにより，IT会計帳簿はより有益な情報を提供することが可能となる。

　また，配賦処理において，配賦計算などの情報は原価管理を行う上で重要であるが，IT化されていれば，部門共通費や間接費の配賦処理が自動で行

われ、正確かつ効率的である。部門共通費であれば、各種設定した配賦基準に基づき各部門に自動配賦をするとともに配賦仕訳を作成し、間接費であれば、プロジェクト共通で発生した原価（間接費）を設定した配賦基準に基づき、各プロジェクトへ自動配賦をするとともに配賦仕訳を作成する。さらに、原価発生時に仕掛品科目で計上された原価について、プロジェクト完成時に製造原価への完成振替処理が行われる。労務費管理では、給与ソフトとの連動で給与データを取り込むとともに、各プロジェクトでの日報データ（作業時間）を基準に、設定した条件により各プロジェクトに対して労務費配賦をすると同時に、労務費仕訳データを自動作成する。

　この結果、部門別、プロジェクト別での原価を集計した各種帳票が出力されるとともに、システム上の各帳票からはドリルダウン機能により、原価発生仕訳まで、確認することが可能となっており、詳細な原因分析が可能となっている。原価管理の機能を別システムで行い、会計データを会計ソフトに取り込む場合もあるが、配賦計算が自動で行われることによる正確性と迅速性、予算と実績との対比、差異に関する詳細な分析などは伝統的会計帳簿と対比して、IT会計帳簿でなければ実現できない面が大きい。

2.5 業績評価情報等

　2.4において原価管理情報について検討したが、経営管理目的で考えると、従来、原価計算の対象は製品原価であるが、近年、営業費の増加とともに、この計算と管理も、経営上重要な要素であることが認識されるに至った[295]。営業費としては販売費及び一般管理費が対象となるが、特に、一般管理費については発生した費用に対応するサービスが複数の部門にまたがることが多く、配賦計算の必要性が生じる。一定の機能を有した会計ソフトにおいて、通常は部門の設定等を行っていれば、部門共通費として入力された仕訳データを、設定した比率を使って下位部門に自動的に配賦することが可能となる。この結果、販売費及び一般管理費についても、サービスなどの受益の状況に応じた負担などを配賦計算によって反映させることにより、業績評価情報として有用な情報になる。

295　佐藤正雄（2004）『原価管理会計』同文舘出版、103ページ。

また，費用項目を変動費と固定費に分解し，費用に対して変動費と固定費の割合を設定することによって，損益分岐点分析を行うことが可能となる。第2章第2節2.3で主要な会計ソフトの機能を検証したが，すべての会計ソフトにおいて，損益分岐点分析の機能が搭載されている。変動費率，限界利益，安全余裕率なども自動的に算定され，経営管理上の情報として利用することができる。実務上，準固定費など厳密な分解ができないケースもあるが，通常は，実績に加え予算での損益分岐点分析が可能となっており，2.2の予算管理情報に損益分岐点分析の視点も加えることが可能となる。

　さらに，収益性（売上高営業利益率など），安全性（棚卸資産回転日数など），生産性（売上高人件費率など），成長性（売上高伸び率）などの指標も設定を行えば，自動的に算出される。この比率分析も損益分岐点分析と同様に，主要な会計ソフトに搭載されている。財務指標は他社との比較が行いやすく，上場会社では数値が公表されており，中小企業に関しても無料もしくは有料で公表されており，自社の状況を把握することが可能となる。特に，中小企業の経営者は，実務の経験上，自社の財務面での業界での位置付けを知りたいと感じている。また，倒産企業と非倒産企業との間には財務構造に差異が認められることは実証的に分析され，財務指標の面からも兆候を把握することは，企業の業績悪化時において重要な情報となる。

　財務指標においては，単年度だけではなく，複数年での推移の比較が有用であるが，会計ソフトにおいて財務諸表の情報を複数年（例えば5期分）で

296　経済産業省はローカルベンチマーク（通称：ロカベン）を企業の経営状態の把握，いわゆる「健康診断」を行うツール（道具）として公表している。財務指標作成時の分析対象企業は帝国データバンクが保有する2013年4月〜2016年3月の期間中に3期連続決算書が収録されている企業約100,000社を対象としている。
　　経済産業省（2017）「ローカルベンチマーク「参考ツール」利用マニュアル（2017年3月改訂版）」
　　http://www.meti.go.jp/policy/economy/keiei_innovation/sangyokinyu/locaben/manual.pdf，2017年12月20日。

297　株式会社TKCが公表しているTKC経営指標（BAST）は，中小企業約23万社の決算書データを集計しており，業種別や規模別の情報があり，業種も細分類474業種となっている。また，優良企業，黒字企業における経営指標も開示している。

298　太田三郎（2004）『企業の倒産と再生』同文舘出版，124ページ。

対比することが一般的に可能となっており，財務指標に加えて財務数値としての比較も可能となる。伝統的会計帳簿でもこれらの数値を算出することは可能であるが，IT会計帳簿ではツールとしての会計ソフトで自動的に算出できるのに対して，多くの計算作業が発生するとともに，正確性の観点から比較すると劣っている。また，予測というシミュレーションでは，この差はさらに多くなる。このような業績評価情報の観点からも，IT会計帳簿の優位性は大きいと判断することができる。

第3節 IT会計帳簿による情報利用の発展と対応

3.1 IT会計帳簿が具備する一般的要件

　会計帳簿として求められる要件であるが，第1章第5節で述べたように，適時，正確，正規の簿記の原則という3点が少なくとも伝統的会計帳簿，IT会計帳簿に限定されず会計帳簿に求められる。正規の簿記の原則で求められるものとしては，①網羅性のある記録（会計帳簿に記録すべき事実がすべて，正しく記録されなければならない），②検証性のある記録（記録は監査等に当たって容易に検査証明できるものでなければならない），③秩序性のある記録（記録は一定の法則に従って秩序正しく行わなければならない）の3要件を満たす必要がある。

　また，「第3章 第4節 4.2 内部統制の観点から求められるIT会計帳簿」図表3-4-9において，先行研究を踏まえ，IT会計帳簿を前提とした帳簿組織の設計における基本原則として8点を提示した。会計帳簿のIT化に関して，日本公認会計士協会情報システム委員会（現：IT委員会）から公表されている「会計情報システムの一般的具備要件」では，求められる要件として図表5-3-1に記載のものをあげており，この中では，会計情報を中心として考えている。適時，正確，正規の簿記の原則及びIT会計帳簿を前提とした帳簿組織の設計における基本原則との比較を行ったものが図表5-3-2となる。

　まず，図表5-3-2においてIT化によりどのような特徴が生じるか検討する。IT化により大きく影響を受けているものとして，⑨正当性の基準がある。紙

図表5-3-1　会計情報システムの一般設計基準

効用基準		
①有用性の基準	会計情報システムは，経営管理及び会計業務に有用な会計情報を提供するものでなければならない。	
②利便性の基準	会計情報システムは，経理部門及び起票部門等に迅速化・省力化等の便益を提供するものでなければならない。	
構造基準		
③効率性の基準	会計情報システムは，経理部門，起票部門及び情報システム部門等における経営資源を効率よく活用するシステム構造でなければならない。	
④安定性の基準	会計情報システムにおいては，機能の持続性及び拡張性に配慮したシステム構造にするとともに，その構造の明瞭性を確保しなければならない。	
⑤関連性の基準	業務管理システムが会計情報及び会計処理機能を含んでいる場合には，会計情報システムとして位置付けなければならない。	
処理基準		
⑥信頼性の基準	会計情報システムにおいては，会計事実の認識，測定，分類，集計及び報告が正確に，過不足なく，一貫して行われなければならない。	
⑦適正性の基準	会計情報システムにおける処理内容は，信頼しうる会計情報に基づいており，公正な会計慣行等に継続して準拠したものでなければならない。	
⑧適時性の基準	会計情報システムにおいては，適時な会計処理及び会計情報の提供がなされなければならない。	
統制基準		
⑨正当性の基準	会計情報システムにおける処理は，適切な権限者によって承認及び監視されること等により，正当性が確保されなければならない。	
⑩安全性の基準	会計情報システムにおいては，不当アクセスの防止策，防犯対策及び防災対策が施されて安全に運用され，会計情報が適切に保存されていなければならない。	
⑪立証性の基準	システムの保守管理，監査等のために，会計情報システムは処理の追跡，会計情報の読み取り，会計情報の閲覧等ができるものでなければならない。	
⑫適法性の基準	会計情報システムは，会社法，税法，金融商品取引法等法令の諸要件を充足するものでなければならない。	

出所：日本公認会計士協会（1996）「情報システム委員会（現：IT委員会）研究報告第14号 会計情報システムの一般的具備要件」，3-5ページより編集。

図表5-3-2 会計帳簿のIT化に求められる要件の比較と特徴

会計情報システムの一般設計基準	適時，正確，正規の簿記の原則	IT会計帳簿を前提とした帳簿組織の設計における基本原則	IT化による特徴
〈効用基準〉			
①有用性の基準			業務処理，経営意思決定をサポートする情報を出力・表示するものであり，容易に検索・加工ができるものでなければならない
②利便性の基準			ITが処理するため，迅速化・省力化につながるとともに，IT化のデメリットを上回る便益が提供されなければならない
〈構造基準〉			
③効率性の基準		①，⑤	ITが処理するため，効率化につながる
④安定性の基準		②	例えば，税率の改正等への対応など，機能の持続性及び拡張性に配慮する必要
⑤関連性の基準		②，③	業務システム等からのデータ連動において，正確性，網羅性，整合性を確保する機能が必要
〈処理基準〉			
⑥信頼性の基準	正確，正規の簿記の原則	③，⑥	会計ソフト自体に正確性，網羅性，整合性を確保する機能が必要
⑦適正性の基準	正確，正規の簿記の原則	②，⑧	
⑧適時性の基準	適時	②，⑥	訂正等の方法は確定後，赤黒変更方式に限定する必要がある
〈統制基準〉			
⑨正当性の基準		③，④	経理部以外の情報システム部等が関与するため，システムの開発や変更，運用時の適切な承認が必要
⑩安全性の基準		④	紙媒体と異なり，不正な処理の防止，機密データの保護，データ破壊の防止等を考慮する必要
⑪立証性の基準	正規の簿記の原則	②，④，⑦	電子媒体であるため，見読可能な装置が必要
⑫適法性の基準	正規の簿記の原則	⑥，⑧	

注：「IT化による特徴」で大きな変化がない場合は空欄としている。
出所：日本公認会計士協会（1996），図表3-4-9により筆者作成。

媒体であれば，経理部のみが会計帳簿に関わることが一般的であるが，会計ソフトを社内開発したり外部に委託して開発したりしていると，経理部以外の者の関与が生じてくる。このため，システムの開発や変更，運用時の適切な承認が必要となる。また，⑩安全性の基準もIT化により生じる基準であり，会計情報を適切に保護しなければならない。このためには，情報システム部等が適切に業務を実施するための仕組み及びITインフラ（基盤）が適切に稼働するための仕組みとしての内部統制である全般統制が求められる。

なお，会計システムがパッケージであり，プログラムの改変が不可能となっている場合は，情報システム部等が改変できないため，プログラム上に問題がなければ⑨正当性の基準の求めるレベルは低いと考えることができる。また，数量が多く販売されているパッケージの会計ソフトのケースでは，プログラム上の問題も少ないと考えられる。これに対して，自社で会計ソフトを開発している場合や，基本となるソフトをもとに大幅な改修を行っている場合では，情報システム部等による統制が有効かどうかを検討する必要が生じてくる。例えば，会計ソフトを経理部が適切に利用していたとしても，情報システム部がプログラムを勝手に改ざんしたり，不適切なデータに修正したりすれば，経理部における内部統制は有効でも，結果として会計帳簿は信頼性がないものとなってしまう。

第2章第3節3.1において各種の調査結果を参照したが，上場会社では会計ソフトの導入はほとんどの会社において行われ，パッケージの割合は約6割と高い数字となっている。全般統制は，会計ソフトを含めた業務システムの土台がしっかりしているか，統制されているかということである。会計ソフトを経理部が適切に利用していても，経理部で統制できないリスクが全社から見たときに統制されているかを評価することになる。⑩安全性の基準も，紙媒体であれば鍵付きの書庫で保管するなど災害盗難対策等の物理的対策で十分であるが，電子媒体では不正な処理の防止，機密データの保護，データ破壊の防止等を考慮する必要が生じてくる。この対応も全般統制では，アクセス・セキュリティとして，統制が行われているかを評価することになる。特に，情報漏えいの問題もあり，アクセス・セキュリティの関心が高まっている。

次に、会計ソフト自体に関するものとして、⑥信頼性の基準がある。これは、会計ソフト自体に正確性、網羅性、整合性を確保する機能を必要とするものである。紙媒体と異なり、会計ソフトでは中身が見読不可能であるため、仕訳が適切に転記、集計が行われるとともに、総勘定元帳や試算表等が作成される必要がある。また、決算処理により勘定の締切りや繰越処理も行われる必要がある。このため、会計ソフトの開発において、勘定科目などをコード化し、仕訳番号を付番するなどの方法でシステム処理しやすくするとともに、テストデータなどで適切に処理できるかどうか検証することが要求される。さらに、仕訳データを修正した際にも、同様に会計ソフト自体に正確性、網羅性、整合性を確保する機能が必要となる。⑤関連性の基準として、業務システム等からのデータ連動においても、同様に正確性、網羅性、整合性を確保する機能が必要となる。

　また、紙媒体よりもチェック機能をより拡充することも可能であり、例えば、伝票日付と会計期間の整合性のチェック機能、勘定科目（コード）のマスタへの実在性のチェック機能[299]などは、IT化特有の機能となる。①有用性の基準、②利便性の基準、③効率性の基準において、ITにより処理するため、会計業務の効率化につながるという観点、会計データを色々と加工処理することで必要な会計情報を経営管理に利用するという観点があるが、会計ソフト自体に正確性、網羅性、整合性を確保する機能を組み込むことによって、会計帳簿の信頼性はより高まることになる。

　⑧適時性の基準において、訂正等の方法は、仕訳が承認により確定した後は、データ自体を直接変更する方式（直接変更方式）は認められず、訂正等の対象となるデータ自体は変更せず、新たに訂正前のデータと同内容で逆符号の取引を入力し、同時に、訂正後の取引を入力する方式（赤黒変更方式）であることが求められる。この点も、データの修正が容易、かつ、痕跡を残さず可能であるという、会計ソフトの特徴から求められるものである。紙媒体に手作業で記載されたものであれば、筆跡やインクの新しさなどで判別することも考えられるが、電子媒体ではデータ修正を判別することは困難であるこ

---

[299] 経済産業省（2007）「システム管理基準 追補版（財務報告に係るIT統制ガイダンス）追加付録」、付録7．財務会計パッケージソフトウェアの機能等一覧表（例）、1/4ページ。

とから必要となる。第2章第4節の電子帳簿保存法における要件では，「真実性の確保として，帳簿に係るシステムに訂正・削除履歴の機能の確保がなされていること」が要件となっており，履歴の機能によっても赤黒変更方式と同様に適時性を満たすことになる。

④安定性の基準としては，会計ソフトの対応として，例えば税率の改正等への対応など，機能の持続性及び拡張性に配慮が求められる。会計ソフトは導入すると一定期間は使い続けることが一般的であるため，会計ソフトにおける税率等のロジック変更への柔軟性が当然ながら求められる。また，⑪立証性の基準として，電子媒体であるため，見読可能な装置が求められるが，電子媒体が見読不可能であることからこの点は当然であり，通常は，出力装置も用意し，基本的な帳票類は出力が行われる。

次に，会計情報システムの一般設計基準とIT会計帳簿を前提とした帳簿組織の設計における基本原則における対応について検討を行う。IT会計帳簿を前提とした帳簿組織の設計における基本原則では，第3章図表3-4-9で以下の8点を提示した。

① 各企業の行っている取引をその内容によって分類すること
② 各種取引についての記帳内容・記帳方法を適正に定めること
③ すべての取引について内部統制制度を重視し，これを帳簿組織の中に織り込むこと
④ 帳簿組織に関わるIT全般統制を有効にすべきこと
⑤ 業務処理システムとの連携も含め，帳簿の設定を適切かつ高能率にしなければならない
⑥ 財務諸表及び経営管理において必要な報告書の調製を考慮のうちに入れること
⑦ 会計監査の実施並びにそれが有効にできることを前提とすべきこと
⑧ 外部への提出書類を帳簿から容易に作りうることを前提とすべきこと

会計情報システムの一般設計基準では効用基準の記載があるが，IT会計帳簿を前提とした帳簿組織の設計における基本原則では対応していない。これは，IT会計帳簿の設計の前提に当たるものであり，この前提が満たされなければIT会計帳簿を構築するという経営判断がなされないことが通常だからで

ある。図表5-3-2の比較を行うことによって，IT会計帳簿を前提とした帳簿組織の設計における基本原則は，会計情報システムの一般設計基準とも整合していることが確かめられた。また，IT会計帳簿を構築する際に，基本原則を補完するものとして考えることができる。

　IT会計帳簿を前提とした帳簿組織の設計における基本原則では，信頼性のある会計情報を重視しており，これは会計情報システムの一般設計基準でも信頼性の基準や正当性の基準などからも同じく重視している。会計情報という点では紙媒体も電子媒体も同じであるが，まず，経理部以外の部署として情報システム部等が関与するため，ここに対する統制（全般統制）が求められることとなる。また，当然ながら，紙媒体と同様な結果が求められることから，会計ソフト自体に正確性，網羅性，整合性を確保する機能が必要となり，業務システム等からのデータ連動においても，同様となる。電子媒体では，データ修正が容易，かつ，痕跡を残さず可能であり，作成者の特定も比較的困難であるため，訂正等の方法は，仕訳が承認により確定した後は赤黒変更方式により，誤謬や不正の発生を防ぐ必要が生じる。さらに，会社の視点では経営管理に有用な情報が求められるため，データの加工が容易な電子媒体は効率性の観点からもメリットが大きいとともに，内部統制の観点からも一度プログラム上に組み込めば永久に機能するため有用であると考えられる。

3.2 IT会計帳簿が保有する情報の質の変化

　本研究では伝統的会計帳簿及びIT会計帳簿で扱う情報は会計情報という前提で議論を進めている。また，例えば，簿記の検定試験や簿記の参考書と呼ばれるものは，同じく会計帳簿は会計情報を記載していることが当然の前提となっている。しかしながら，会計帳簿は企業の活動を一定のルールに基づいて写像したものである。本来，企業の利害関係者は企業の実態を知りたいのであり，会計帳簿に基づく財務諸表等は会計情報というひとつの視点で表しているにすぎない。会計上の取引として記録されるものが企業活動のすべてを表しているわけではなく，例えば，訴訟を提起されたとしても，会計上は取引として認識されず，敗訴による損害賠償などの支払の可能性が高い，もしくは敗訴となって債務が確定してから初めて会計上の記録が引当金など

図表5-3-3　多式簿記の例示

（資産）		（請求権）		（位置）		（経過年限）	
現金	10	支払勘定	20	本社	30	6カ月未満	40
受取勘定	20	未払費用	10	工場	40	1年未満	10
棚卸資産	20	借入金	40	倉庫	30	2年未満	10
建物	40	資本金	30			2年以上	40
器具備品	10						
計	100		100		100		100

出所：井尻雄士（1968）『会計測定の基礎』東洋経済新報社，145ページより引用・編集。

債務の計上や損失計上として記帳される。

　この点に関して，井尻（1968）は複式以上のものであってはならないという論理的な理由は何もない[300]として，多式簿記を提示している。図表5-3-3は財の位置による分類とその経過年限（主体がその財を支配下においてからどれだけたつか）による分類であり，4つの分類であることから4式簿記となっている。また，多次元簿記として，複式簿記を拡張して，単一の価値測度による記録ではなく，いくつかの数量測度を用いて記録し，かつ従来の複式簿記の基礎となっている因果性を保持することができる[301]としている。図表5-3-4は多次元簿記の例示の一部であるが，材料1万KGを購入し，現金4,000万円支払う場合，材料ではKGとしての記入がなされる。このため，材料勘定としては借方記入の単純合計と貸方記入の単純合計が一致するが，仕訳としては価値測度が異なるために貸借は不一致となる。

　伝統的会計帳簿では，通常の仕訳以外の情報，また，金額以外の情報を摘要欄に記載することは可能であるが，分類集計については多大なコストが発生するとともに，検索も容易ではない。これに対して，IT会計帳簿では，追加としてのデータを保有することは可能であり，実際のIT会計帳簿では，多くの情報を保有している。例えば，部門情報やプロジェクトコードを仕訳の起票時に入力するケースは現在の会計ソフトでも行われている。また，誰が当該仕訳を入力したかはID等により仕訳データに加えられて，会計データと

300　井尻雄士（1968）『会計測定の基礎』東洋経済新報社，144ページ。
301　井尻雄士（1968），151ページ。

図表5-3-4　多次元簿記の例示

現金（千円）

期首残高	10,000	材料購入	40,000
販売	63,000	労力調達	9,000
		借入金返済	5,000
		期末残高	19,000
	73,000		73,000

材料（KG）

期首残高	5,000	製造	12,000
材料購入	10,000	期末残高	3,000
	15,000		15,000

財産活動表	積極財産						消極財産
	現金 （千円）	材料 （KG）	製品 （ケース）	機械 （3年使用）	機械 （4年使用）	労力 （延べ日数）	借入金 （千円）
期首残高	10,000	5,000					
期中の活動	—	—					
1 材料購入	-40,000	10,000					
2 労力調達	-9,000	—					
3 製造	—	-12,000		省略			
4 販売	63,000	—					
5 一般管理	—	—					
6 借入金返済	-5,000	—					
活動合計	9,000	-2,000					
期末残高	19,000	3,000					

出所：井尻雄士（1968），154・156ページより引用・編集。

して通常保有されており，さらに，入力日付や承認時の日付もデータとして記録されるケースがある。さらに，金額以外の物量データも保有することは可能であり，井尻（1968）は多次元簿記[302]を実際に行うためには，多くの問題

302　井尻（1968）の多次元簿記に対して，出口（2000）は簿記のシステムは冗長代数と交換代数という2つの公理系で特徴付けられるとし，代数的なアプローチによってお金以

を解決しなければならないとしていたが，IT会計帳簿は問題解決のひとつであるということができる。

あくまでもITで処理できるものでなければならないが，経営管理目的から見て必要な情報であれば，会計システムに必要なフィールドを設定し，データを運用上，正確かつ網羅的に収集することによって該当情報を利用することが可能となる。例えば，図表5-3-5のように，会計数値に加えて非財務情報といわれる情報をIT会計帳簿において保有することは，IT会計帳簿が提供する情報の価値が向上することにつながる。なお，ERPソフトでは統合データベースとして財務会計や販売管理，購買管理，生産管理等が利用するデータベースの一元化が図られており，非財務情報も含めて処理はしやすくなる。会計システムの外で保有していた情報は，IT会計帳簿に取り込まれることがより求められることとなる。

また，会計と税務において損益と課税所得との間に差が生じており，この点をIT会計帳簿に取り込むことも可能である。例えば，引当金では企業会計と異なり，税法上の引当金は貸倒引当金と返品調整引当金である[303]。伝統的会計帳簿では，引当金繰入としての費用計上の仕訳となるが，IT会計帳簿では別に，課税所得計算としての損金計上となる金額を保有することが可能となる。このことは，IT会計帳簿の中に，企業会計上の会計帳簿と税務上の会計帳簿を保有することでもある。また，減価償却であれば，特別償却など企業会計と

外の単位で財を計る多元簿記を定式化ができるとしている。これは左右のバランスなど簿記で当たり前と思っていた性質を，公理から証明できる定理として示すことから，お金以外の単位で財を計る多元簿記を代数系で処理できるとしており，ITによる情報処理につなげることが可能になるとしている。例えば，シェアリング・エコノミーなどの取引を多元簿記の考え方で示そうとすると，金額ベースのみではなく，物量ベースでの情報もとらえることが可能となり，より実態の表示につながると考える。特に，物量ベースでの情報は，価格変動がある状況では有用と考える。また，例えばタスク単位での工場の原価管理においても，IOT（Internet of Things）により機械の稼働などの物量ベースでの情報が今後入手しやすくなるため，多元簿記に対応したIT会計帳簿の有用性は十分あると考える。

　出口弘（2000）『複雑系としての経済学—自律系エージェント集団の科学としての経済学を目指して—』日科技連出版社，225ページ。
303　山本守之（2013）『体系法人税法』税務経理協会，1139ページ。

図表5-3-5　IT会計帳簿で保有する情報の検討例

	財務情報	非財務情報
セグメント情報	○	
プロジェクト情報	○	
多通貨情報	○	
CO_2の排出量		○
仕訳を入力した担当者		○
仕訳を承認した責任者		○
仕訳を入力した日付と時間		○
材料などの物量情報		○

出所：筆者作成。

税務上との乖離が生じるケースがあり，引当金と同様に両情報を保有できる。

　また，税務上は耐用年数が定められているが，企業として想定している使用年数がある場合，本来，企業とすれば投資の回収を想定すると使用期間に基づいて減価償却を実施し，業績評価を行うことがあるべき姿である。この際，IT会計帳簿であれば，プロジェクトコードなどで該当する対象資産を別に管理し，法定耐用年数ではなく想定使用期間に基づく減価償却計算を実施し，その数値を記載しておけば，投資回収のための情報をIT会計帳簿から抽出することも可能となる。[304]近年はIFRSへの移行を契機に定率法から定額法への変更の事例も発生しているが，このような影響額に関してもIT会計帳簿であれば，両方の金額を情報として保有することが可能となり，固定資産台帳を利用しなくても，IT会計帳簿のみで情報を入手することが可能となるのである。

3.3 IT会計帳簿が保有する情報の量の拡大

　3.2において，仕訳という中心となる会計情報に加えて，IT会計帳簿では伝

---

[304] なお，減価償却の効用について減価償却資産の使用可能期間にわたって費用を配分するという伝統的な考え方に対して，企業が投下した資本を何年で回収するかという考え方があり，この考え方による有姿除却を認めた判決がある。
山本守之（2015）『法人税の理論と実務』中央経済社，218ページ。

統的会計帳簿では難しい非財務情報を保有し，利用することができることを述べた。また，プロジェクト情報のような別の集計のための情報を付与することによって，別の切り口で会計情報を抽出し，利用することが可能となり，このような仕訳が保有する情報の質的な面での拡大が可能となる。会計ソフトでは，高機能のものにおいて，セグメント情報やプロジェクト情報を管理する機能が搭載されている。[305]仕訳において記帳される各勘定科目及び金額に対してセグメント情報やプロジェクト情報，入力担当者情報（社員ID等）や入力日付・時間情報を付加することによって，経営管理のためのセグメントとしての財務諸表やプロジェクト別の損益計算，労務改善のための入力担当者別の勤務時間外の入力時間など質の面での情報の変化が生じる。

　会計ソフトにインプットされる仕訳情報が，手作業の入力から業務処理システムからの自動連動による自動仕訳，さらにERPパッケージによる会計情報が統合データベースとして保有されることによって，IT会計帳簿が保有する情報の量は一般的に拡大する。また，証憑書類の電子化の進展が進んでおり，更なる情報の量の拡大につながる可能性がある。「第2章2.2 会計ソフトを中心としたIT会計帳簿の変遷（2）日本の会計ソフトにおける三形態」において，図表2-2-2の第一形態から図表2-2-4の第三形態のシステムまでの会計ソフトの変遷を検討したが，第三形態は一般的にERPパッケージと呼ばれている。

　ERPはEnterprise Resource Planningを略したものである。「経営資源計画」あるいは「企業資源計画」と訳されるが，企業全体を経営資源（ヒト・モノ・カネ・情報・時間）の有効活用の観点から統合的に管理し，経営の効率化を図るための手法・概念のことを指す。[306]また，ERPパッケージは，「経営資源計画」や「企業資源計画」という経営手法を実現するための情報システム，あるいはこの情報システムを構築するためのパッケージソフトを指すことが一般的となっている。経営資源を統合的に管理するということから，

305　例えば，第2章2.3（2）のPCA会計では，PCA Dream21にプロジェクトとセグメントの2種の集計方法が用意されている。

306　日本公認会計士協会東京会コンピュータ委員会（2009）「ERPパッケージを導入している企業の会計監査を行う際の留意点について検討されたい」『公認会計士業務資料集』第49号，349ページ。

図表 5-3-6　大福帳型統合データベース概念図

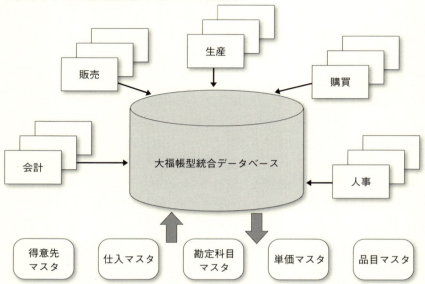

出所：日本公認会計士協会東京会コンピュータ委員会（2009）「ERPパッケージを導入している企業の会計監査を行う際の留意点について検討されたい」『公認会計士業務資料集』第49号，351ページより引用・編集。

ERPパッケージはデータの側面から大福帳型統合データベースともいわれており，概念としては，図表5-3-6となる。

図表5-3-6のように，統合データベースを基盤としているため，取引データが共有化されているので，いわゆるOne Fact In One Place（1つの事実は1つの場所で管理する）が可能となる。[307]この結果，図表5-3-7の例示のように，販売管理システムで作成したデータを会計システムで受け取り自動仕訳を行うような，別々の業務システム（モジュール）ごとに入力や更新処理を行って別のモジュールにデータを渡す必要がなくなり，リアルタイム性が強まるとともに，情報の正確性も向上することになる。

このように，IT会計帳簿としてだけでなく，会計情報の観点からは大福帳型統合データベースとして，より多くの情報を取り扱うことが可能となり，経

307　日本公認会計士協会東京会コンピュータ委員会（2009），359ページ。

図表5-3-7　取引データの共有化の例示

購買システム：	検収の事実が入力され取引データが生成
財務会計モジュール：	経費の発生と未払債務の発生として認識
買掛金管理モジュール：	支払予定データとして認識
管理会計モジュール：	部門に帰属するコストとして認識

（注）モジュールごとに別々に入力したり，更新処理を行って別のモジュールにデータを渡したりする必要は無い。また，取引データが共有化されているので，結果として，マスタデータも共有化することが可能となる。

出所：日本公認会計士協会東京会コンピュータ委員会（2009），359ページより引用・編集。

図表5-3-8　ERPパッケージソフト導入の狙い

- 経営情報のリアルタイムあるいは詳細な把握（63.8％）
- 業務の効率化によるコスト削減（61.5％）
- 全社あるいは部門における情報共有と活用（58.3％）

注：母集団はn=312であり，回答が半数を超えたものを％とともに記載している。
出所：ERP研究会（2002）『失敗しないERP導入ハンドブック』日本能率協会マネジメントセンター，34ページ。

営管理上も有用である。ERPパッケージソフトは，パッケージソフトと記載しているが，これは，ベストプラクティスと呼ばれるグローバル企業の導入実績の中で培われていた管理方法がシステムに実装されており，導入企業が業務プロセスをERPに合わせることが想定されている。このことから，ERPパッケージソフトには図表5-3-8のような導入の狙いがあると考える。ただし，商慣習の関係で必要な機能がない場合もあり，この場合はカスタマイズを行うことになるが，コスト面で多額の費用がかかるとともに，バージョンアップでの対応が難しくなってしまうことを留意する必要がある。

「第2章 第5節 IT会計帳簿が取り込むデータの変化とIT会計帳簿への影響」において，電子商取引やワークフローのシステムの利用により紙媒体の書類が電子化し，業務システムに取り込まれる動きを述べた。また，銀行取引データも現在は金融機関からデータをコピーした媒体として購入することが可能であるが，インターネットバンキングにおけるデータダウンロード機能を利用するのであれば，中小企業でも利用はしやすくなる。電子帳簿保存法

のスキャナ保存の改正による紙の証憑書類の電子化が進む可能性も高い。会計情報から証憑書類まで電子的な関連付けた情報として保有することが可能であるならば，証憑書類についてその場でしか閲覧できないという地理的な制約がなくなり，財務諸表から仕訳や証憑書類までの詳細な分析も実施することが可能となる。このようにERPパッケージを含め，他の業務処理システムによるデータから銀行取引データや電子化された証憑書類などが仕訳の情報と関連付けられることによって，IT会計帳簿が取り扱う量の拡大が今後も進むと考える。

3.4 IT会計帳簿と会計情報の信頼性

　経営に有用な情報とは信頼性のある情報のことであり，信頼性が確保できなければ利害関係者は安心して利用できなくなってしまう。利害関係者，すなわちStakeholdersは意思決定を行う際に，提供された情報を利用し，一般的に主題（the subject matter）に関する知識を増加させる。そして，情報の利用者は，最高の意思決定（to make the best decisions）を行うために，情報のインテグリティ（the integrity of the information）を信頼している必要がある[308]。ここで信頼性がある情報のための情報のインテグリティは，「情報インテグリティは，当該情報の主題についての表現の忠実性及び情報の用途への適合性と定義される」と定義される[309]。

　ここで，単に正しいということではなく，意図する利用のために情報が合致しているという役に立つ情報であることが求められている。情報を利用する場合，利用者は利用する情報のインテグリティの信頼のレベルを評価する必要がある。そうでないと，根拠のない信頼を置くことにつながるからである。この信頼は，図表5-3-9を含む多くの源泉によってもたらされるとしている。特に，DやEは第三者による情報のインテグリティの評価であり，Eは

308　AICPA（2013）*Information Integrity*, p.3.
　http://www.aicpa.org/InterestAreas/FRC/AssuranceAdvisoryServices/DownloadableDocuments/ASEC-Information-Integrity-White-paper.pdf，2015年9月21日。
309　日本公認会計士協会（2016）IT委員会研究資料第8号「情報インテグリティ」，2ページ。

図表5-3-9　信頼をもたらす源泉の例示

> A. 情報を生成したプロセスに関する記述などの，当該情報に責任を持つ当事者によって提供される追加情報。
> B. 情報に責任を持つ当事者の世評・評判。
> C. 利用者が所持する知識。利用者があらかじめ保有していたか，情報インテグリティの評価のために特に獲得したかを問わない。
> D. 情報のインテグリティを評価するに十分な知識を持つ，第三者による情報の妥当性検証。これは，専門家業務の対象になる場合も，ならない場合もある。
> E. 責任を持つ当事者の提供する情報に関する情報のインテグリティを評価するための，独立した第三者により実施された手続に基づく報告書の入手。そのような報告書は，情報が特定の規準に基づいているか，又は準拠しているかの意見を含んでおり，公認会計士か勅許会計士の報告書として保証基準に準拠して提供されているだろう。

出所：日本公認会計士協会（2016）「IT委員会研究資料第8号 情報インテグリティ」，4ページより引用。

　財務諸表を対象とするとき，一定の条件において財務諸表監査として法定されている。会計監査を受けていない中小企業では，顧問税理士・公認会計士の意見や会計ソフトにおいて電子帳簿保存法の適用もしくは同等の機能を利用していることなどは，例えば金融機関の融資を受けている場合，会計情報の信頼性について，一定の評価を金融機関の担当者は行う可能性がある。

　経営の観点から情報のインテグリティによる情報の信頼性を検討するに際して，情報インテグリティリスクを考える必要がある。情報インテグリティリスクの要因としては，①主題リスク，②利用リスク，③情報設計リスク，④情報処理ライフサイクルリスクの4つがあげられる[310]。主題リスク（Subject Matter Risk）は，適切な規準（suitable criteria）が開発できない，意図した目的に不適切であるリスクである。情報を観測できない場合や売掛金の回収可能性など将来の出来事に依存する場合，提供された情報が利用者に誤解されることが例としてあげられる。利用リスク（Use Risk）は，情報がその意図した目的以外に使われたり，不正確に使われたり，使われなければいけないのに使われなかったりするリスクである。不適切な情報の選択や故意に選択しない場合や情報提供者の意図と利用者の意図の誤解などが，例としてあ

310　日本公認会計士協会（2016），10ページ。

げられる。

　情報設計リスク（Information Design Risk）は，情報の設計の失敗から生じる誤った開示及び利用リスク，及び情報のライフサイクルを通した活動に内在するリスクである。不正確，測定が早すぎる／遅すぎる，不十分な集約，測定から報告までの情報の処理による情報の誤り，情報の保管時のエラーの発生などが，例としてあげられる。情報処理ライフサイクルリスク（Information Processing Lifecycle Risk）は，「A.データの作成または識別，B.測定，C.文書化または記録，D.入力，E.処理，変更または集約，F.保管またはアーカイブ，G.出力または回復，H.利用，I.破壊」というライフサイクルにおいて生じるリスクをいう。

　利用リスク及び情報設計リスク，情報処理ライフサイクルリスクは，内部統制を有効に整備・運用することによってリスクを許容できる範囲に低減することが可能であると考える。制度としての会計報告のためのIT会計帳簿であれば，主題リスクについて，会計基準などルールが明確となっており，このリスクが抑えられている。このため，第3章で述べたように内部統制での対応が中心となる。ただし，第5章の3.2や3.3で述べたように，決まったものではなく，企業の実情に応じて必要な情報が定まる場合では，主題リスクや情報設計リスクの問題が生じやすくなる。

　さらに，時代によって情報の信頼性の確保に対するリスクへの対応も変化しており，例えば，ホストにおいてバッチ処理していた時代からクライアント／サーバー型への変化やアウトソーシングの変化はリスクの変化につながる。最近，特にセキュリティの問題が重視されているが，会計ソフトの利用者が本社だけでなく地方など分散入力が可能となるとともに，インターネットを経由した外部からの攻撃に晒される可能性が高まってきており，ウイルスソフトやファイアウォール等も必須となっている。セキュリティに関しても技術進歩が早く，短い期間で対応方法が変わるケースも発生し，例えば，アクセスコントロール対応として，ID・パスワードの利用から，指紋などの生体認証とID・パスワードをセットとした対応への変化なども利用されはじめている。

第4節 経営に活用できる会計情報実現のための提言

　本章において，経営の観点からIT会計帳簿について検討を行った。会計報告という最終生産物としての相違はないが，会計情報活用という点からは大きな相違があることが判明した。予算管理情報，資金管理情報，業績評価情報に関しては，作業にかかる時間の問題や正確性の問題を考慮すると，伝統的会計帳簿に対して優位な状況となっていることが明確となった。また，IT会計帳簿は，制度としての財務諸表（計算書類）の作成や原価管理情報では，伝統的会計帳簿と比較して作業の効率性や正確性についてメリットが生じており，原価管理情報に関して予算管理情報を組み合わせることは，現実的には伝統的会計帳簿では困難となる。さらにIT会計帳簿は，データの再利用も可能である。

　このようにIT会計帳簿は伝統的会計帳簿と比較して優れた面を持っているが，その前提として扱う情報について明確にしていなければならない。また，現状では，企業については自社のグループまでを対象として考えることが一般的であるが，他社との比較の観点，また，企業の財務データを集計した数値の有用性という観点から検討を行う必要がある。これは，企業が自社の位置付けを財務面で把握できることにつながるものであり，経営上有用な情報であるからである。第一に，中小企業も含めたEDINETと同様な勘定科目の統一化（大科目，中科目レベル）とデータの再利用化の推進が必要と考える。EDINETでは，外部公表に関する勘定科目について標準が設定されており，原則的にこの利用が求められている。この考え方を中小企業にも適用することによって，比較可能性が高まるとともに，集計されたデータの情報の価値が高まる。

　中小企業において，自社の計算書類の数値が妥当であるかという問題があるが，自社の位置付けが把握しやすくなることによって，より適正な会計を行うインセンティブが働くと考える。また，第二として，決算公告が中小企業においてほとんど行われていないという現状を考えると，決算公告のホームページ上での開示も官報と同様に要約版で問題ないとし，コスト面も含め

てITの活用により容易に実施できることが必要である。また，公告を行わない場合は厳しく罰則を適用するなど，情報開示の徹底を図る必要があると考える。また，決算公告に関して，上場会社と同様にXBRLとすることによって，自動的に英語などの他の言語による計算書類を作成することが可能となり，海外進出や海外取引を考える中小企業にメリットが生じると考える。

　電子申告における計算書類情報は既にXBRL化しており，国税庁としても会計ソフトメーカーに対してXBRL対応についての働きかけを行っている。個別企業のデータのみならず，勘定科目の統一化によるデータ自体の標準化により，税務申告データ，会社法による公告データなどが電子データで集計できると，集計された統計情報の有用性が高まるのではないかと考える。ただし，会計ルールの相違があるため，単純な比較は問題があり，ルールの違いによる影響を考慮する必要がある。

　第三としては，勘定科目の統一化として外部に公表や提出する情報の統一化について触れたが，会計帳簿に加えて，得意先元帳などのフォーマットの統一化の推進が必要と考える。フォーマットについては，「第4章3.2（4）会計監査における早期化の実現に向けたIT会計帳簿の活用」において検討したが，AICPA（アメリカ公認会計士協会）におけるAudit Data Standards作成の動きや，ISO化の動きも現在出てきている。さらに広げて，請求書等まで広がると，電子的なやり取りの増加につながり，企業におけるコストの削減，

311　例えば，平成28年6月1日に成立した改正NPO法（特定非営利活動促進法の一部を改正する法律）では，NPO法人は，貸借対照表を公告しなければならないものとしているが，公告の方法として，官報以外に電子公告（内閣府ポータルサイトを利用する方法を含む。）等も認めており，内閣府ポータルサイトを利用する場合は，無料で利用可能となっている。

312　国税庁のホームページでは，「税務・会計ソフトで作成したCSV形式データをe-Taxで受付可能なXBRL形式（財務諸表）及びXML形式（勘定科目内訳明細書）のデータに変換可能となるようe-Taxソフト（PC版）を改修するとともに，同機能を税務・会計ソフト開発業者に提供し，その対応を促しています。」としている。
　　www.e-tax.nta.go.jp/topics/topics_ribenseikojo.htm，2017年12月21日。

313　中小企業に関しても，次世代企業間データ連携調査事業として，中小企業の生産性をより一層向上させることを目的として，受発注業務における業種の垣根を越えたデータ連携システムの整備が進められており，中小企業共通EDI標準（案）のパブリックコメン

社会全体としては大きな社会的コストの削減につながると考える。

トが公表されている。中小企業が電話やFAXを中心とした受発注等から，標準化により電子的なやり取り（EDIデジタル取引）に移行することで，電話での聞き間違いやFAXの読み間違いなどでのトラブルが減少できるとともに，紙の証憑類がなくなり，現状の手作業での入力が効率化され，中小企業の生産性の向上にもつながることが期待できる。
https://www.itc.or.jp/datarenkei/publiccomment/，2017年12月21日。

第**6**章
教育の観点から求められる
IT会計帳簿

　IT会計帳簿の利用が進む中で，ID・パスワードによるセキュリティコントロールなど内部統制の観点から新たに考慮が必要となるものが生じる。先行研究として沼田（1962）は簿記論へ求められる3条件を明らかにしているが，本章では，社会からの会計不正への対応も含め，IT及び内部統制を意識した4条件を提示している。また，IT会計帳簿により，転記や合計値の算出など，不要となる作業が発生するとともに，予算管理情報など経営管理の観点で実現できる機能も多く存在する。しかし，国家試験をはじめ簿記の検定試験では，出題範囲等を分析すると，基本的にIT会計帳簿を前提としていないことが明らかとなった。これに対して，IT会計帳簿を前提とした試験を含め，教育を充実していくことを提言している。また，公認会計士に対して倫理は明確に求められているが，コーポレートガバナンスの動き等も踏まえ，会計倫理を教育として実施すべきであることを提言している。

第**1**節　教育機関における簿記論等におけるIT会計帳簿

　会計帳簿に求められるものは，企業の経営に必要な記録を正確・迅速・低廉に作成することであり，そのために簿記というツールを利用する。ここで

314　沼田嘉穂（1968）『帳簿組織』中央経済社，19ページ。

簿記は，企業の経済活動を継続的に貨幣金額で記録し，計算することをいう。[315] 正確な会計帳簿とは言葉を換えると信頼性のある会計情報を保有する会計帳簿ということができ，企業内部のみならず，経営に関わらない株主や企業外部の投資家・債権者が求めるものである。簿記の教育は技術という観点でとらえられることが多いが，実務での不正の防止を考えると，会計倫理に関する教育は重要となる。このようなIT会計帳簿の利用が進む中で，教育をどのように考えるのが望ましいかについて，検討していく。

1.1 高等学校学習指導要領解説商業編における簿記

まず，文部科学省が公表している，高等学校学習指導要領解説商業編における簿記について検討する。科目の目標としては，「簿記に関する知識と技術を習得させ，その基本的な仕組みについて理解させるとともに，適正な会計処理を行う能力と態度を育てる。」[316]とある。内容としては，（1）簿記の基礎，（2）取引の処理，（3）決算，（4）本支店会計，（5）会計帳簿と帳簿組織の5項目で構成されており，各項目のポイントは図表6-1-1の通りである。簿記以外に財務会計Ⅰと財務会計Ⅱがあり，この中で財務分析として財務諸表分析などが扱われている。

会計帳簿に関するものは，図表6-1-1の（5）会計帳簿と帳簿組織であるが，この内容の範囲や程度として，図表6-1-2が記載されている。ここで注目すべき点は，図表6-1-2のアにおいて，「コンピュータを利用した会計処理の利点について理解させる」としており，学習指導要領解説商業編の中でIT会計帳簿のメリットを明示している点である。簿記に関する改訂内容として，「今回の改訂では，簿記とビジネスに関する実務との関連性を認識させるために，企業における会計情報の流れ，会計にかかわる職業及び会計担当者の役割や責任に関する内容を取り入れるなどの改善を図った。」[317]とあり，現実のビジネ

---

315 沼田嘉穂（1968），16ページ。
316 文部科学省（2010）高等学校「学習指導要領解説商業編」，46ページ。
http://www.mext.go.jp/component/a_menu/education/micro_detail/__icsFiles/afieldfile/2010/06/01/1282000_14.pdf，2015年2月19日。
317 文部科学省（2010），46ページより編集。

図表6-1-1　簿記における内容

（1）簿記の基礎 　　ア　簿記の概要 　　イ　資産・負債・純資産と貸借対照表 　　ウ　収益・費用と損益計算書 　　エ　簿記一巡の手続 （2）取引の処理 　　ア　現金・預金 　　イ　商品売買 　　ウ　債権・債務 　　エ　固定資産 　　オ　個人企業の純資産と税 　　カ　販売費及び一般管理費	（3）決算 　　ア　決算整理 　　イ　財務諸表の作成 （4）本支店会計 　　ア　本店・支店間の取引 　　イ　財務諸表の合併 （5）会計帳簿と帳簿組織 　　ア　会計帳簿 　　イ　伝票 　　ウ　仕訳帳の分割

出所：文部科学省（2010）高等学校「学習指導要領解説商業編」，46-49ページより引用・編集。

図表6-1-2　会計帳簿と帳簿組織に関する内容の範囲や程度

内容の(5)のアについては，会計帳簿の種類と帳簿全体の仕組みを扱うこと。
　ここでは，会計帳簿の種類，伝票の利用，仕訳帳の分割などを取り扱い，合理的な会計処理を行うための基礎的な知識と技術を習得させることを狙いとしている。

ア　会計帳簿
　　ここでは，会計帳簿の種類と役割，企業の分課制度と帳簿全体の仕組みについて理解させる。
　　また，コンピュータを利用した会計処理の利点について理解させる。
イ　伝票
　　ここでは，入金伝票，出金伝票，振替伝票の3伝票と，これらに仕入伝票，売上伝票を加えた5伝票の作成方法及び集計，転記の方法を習得させる。
ウ　仕訳帳の分割
　　ここでは，現金出納帳，当座預金出納帳，仕入帳，売上帳を特殊仕訳帳として用いる場合の記帳法を習得させる。

出所：文部科学省（2010），49ページより引用・編集。

スを意識していると認められる。ただし，コンピュータを利用した会計処理の利点については述べているが，IT会計帳簿を利用することによりどのように変化するのか，利用による留意点，また，構築・運用すべき内部統制や会

図表6-1-3　オフィス実務の内容

（1）オフィス実務 　　ア　企業の組織と仕事 　　イ　ビジネスマナーとコミュニケーション 　　ウ　オフィス実務と情報化 　　エ　税の申告と納付
（内容の範囲や程度） 　　ウについては，オフィス環境の整備の重要性，資料管理の方法，会議の準備と効果的・効率的な運営，給与計算の方法及びグループウェアや会計ソフトウェアなどの活用を扱うこと。

出所：文部科学省（2010），19-20ページより引用・編集。

計倫理については，具体的な記載はない。

　また，ビジネス実務という科目の中に，オフィス実務という項目があり，図表6-1-3の内容となっている。ウのオフィス実務と情報化について，「会計ソフトウェアなどの活用を扱うこと」としており，この背景には，コンピュータを活用した実務を取り扱い，オフィスの実務を円滑に行う能力と態度を育てるという狙いがあるとしている。また，解説として，「グループウェアや仕入・販売管理ソフトウェアを活用して合理的に業務を行う方法及び会計ソフトウェアを活用して合理的に会計処理を行う方法を習得させる。」とある。[318] IT会計帳簿を前提とした実務が普及していることを反映した指導要領にしていると認められる。

　財務分析などのIT会計帳簿の活用に関しては，ビジネス情報管理において取り上げられている。具体的な内容は図表6-1-4の通りであるが，関連する「（3）ビジネス情報システムの開発における内容の範囲や程度として，図表6-1-5が記載されている。特に，「イ」の財務情報の分析と活用」では，企業の収益性や安全性などの財務情報を分析し，活用する方法を記載しており，IT会計帳簿を活用することによって可能となることが例示されていると考える。また，直接的なITの活用の記載はないが，財務会計Ⅰにおいて，財務諸表活

318　文部科学省（2010），20ページ。

図表6-1-4　情報管理における内容

（1）ビジネスと情報システム 　ア　ビジネスと情報の共有 　イ　情報システムと業務の合理化 　ウ　セキュリティ管理の必要性と方法 （2）情報通信ネットワークの構築と運用管理 　ア　情報通信ネットワークの仕組みと通信方法 　イ　ネットワーク機器の種類と機能 　ウ　情報通信ネットワークの設計 　エ　ハードウェアとソフトウェアの導入 　オ　運用管理 　カ　ビジネス用周辺機器の活用 　キ　情報通信ネットワーク構築・運用管理の実習	（3）ビジネス情報システムの開発 　ア　販売情報の分析と活用 　イ　財務情報の分析と活用 　ウ　システム開発の手法 　エ　システム開発の手順 　オ　ビジネス情報システム開発の実習法

出所：文部科学省（2010），84-86ページより引用・編集。

図表6-1-5　ビジネス情報システムの開発に関する内容の範囲や程度

（内容の範囲や程度）
　内容の（3）のアについては，売上成長率や損益分岐点などの販売情報を分析し，活用する方法を扱うこと。
　イについては，企業の収益性や安全性などの財務情報を分析し，活用する方法を扱うこと。

出所：文部科学省（2010），86-87ページより引用・編集。

用の基礎を，財務会計Ⅱにおいて，財務諸表の活用を取り上げており，財務比率などの財務指標の意味と計算方法を習得するなどの各種分析について学ぶことが求められている。さらに，管理会計において，短期利益計画及び予算編成と予算統制を取り上げており，損益分岐点分析など経営管理に必要な情報を活用する観点からの知識が記載されている。

　IT会計帳簿において特有であるセキュリティの重要性も，ビジネス情報管

理という科目で取り上げられ，図表6-1-4の「(1)ビジネスと情報システム」における「ウのセキュリティ管理の必要性と方法」が記載されている。ここでは，「セキュリティ管理の必要性について，不正アクセスやコンピュータウイルスへの感染などがビジネスの諸活動に及ぼす影響の考察を通して理解させるとともに，ユーザの管理，ファイアウォールの利用，暗号化など，情報を保護するための技法を習得させる」[319]としている。IT会計帳簿を直接対象としているものではないが，企業におけるシステム全般に共通する内容が記載されていると考えられる。

最後に倫理の面であるが，「今回の改訂において，教科の目標に「ビジネスの諸活動を主体的，合理的に，かつ倫理観をもって行い」と示すなど，ビジネスの諸活動に従事する者としての規範意識や倫理観の育成を重視しており」[320]，倫理について必要性を認識していることがわかる。この目標として，「職業人としての倫理観や遵法精神，起業家精神などを身に付け，経済の国際化やサービス化の進展，情報通信技術の進歩，知識基盤社会の到来など，経済社会を取り巻く環境の変化に適切に対応してビジネスの諸活動を主体的，合理的に」[321]行うことを記載しており，IT化の進展による法令遵守を含めた倫理面の重要性も高まってきていることが述べられている。

これまで述べてきたように，高等学校学習指導要領解説商業編では，簿記の科目において，「コンピュータを利用した会計処理の利点について理解させる」というIT会計帳簿に関する記載があり，実務に関する配慮がなされている。また，同様の内容が，オフィス実務と情報化として，会計ソフトウェアなどの活用について述べられている。さらに，オフィスの実務において，簿記ではないが，情報管理という科目において，財務情報の分析と活用があり，セキュリティ管理の必要性とともに，情報を活用する意味を理解できるようにしている。これは，図表6-1-6のように，情報活用能力を会計活用能力とともに柱のひとつにしていることからも理解できる。このように，高等学校という，基本レベルにおける簿記において，IT会計帳簿の利点や活用について

---

319 文部科学省（2010），85ページ。
320 文部科学省（2010），88ページ。
321 文部科学省（2010），7ページ。

図表 6-1-6　専門教科商業におけるビジネスの基礎基本の能力と学び方
（ビジネス基礎基本の能力と学び方）

豊かな人間性	ビジネスの基礎・基本の能力 ビジネスの理解力と実践力	創造性

⬆

マーケティング能力 ↑ 流通ビジネス分野	国際交流能力 ↑ 国際経済分野	会計活用能力 ↑ 簿記会計分野	情報活用能力 ↑ 経営情報分野
課題研究		総合実践	
マーケティング能力 商業技術 商品と流通	国際ビジネス 経済活動と法 英語実務	会計実務 原価計算 会計 簿記	プログラミング 文書デザイン ビジネス情報 情報処理
ビジネス基礎				

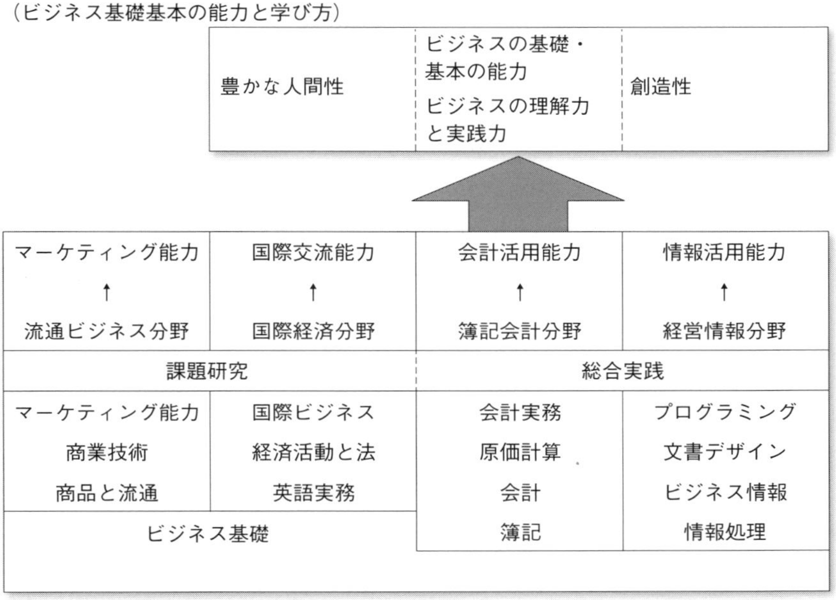

出所：文部科学省（2006）「中央教育審議会 初等中等教育分科会 教育課程部会 産業教育専門部会 第3回 資料2-3 専門教科「商業」の現状と課題等について」より引用・編集。
http://www.mext.go.jp/b_menu/shingi/chukyo/chukyo3/031/siryo/07011612/004.htm, 2015年3月22日。

触れられていることは評価できる。

　ただし，信頼性のある会計帳簿という観点での，内部統制や倫理について，まず，内部統制は誤謬や不正の防止につながるが，会計に関する内部統制の記載はない。倫理は他の科目で触れられてはいるが，会計に関係している分野において記載がなく，IT会計帳簿での留意すべき点は当然ながら述べられていない。これは，簿記という科目で，簿記の仕組みは教えているが，簿記の目的などの意義について述べられていないことが原因であると考える。不正などの不適切な会計処理の発生を防ぐためには，内部統制さらには会計に関わる人の倫理観が重要であり，高校においても，簿記に最初に触れる際に，これらの考え方は理解していく必要があると考える。

1.2 会計大学院コアカリキュラムにおける簿記

　会計大学院は，会計に関する専門家を養成することを目的とした専門職大学院であり，専門職修士課程の大学院となっている。会計大学院は従来の大学院教育と大きく異なる点として実践的な教育が求められることがあげられる。このために，実務家教員が多数配置されている。会計大学院協会においては，資格試験と「点」で結びついている教育から体系的な教育プロセスとしての「線」に基づいた会計専門職人材の育成教育に移行することにつながることを目的として検討が行われており，会計大学院コアカリキュラム検討委員会報告書を中心に，簿記等でIT会計帳簿がどのような取扱いとなっているかを検討する。

（1）公認会計士試験論文式試験における簿記

　会計大学院に学んだ修士（専門職）の学位修得者に対しては，公認会計士試験短答式試験の試験科目の一部を，申請により免除することとなっている。このことからも，公認会計士試験との関連が強くなっている。公認会計士試験の簿記の位置付けであるが，財務会計論の中に組み込まれている。出題範囲の要旨として，簿記に関しては，図表6-1-7のような記載となっている。また，取引と仕訳についても，図表6-1-8の，例えば，固定資産のように各項目において検討がなされるため，「3.複式簿記の基本原理」以外にも関連する項

322　会計大学院コアカリキュラム検討委員会（2010）「会計大学院コアカリキュラム検討委員会　成果報告書」，6ページ。
323　会計専門職大学院において，
　（a）簿記，財務諸表その他の財務会計に属する科目に関する研究
　（b）原価計算その他の管理会計に属する科目に関する研究
　（c）監査論その他の監査に属する科目に関する研究
　により，上記(a)に規定する科目を10単位以上，(b)及び(c)に規定する科目をそれぞれ6単位以上履修し，かつ，上記(a)から(c)の各号に規定する科目を合計で28単位以上履修した上で修士（専門職）の学位を授与された者は，財務会計論，管理会計論及び監査論が免除となっている。
　公認会計士・監査審査会（2015）「公認会計士試験Q＆AⅢ．試験科目の一部免除等について」，Q7。
　http://www.fsa.go.jp/cpaaob/kouninkaikeishi-shiken/qanda/03.html#07，2017年12月16日。

図表6-1-7　出題範囲の要旨における簿記

> 簿記は，企業等の簿記手続の理解に必要な基本原理，仕訳，勘定記入，帳簿組織，決算及び決算諸表の作成について出題する。
>
> 〈出題項目の例〉
> 3. 複式簿記の基本原理
>   (1) 取引と仕訳
>   (2) 勘定記入
>   (3) 帳簿組織
>   (4) 決算手続
>   (5) 本支店会計

出所：公認会計士・監査審査会（2017）「平成30年公認会計士試験の出題範囲の要旨について」，別紙より引用・編集。
http://www.fsa.go.jp/cpaaob/kouninkaikeishi-shiken/hani30-a/01.pdf，2017年9月25日。

図表6-1-8　出題範囲の要旨における財務会計論（大項目）

〈出題項目の例〉	
1. 財務会計の意義と機能	12. 財務諸表
2. 財務会計の基礎概念	13. 金融商品
3. 複式簿記の基本原理	14. ストック・オプション等
4. 企業会計制度と会計基準	15. リース
5. 資産会計総論	16. 退職給付
6. 流動資産	17. 研究開発とソフトウェア
7. 固定資産	18. 固定資産の減損
8. 負債	19. 法人税等
9. 繰延資産と引当金	20. 連結財務諸表
10. 純資産	21. 企業結合と事業分離
11. 収益と費用	22. 外貨換算
	23. 四半期財務諸表

出所：公認会計士・監査審査会（2017），別紙より引用・編集。

目がある。ただし，財務会計論ではITに関する記載は出題範囲の要旨にはなく，試験自体にも出題はされていないと考えられる。

　会計情報の活用としては，管理会計論に「Ⅱ　会計情報等を利用した意思決定及び業績管理に関する領域」を設けており，図表6-1-9のように詳細に設定されているが，ITの記載は見られない。内部統制や倫理に関しては，監査論

図表6-1-9　出題範囲の要旨における管理会計論（一部）

〈出題項目の例〉
Ⅱ　会計情報等を利用した意思決定及び業績管理に関する領域
1. 管理会計の基礎知識
2. 財務情報分析
3. 短期利益計画のための管理会計
4. 予算管理
5. 資金管理とキャッシュ・フロー管理
6. 原価管理
7. 活動基準原価計算・活動基準原価管理
8. 差額原価収益分析
9. 投資計画経済性計算
10. 分権化組織とグループ経営の管理会計

出所：公認会計士・監査審査会（2017），別紙より編集。

の出題範囲に入っており，内部統制に関しては，財務報告に係る内部統制監査の基準が出題項目の例として取り上げられている。倫理に関しても，公認会計士による監査では重要であることから，出題項目の例として，監査人としての要件と職業倫理として記載されている。さらに，不正リスクに関しても，監査における不正リスク対応基準を記載するなどいくつか出題項目の例として取り上げている。

　公認会計士試験の出題範囲において，簿記に関してはITの記載は見られない。これは監査論においても同様である。ただし，監査基準の第三「実施基準」において，情報技術の利用状況，情報技術が監査に及ぼす影響を検討することが監査計画の策定において求められており，出題項目の例に監査基準があることから実質的には対象としていると考えられる。また，内部統制に関しては，財務報告に係る内部統制の評価及び監査の基準でITは6つの基本的要素としており，直接的に取り上げられている。倫理に関しては，ITの

324　財務報告に係る内部統制の評価及び監査の基準において，「内部統制とは，基本的に，業務の有効性及び効率性，財務報告の信頼性，事業活動に関わる法令等の遵守並びに資産の保全の4つの目的が達成されているとの合理的な保証を得るために，業務に組み込まれ，組織内のすべての者によって遂行されるプロセスをいい，統制環境，リスクの評

記載は見られない。このように，簿記における会計帳簿として，IT会計帳簿が必ずしも対象となっておらず，他の科目で触れられていると考えられるが，本来は簿記の中で検討すべきと考える。そして，他の科目との関連でIT会計帳簿の信頼性や会計情報の活用を検討していくことが望まれる。

（2）税理士試験における簿記

　税理士試験では，簿記論が試験科目となっており，必須の科目となっている。また，財務会計論も必須の試験科目として設定されている。会計大学院において，（1）簿記論，（2）財務諸表論，（3）原価計算論，（4）会計監査論，（5）（1）～（4）に類する科目に関する研究により学位を授与された者については会計科目が免除となっており，公認会計士試験と同様に，関連があると考えられる。なお，税理士試験の免除を受けるためには，研究指導に基づく学位論文（当該専門職学位課程の学位請求のために提出することとされている論文）の写しを提出する必要がある[325]。

　この内容としては，図表6-1-10にあるように，記載は大きな項目に関する記載がなされている程度であり，一般的な簿記論に関する記載と考えられる。また，ITに関する記載はなされておらず，ITを意識した出題範囲とはなっていない。なお，この出題範囲に関する詳細なものは，国税庁のホームページでは開示されていない。また，財務会計論も出題範囲は，「会計原理，企業会計原則，企業会計の諸基準，会社法中計算等に関する規定，会社計算規則（ただし，特定の事業を行う会社についての特例を除く。），財務諸表等の用語・様式及び作成方法に関する規則，連結財務諸表の用語・様式及び作成方法に関する規則」であり，ここでもITに関する記載はない[326]。

　価と対応，統制活動，情報と伝達，モニタリング（監視活動）及びIT（情報技術）への対応の6つの基本的要素から構成される。」と定義されている。
　企業会計審議会（2011）「財務報告に係る内部統制の評価及び監査の基準」，2ページ。
325　国税庁から改正税理士法の「学位による試験科目免除」制度のQ&Aとして公表されている。
　https://www.nta.go.jp/sonota/zeirishi/zeirishishiken/kaisei-qa/02.htm，2015年3月28日。
326　国税庁（2015）「税理士試験に関するQ&A」，問1。
　https://www.nta.go.jp/sonota/zeirishi/zeirishishiken/qa/qa01.htm，2015年3月28日。

図表6-1-10　出題範囲における簿記

> 簿記論
> （出題範囲）
> 　複式簿記の原理，その記帳・計算及び帳簿組織，商業簿記のほか工業簿記を含む。ただし，原価計算を除く。

出所：国税庁（2015）「税理士試験に関するQ&A」，問1より引用・編集。
　　　https://www.nta.go.jp/sonota/zeirishi/zeirishishiken/qa/qa01.htm，2015年3月29日。

（3）コアカリキュラムにおける簿記

　会計大学院が公認会計士試験，税理士試験における免除の観点で関連が強いことから，（1）（2）において2つの試験における出題範囲を検討した。この中で，簿記論としてITに関する記載はないことが明らかとなった。コアカリキュラムにおける簿記として，図表6-1-11が作成されているが，授業で取り上げるべきテーマは，公認会計士試験の出題範囲をミニマムとして位置付けているとしており[327]，公認会計士試験の出題範囲と同様にITの記載はない。会計帳簿としては，（12）帳簿組織と伝票式会計が取り上げられている。

　（12）帳簿組織と伝票式会計において，注目すべき点は，（a）で二重仕訳と二重転記が取り上げられている点である。これは，例えば，現金出納帳及び特殊仕訳帳として売上帳があり，現金での売上が発生しているときに，売上帳の記入による売上計上の仕訳と現金出納帳における売上の仕訳が生じることによって二重仕訳と総勘定元帳への二重転記が生じるものである。伝統的会計帳簿をベースとした簿記では，例えば特殊仕訳帳が存在する科目は注意して，二重仕訳と二重転記を防ぐということが述べられる。IT会計帳簿ではこの問題は，どの入力画面で入力するかを決めて，運用を行うことによってクリアすることができる。

　IT会計帳簿では，伝票（入金伝票・出金伝票・振替伝票）もしくは仕訳帳から入力すると，自動的に現金出納帳や売上帳にも自動的に転記がなされる。また，現金出納帳に入力するのであれば，仕訳帳に仕訳が起票されるととも

327　会計大学院コアカリキュラム検討委員会（2010），76ページ。

図表6-1-11　コアカリキュラムにおける簿記

> ［簿記］
> 学習の到達目標：複式簿記の技術的枠組みについて理解すること。
> 授業で取り上げるべきテーマと内容：
> 　（12）帳簿組織と伝票式会計
> 　　（a）帳簿組織－ 単一仕訳帳制と特殊仕訳帳制，二重仕訳と二重転記
> 　　（b）伝票式会計－ 3伝票制と5伝票制，仕訳集計表

注：帳簿組織と伝票式会計の項目についてのみ，小項目を記載している。
出所：会計大学院コアカリキュラム検討委員会（2010）「会計大学院コアカリキュラム検討委員会成果報告書」，86-87ページより引用・編集。

図表6-1-12　コアカリキュラムにおける管理会計（大項目）

［管理会計］ 学習の到達目標： 　管理会計の基本的な理論と手法について理解すること。 授業で取り上げるべきテーマと基礎概念： 　（1）管理会計の基礎 　（2）CVP分析 　（3）ABC（Activity-Based Costing） 　（4）総合予算	（5）変動予算の差異分析 （6）原価の推定 （7）意思決定と会計情報 （8）価格決定と原価管理 （9）戦略的な利益分析 （10）品質原価 （11）在庫管理とジャストイン・タイム （12）資本予算 （13）業績評価と報酬

出所：会計大学院コアカリキュラム検討委員会（2010），88-90ページより引用・編集。

　に，売上帳にも自動的に転記され，総勘定元帳への転記も自動的になされる。このように，伝統的会計帳簿では二重仕訳と二重転記を回避することは重要な論点であるが，IT会計帳簿では大きな論点でなくなっている。このことからも，二重仕訳と二重転記を記載していることは，伝統的会計帳簿を前提としたものであることが確認できる。

　IT会計帳簿の強みとして，会計データの再利用があるが，コアカリキュラムにおける管理会計では，図表6-1-12のように管理会計の基本的な理論と手法について記載されているが，ITの活用についての記載はない。ただし，多くの項目がITの利用を前提としているため，自明のものとしていると考えることができる。コアカリキュラムにおける監査論では，「監査の対象は会計

（財務諸表）だけではない。業務やシステムも監査対象となる。」としており，ITを意識している。ただし，内部統制に関して，IT統制の記載はなされておらず，ITに関する具体的な記載も見られない。IT統制に関しては，別にIT支援監査技法という科目を設定しており，この中で取り上げている。

IT支援監査技法では，図表6-1-13の「（3）CAAT（Computer Assisted Audit Techniques，コンピュータ支援監査技法）の概要」のように，会計データをはじめとして，企業が作成している売上データなどデジタル化されたものを会計監査でも活用するための手法を解説している。「（6）ACL実習（3）仕訳・元帳の妥当性の評価」では，IT会計帳簿を前提として，ACLというソフトウェアを使い仕訳・元帳記帳の実務について理解を行う。また，作成された会計データにおける仕訳・元帳の転記プロセスの適正性評価や整合性がとれないデータを検出することを講義の中で求めている。さらに特徴的な点は，単なる座学ではなく，CAATのソフトウェアを用いた実習を通じて理解することが求められていることである。

最後に，会計倫理であるが，コアカリキュラムに会計職業倫理という科目を設定している。ここでの会計倫理については，中心は会計プロフェッションの職業倫理にあり，特に公認会計士を中心とした職業倫理となっている。このため，日本公認会計士協会が公表している倫理規則（平成26年7月9日最終変更）や独立性に関する指針（平成26年4月16日最終改正）などの制度として定められているものの理解も求められている。公認会計士に職業倫理が求められる背景であるが，会計監査の受益者が投資家を含む企業の利害関係者そして社会一般へとさらに拡大している今日においては，会計監査の信頼性を担保する根源的なメルクマールは，「職業的懐疑心」，「精神的独立性」，そしてその根源となる「職業倫理」であり，公認会計士にはより高度な職業倫理が求められるようになってきていること[329]があげられる。

コアカリキュラムでの会計職業倫理は，3つの局面でとらえられている。第

---

328 会計大学院コアカリキュラム検討委員会（2010），9ページ。
329 成田智弘（2012）「会計監査制度に影響を与えた出来事と公認会計士の職業倫理―わが国を中心に―」藤沼亜紀編著『会計プロフェッションの職業倫理』同文舘出版，71ページ。

図表6-1-13　コアカリキュラムにおけるIT支援監査技法

[IT支援監査技法]
学習の到達目標：

　この講義では，会計並びに監査の基礎的な知識を前提として，コンピュータ支援監査技法（Computer Assisted Audit Techniques；CAAT）を中心に，会計・監査をめぐるITの知識と運用について学習する。CAATは監査を実施する際の手法のひとつであり，企業が，企業活動の業務をITで管理することに対して，その様々なデータを直接的に監査するものである。これまでの監査は，特定の監査手続の実施に際し，母集団からその一部の項目を抽出して，それに対して監査手続を実施する試査が基礎的な手法となってきたが，ITの進展によって母集団の項目をすべて抽出して，それに対して監査手続を実施する精査が可能となってきた。そこで，重要となったのがCAATである。本講義では，国際的に広く用いられているCAATのソフトウェア（ACL Services Ltd. 社製の監査ソフトウェアACL）を用いた実習を通じて，CAATについて理解するとともに，実際に適用できることを目指す。

　第3回まででCAATについての基本を学習する。第4回以降は実習とする。まず，第4回と第5回では，ACLの基礎的な操作について学習し，第6回以降は統制評価，仕訳・元帳，不正発見などについての具体的なケーススタディに取り組んでいく。

授業で取り上げるべきテーマと内容：
(1) 会計・監査とIT（情報技術）をめぐる状況（オリエンテーション）
(2) 財務諸表監査におけるIT（情報技術）の利用
(3) CAAT（Computer Assisted Audit Techniques，コンピュータ支援監査技法）の概要
(4) ACL実習（1）ACLの基本①
(5) ACL実習（2）ACLの基本②
(6) ACL実習（3）仕訳・元帳の妥当性の評価
(7) ACL実習（4）売掛金の年齢調べ
(8) ACL実習（5）在庫の管理の分析
(9) ACL実習（6）統制評価①－販売プロセスの統制評価-1-
(10) ACL実習（7）統制評価②－販売プロセスの統制評価-2-
(11) ACL実習（8）統制評価③－購買サイクルの統制評価-1-
(12) ACL実習（9）統制評価④－購買サイクルの統制評価-2-
(13) ACL実習（10）不正の検証①－購買の不正
(14) ACL実習（11）不正の検証②－経費の不正
(15) CAATの課題－講義のまとめ

注：ACL実習に関しては，ACLによりどのような作業を行うかの記載が中心であるため，内容の記載は省略している。
出所：会計大学院コアカリキュラム検討委員会（2010），72-74ページより編集。

図表 6-1-14 職業倫理における「理論」「制度」「実践」の関係

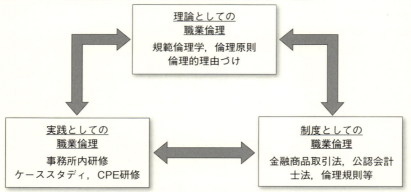

出所:八田進二(2012)「倫理教育を起点とした枠組み」藤沼亜紀編著『会計プロフェッションの職業倫理』同文舘出版,79ページより編集。

一が理論としての職業倫理であり,一般の倫理学ないし哲学に基づくものであり,いずれの職業においても不可欠な道徳律である。第二が制度としての職業倫理であり,倫理的行動を制度的に規制するものとして文書化された法律,規則等の検討である。第三が実践としての職業倫理であり,日々の業務の中でオン・ザ・ジョブ・トレーニングにより実践していくことである。この関係を示したものが,図表6-1-14となり,3つの局面は独立したものではなく,密接に関連している。また,実践が重要であり,職業倫理は,決して机上の空論や法文上の問題ではなく,実務の現場で繰り返し実践によって鍛えられていくことが重要であるとしている[330]。

公認会計士における倫理の必要性は,医者や弁護士と同様に職業専門家に求められるものである。社会が職業専門家に当然のこととして期待する各種の行為を定め,それによって職業専門家として提供する品質に対する社会の信頼性が高められる[331]。しかし,外部監査を実施する公認会計士及び監査法人のみが職業倫理を適切に保有すれば会計帳簿の信頼性が担保されるわけでは

---

330 八田進二(2012)「倫理教育を起点とした枠組み」藤沼亜紀編著『会計プロフェッションの職業倫理』同文舘出版,78ページ。

331 O'Reilly, Vincent M. ほか(1998)『モンゴメリーの監査論』中央青山監査法人訳,中央経済社,78ページ。

ない。経営者や従業員，特に経理担当者における不正の防止に対して内部統制が整備・運用されていたとしても，関与する者の倫理観が欠如していれば，不正の発生する可能性は高いといわざるを得ない。

1.3 教育機関における簿記の相違

　教育機関における簿記の相違を1.1と1.2を踏まえ検討する。カリキュラムの内容について，固定資産における期中での取引の処理など，期中の取引に関するものは期中取引として，また減価償却や引当金のような期末，四半期末，月末などにおける決算整理に関するものは決算整理として，まとめて検討する。IT会計帳簿の特徴や，メリット・デメリットなどの総論に関して，IT化総論としてまとめて考える。図表6-1-15は簿記論に限定した場合の学習内容であるが，高等学校学習指導要領がIT化総論に当たる部分で，会計ソフトのメリットをあげており，実務を踏まえて動きが出てきていることがわかる。

　会計大学院コアカリキュラムでは，公認会計士試験と税理士試験で伝統的会計帳簿に限定した出題範囲となっていることから，出題範囲と連動して記載がないと考えられる。ただし，図表6-1-16のように，簿記及び関連科目における学習内容を見ると，高等学校学習指導要領，会計大学院コアカリキュラム，公認会計士試験に関して，何かしら関連していることがわかる。信頼

図表6-1-15　簿記における学習内容

	高等学校学習指導要領	会計大学院コアカリキュラム	公認会計士試験	税理士試験
期中取引	○	○	○	○
決算整理	○	○	○	○
帳簿組織	○	○	○	○
IT化総論	○			
内部統制				
管理会計 （会計情報の活用）				
会計倫理				

出所：筆者作成。

図表6-1-16　簿記及び関連科目における学習内容

	高等学校学習指導要領	会計大学院コアカリキュラム	公認会計士試験	税理士試験
期中取引	○	○	○	○
決算整理	○	○	○	○
帳簿組織	○	○	○	○
IT化総論	○	○	○	
内部統制	△※注1	○	○	
管理会計（会計情報の活用）	○	△※注2	△※注2	
会計倫理	△※注1	○		

注1：直接ITに関しての記載はない。
注2：会計システムのデータ利用に関する記載はない。
出所：筆者作成。

性ある会計帳簿の作成を目的と考えると，IT会計帳簿が実務において高い割合であることから，関連する科目ではなく，簿記の中にIT会計帳簿の特徴などのIT化総論，IT会計帳簿及び伝統的会計帳簿における内部統制の整備運用，管理会計等での会計情報の活用，会計倫理を組み込むことが必要である。

第2節　IT会計帳簿と求められる会計倫理

　第1節の中で，倫理に関して教育機関がどのような対応を行っているかについて検討した。IT会計帳簿による利点が多くあることは何度も述べてきているが，反面，いくつかのデメリットもあり，「第2章2.1 会計ソフトにおけるメリットとデメリット」ではハードウェアやソフトウェアの準備，PCの操作や会計ソフトの習得やセキュリティ対策という新たな対応について述べている。また，公認会計士や税理士の実務を行う中で，会計ソフトが普及して，経理担当者が簿記の勉強をしなくなったという話を聞くことがある。これは，IT会計帳簿の必ずしもデメリットではないが，会計事実を簿記によって写像するという観点よりも，IT会計帳簿の中身がブラックボックス化し，パズル

図表6-2-1　発生頻度で見た犯行者の職位

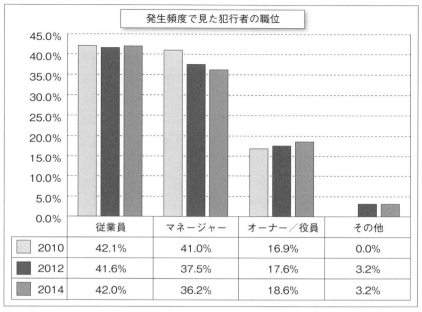

注：2010年の調査では「その他」は含まれていない。
　　http://www.acfe.com/rttn/docs/2014-report-to-nations.pdf，2015年9月24日。
出所：ACFE（2014）*Report to the Nations of Occupational Faud and Abuse（2014 Global Fraud Study）*，p.40より編集・翻訳。

のように証憑書類に基づき，パターンとして仕訳を入力しているのではないかと感じている。

　会計不正は歴史的に何度も発生しており，制度として会計基準や監査制度の改正をはじめ，監査役等の役割などのコーポレートガバナンスに関する改正，内部統制報告制度の創設などが行われているが，根絶されていない。図表6-2-1にあるように，発生件数に占める割合を職位別で見ると，従業員，マネージャーの割合が大部分であり，IT会計帳簿における仕訳の入力及び承認，もしくは仕訳入力における証憑書類に関わる者と考えられる。たとえ内部統制を導入したとしても，決められたものを守るという倫理観がなければまったく意味がない。[332]

332　山口利昭（2013）『法の世界からみた会計監査』同文舘出版，252ページ。

会社自身で決めたことを、決めたとおりに運用するという意識は、企業風土として培われた社員一人ひとりの職業倫理に依存するしかないと考える[333]。

パチョリ（1975）は、事業を上首尾に経営しようと望む者に欠かせない、3つの事柄があるとして、①現金もしくは経済力、②良い経理人で、迅速な計算者であること、③すべての取引を適切に整理できる優れた組織を挙げている[334]。また、商人はどの帳簿の初めでも、主イエスの御名を記して業務をはじめるべきで、常に心の中に尊い神の名を留めるべき[335]としている。直接的な倫理に関する記載はないが、宗教的な言葉も加えながら、必要とするものすべてを毎日記録することを求めるなど、会計面も含めた倫理を求めていると考えられる[336]。不正の防止について考慮しているが、最終的には倫理が重要であり、歴史的にも会計倫理はすでにこの時代でも求められていると考えることができる。

コーポレートガバナンス・コードが2015年6月に公表され、原則2-1中長期的な企業価値向上の基礎となる経営理念の策定、原則2-2会社の行動準則の策定・実践という経営理念を重視するとともに、行動準則という倫理を意識した原則も掲げられている[337][338]。ただし、企業ごとに経営理念や倫理に関する考え方は相違するため、原則2-2でも「健全な事業活動倫理などについて、会社としての価値観を示しその構成員が従うべき行動準則を定め、実践すべき」と、一般的な記載にしている。そして、「取締役会は、行動準則の策定・改訂の責務を担い、これが国内外の事業活動の第一線にまで広く浸透し、遵守されるようにすべき」として、形だけでない実質を目指すことを明示している。

本研究での会計倫理は、「会計関連業務に従事する者に課せられる職務上及

---

333 山口利昭（2013）、252ページ。
334 パチョリ（1975）『パチョリ簿記論』本田耕一訳、現代書館、58-59ページ。
335 パチョリ（1975）、62ページ。
336 パチョリ（1975）、70ページ。
337 コーポレートガバナンス・コードの策定に関する有識者会議（2015）「コーポレートガバナンス・コード原案」、14ページ。
http://www.fsa.go.jp/news/26/sonota/20150305-1/04.pdf、2015年4月6日。
338 コーポレートガバナンス・コード原案では、背景説明として、上記の行動準則は、倫理基準、行動規範等と呼称されることもあると記載している。
コーポレートガバナンス・コードの策定に関する有識者会議（2015）、14ページ。

び人的資質上の遵守事項であるとともに制約事項である」[339]ととらえている[340]。吉村（2009）は，「最終的にはそれらの遂行のすべてが，当該業務に係る諸人の内面性に依存せざるを得ない点において脆弱性と曖昧性を否定することはできない。」[341]としており，人的な依存があるため，外観的に判断が難しく，教育も一度実施すればいいものではなく，また，一律の対応でも十分ではない。ただし，会計倫理教育は，会計不正も含めた不正事件の発生の防止につながると考えられる。

　会計不正において，倫理の重要性は多くの第三者委員会等の調査報告書に触れられており，図表6-2-2は第三者委員会報告書における倫理に関する対応策を記載している事例を2つ取り上げている。両事例とも倫理及びコンプライアンスを対応策の最初に記載しており，チェック体制・牽制機能の強化，内部通報制度，内部監査の機能強化などの内部統制関係はその後に記載している。これは，内部統制は経営者が構築しており，経営者不正には機能しないことがあるとともに，従業員不正に対しても共謀などがあると同様に機能しないことがあることから，倫理やコンプライアンスを遵守することが重要であることを表していると考える。

　上場企業においては，倫理に関して行動準則や倫理基準等を策定し，社内で掲示したり，社員に渡す手帳に印字したり，別途印字したカードを渡したりして何らかの対応をしているケースが会計監査等の経験上からは大部分であると感じている。また，社内での研修や経営者による訓示や部署などでの朝礼で確認などの対応をしているケースもある。また，中小企業も倫理に関して上場会社と同様に求められるべきであり，経営者と現場との距離が近い分，明文化されていなくとも倫理観の醸成は行えると考える。このような，社員，従業員，役員等の個人の倫理観を高揚させるための取組みは，それがない場

339　吉村孝司（2009）「企業経営における倫理に関する考察」『会計論叢』第04号，83ページ。

340　会計倫理は，会計ないしは監査の領域に倫理を適用した応用倫理の一領域であるとする先行研究もある。
　　原田保秀（2009）「会計倫理の3つの次元」『四天王寺大学紀要』第48号，57ページ。

341　吉村孝司（2009），83ページ。

図表6-2-2　第三者委員会報告書における倫理に関する対応策を記載している事例

(事例1)
会社名：椿本興業株式会社
内容：事業部長クラスによる機械の架空・循環取引
具体的な防止策（倫理関係のみ抜粋）：
- 「企業倫理規定」，「コンプライアンス規程」等を役職員に対して周知徹底すべく経営トップ自らが行動する。
- 「企業倫理規定」「コンプライアンス規程」等は役職員に配布するハンドブックの目に付きやすい場所に記載したり，社内のイントラネット等ですべての役職員がいつでも内容を確認できるような施策を採るとともに，コンプライアンス強化月間等を催行して定期的に注意喚起をうながすことにより，役職員に対する浸透力・拘束力を高める。

(事例2)
会社名：株式会社クマザワ
内容：従業員による架空取引や水増取引による私的費消等
具体的な防止策（倫理関係のみ抜粋）：
- 不正行為実行者は，コンプライアンス意識と倫理観が欠如していました。当社の就業規則では，「公私を混同し，職務を利用して自己の利益を図ること。」を私的行為の禁止事項として定めておりますが，複数の事案において，この就業規則に違反し職務を利用して自己の利益を図っておりました。よって，今後はコンプライアンスと倫理に関し，グループを含めた全役職員を対象にした研修を実施いたします。

出所：椿本興業株式会社（2013）「第三者委員会の報告書受領と当社の対応方針について」より引用・編集。
　　　http://www.tsubaki.co.jp/ir/pdf/release/13/13050801.pdf，2015年10月1日。
　　　株式会社クマザワ（2014）「第三者委員会の調査報告書受領と当社の対応方針について」より引用・編集。
　　　http://www.kuwazawa.co.jp/common/dat/2014/1212/14183643801534950837.pdf，2015年10月1日。

合に比べて，個人の倫理観を高めるものと考えられ，取組みの量を増やし質をより良いものにしていくことができれば，社員，従業員，役員等の倫理教育によって，会計不正の発生をさらに抑制することができる可能性が存在する[342]。

　また，会計倫理に関する教育は，企業に入社して初めて開始するものではなく，教育機関でも実施することが本来の姿であり，教育機関での教育と企業内での教育とが相乗効果となり，会計不正を防ぐ動きにつながると考える。

---

[342]　原田保秀・矢部孝太郎（2014）「会計不正の抑制と倫理」『四天王寺大学紀要』第57号。

IT会計帳簿が伝統的会計帳簿と比較して，便利であり，例えば，第2章2.3で検討したように，会計ソフトには通常利用する仕訳のパターンや過去の仕訳パターンが登録でき，会計上の取引から本来の仕訳がどうあるべきか，取引の妥当性などを検討することなくテクニック面で仕訳を作成できてしまう。それだけに，会計倫理教育の重要性はより高いと考える。公認会計士に対しては，会計監査に関与していなくとも，会計倫理を中心とした倫理についての遵守が求められている。

　国際会計士連盟[343]（IFAC）の国際会計士倫理基準審議会[344]（IESBA）は，企業内会計士（PAIB）[345]の倫理について規定している。IFACの倫理規程ではPAIBは，「商業，製造業，サービス業，政府部門，教職，非営利活動，規制団体または専門家団体等に経営者あるいは非経営者として勤務または従事する専門職業会計士，またはそのような事業体と契約する専門職業会計士[346]」としている。企業内の公認会計士は，外部監査を実施する公認会計士と異なり，所属する企業からの報酬を受け取る。このため，通常は所属する組織に対して反対の意見を述べにくいと考えられるが，公認会計士に対する社会の信頼性の観点からはそれが求められている。

　日本の公認会計士協会は，倫理規則において，図表6-2-3のように，企業等

343　International Federation of Accountants: IFAC.
344　International Ethics Standards Board for Accountants: IESBA.
345　Professional Accountants in Business: PAIB.
346　八田進二（2012），116ページ。
347　2016年7月にIESBA倫理規程が改正され，「違法行為への対応」に関する規定が新設された。これは，職業会計士が，専門業務を実施する過程で違法行為又はその疑いに気付いた場合に，公共の利益に資する行動を行うための規定である。この規定の導入により，職業会計士は，違法行為又はその疑いに対して見て見ぬふりをせず，もし気付いた場合で，違法行為が発生した，若しくは発生し得ると認識し，又はその疑いを持ったときには，依頼人の経営者又は監査役等と協議を行うことなどにより，経営者又は監査役等が，違法行為又はその疑いを阻止若しくは是正し，又はそれらの影響を軽減し，まだ発生していない場合には違法行為を未然に防ぐことに資するよう行動することが期待されている。
　日本において，日本公認会計士協会は「倫理規則」改正案を公開草案として2017年10月に公表しており，一定の対応を実施することが予定されている。
https://www.hp.jicpa.or.jp/specialized_field/files/1-22-0-4-20171006.pdf,2018年1月31日。

図表6-2-3　倫理規則における企業内会計士に求められる倫理（抜粋）

> 第3章　企業等所属の会員を対象とする規則
> （基本原則の遵守）
> 　第32条　企業等所属の会員は，業務，職業又は活動に従事するに当たっては，誠実性，公正性若しくは社会的信頼を損なうか，又はその可能性があると知りながら，当該業務，職業又は活動に従事してはならず，また，従事することによって，結果としても基本原則に反することがあってはならない。なお，業務，職業又は活動に従事するに当たっては，職業的専門家としての能力及び正当な注意の原則に留意しなければならない。
> （潜在的な相反）
> 　第35条　企業等所属の会員は，基本原則を遵守しなければならないが，当該会員が所属する組織に対して負う責任と，基本原則を遵守する職業的専門家としての義務が相反する場合もある。企業等所属の会員は，通常は雇用主が定めた合法的及び倫理的な目的と，これらの目的を達成するために策定された規則及び手続に従うよう期待されている。しかしながら，様々な関係と状況により基本原則の遵守を阻害する要因を生じさせる場合がある。そのような場合，当該会員は，当該阻害要因に対処する方法を判断するために概念的枠組みアプローチを適用しなければならない。

出所：日本公認会計士協会（2010）「倫理規則」，20-23ページ。

所属の会員を対象とする規則を定め，企業内会計士にこの倫理規則の遵守を求めている。第32条で基本原則の遵守を求めているが，第35条にあるように所属する組織に対して負う責任と相反することがあり，不正への関与は典型的なケースである。倫理規則の注解28では，不正な情報に関与していることを知った場合には，関連当局等への報告の必要があるかどうか，場合によっては，所属する組織を辞職するかどうかを検討することを求められている。

　企業内会計士に倫理規則が要求されているが，企業内会計士でなくとも，倫理観を一定レベルで保持することは必要であり，利益の相反が生じる場合には，内部通報など制度の面でも整備が進んできている。公認会計士でない経理担当者など会計に関わる者は，図表6-1-14の職業倫理における理論・制度・実践の3つの局面では，企業内会計士に対する倫理規則のように，制度面が相対的に弱い。ただし，例えば，図表6-2-4のコーポレートガバナンス・コード原案では，上場会社に対して，内部通報制度を求めており，制度面でも対応が進んでいる。経営者や従業員，特に会計に関わる者は，一定レベルの倫理観を保持すべきであり，このための教育は重要である。信頼性あるIT

図表6-2-4　コーポレートガバナンス・コード原案における内部通報

> 【原則2-5．内部通報】
> 　上場会社は，その従業員等が不利益を被る危険を懸念することなく，違法または不適切な行為・情報開示に関する情報や真摯な疑念を伝えることができるよう，また，伝えられた情報や疑念が客観的に検証され適切に活用されるよう，内部通報に係る適切な体制整備を行うべきである。取締役会は，こうした体制整備を実現する責務を負うとともに，その運用状況を監督すべきである。
>
> 補充原則
> 　2-5①　上場会社は，内部通報に係る体制整備の一環として，経営陣から独立した窓口の設置（例えば，社外取締役と監査役による合議体を窓口とする等）を行うべきであり，また，情報提供者の秘匿と不利益取扱の禁止に関する規律を整備すべきである。

出所：コーポレートガバナンス・コードの策定に関する有識者会議（2015）『コーポレートガバナンス・コード原案』，15ページ。
http://www.fsa.go.jp/news/26/sonota/20150305-1/04.pdf，2015年4月6日。

会計帳簿の作成のために，簿記の教育の中にも会計倫理教育を取り込むべきである。

第3節　検定試験におけるIT会計帳簿

　日本における簿記の検定試験としては，日本商工会議所による日商簿記と公益社団法人全国経理教育協会の簿記能力検定（以下，「全経簿記」という。）が知名度も高い。また，税理士試験の受験資格としても日本商工会議所主催簿記検定試験1級合格者もしくは全国経理学校協会主催簿記能力検定試験上級合格者[348]が認められている。両試験の出題範囲は，図表6-3-1及び図表6-3-2のように伝統的会計帳簿を前提としたものとなっている。この内，会計帳簿を対象としているのは両試験とも簿記の基本原理であり，図表6-3-3及び図表6-3-4がその内容である。

　なお，両試験とも会計ソフトを対象とした試験も設定している。日本商工会議所では電子会計実務検定試験，全国経理教育協会ではコンピュータ会計

348　国税庁（2015），問11。

図表6-3-1　商工会議所簿記検定試験出題区分表（商業簿記・会計学）

第一　簿記の基本原理
第二　諸取引の処理
第三　決算
第四　株式会社会計
第五　本支店会計
第六　連結会計
第七　会計基準及び企業会計に関する法令等

注：平成28年度以降の区分表である。
出所：日本商工会議所（2015）「商工会議所簿記検定試験出題区分表（商業簿記・会計学）・改定箇所」より編集。
http://www.kentei.ne.jp/wp/wp-content/uploads/2015/04/h28_kaitei.pdf，2015年4月6日。

図表6-3-2　全国経理学校協会簿記能力検定試験問題出題範囲（商業簿記・会計・会計学）

1．簿記の基本原理
2．諸取引の処理
3．本支店会計
4．外貨建取引等の換算
5．決算
6．株式会社
7．その他の企業形態の会計
8．会計に関する法令等

出所：公益社団法人全国経理教育協会（2015）「全国経理学校協会簿記能力検定試験問題出題範囲（商業簿記・会計・会計学）」より編集。
http://www.zenkei.or.jp/download/02examnation/03guideline/24_boki_syutudai.pdf，2015年4月6日。

能力検定試験という名称となっている。両試験の出題範囲は図表6-3-5及び図表6-3-6であり，両試験とも会計ソフトを利用して問題を解く方式が採用されている。両試験ともIT会計帳簿を意識しており，IT会計帳簿のメリットである会計情報の活用が両試験とも出題範囲に含まれている。さらに，バックアップやリストアなど会計ソフトを利用する際に必要な知識についても要求されている。

　電子会計実務検定試験は，「企業経営の観点からは，単に会計ソフトを導入

figure 6-3-3 商工会議所簿記検定試験出題区分表（商業簿記・会計学）における「簿記の基本原理」

第一　簿記の基本原理 　1．基礎概念 　　ア．資産，負債，及び純資産（資本） 　　イ．収益，費用 　　ウ．損益計算書と貸借対照表との関係 　2．取引 　　ア．取引の意義と種類 　　イ．取引の8要素と結合関係 　3．勘定 　　ア．勘定の意義と分類 　　イ．勘定記入法則 　　ウ．仕訳の意義 　　エ．貸借平均の原理	4．帳簿 　　ア．主要簿（仕訳帳と総勘定元帳） 　　イ．補助簿（記帳内容の集計・把握） 5．証ひょうと伝票 　　ア．証ひょう 　　イ．伝票（入金，出金，振替の各伝票） 　　ウ．伝票の集計・管理

注：平成28年度以降の区分表である。
出所：日本商工会議所（2015）より編集。

figure 6-3-4 全国経理学校協会簿記能力検定試験問題出題範囲（商業簿記・会計・会計学）における「簿記の基本原理」

1　簿記の基本原理 　4．帳簿 　　a．主要簿 　　　仕訳帳 　　　元帳 　　　標準式元帳（残高式元帳） 　　b．補助簿 　5．証ひょうと伝票 　　a．証ひょう 　　b．三伝票制 　　　入金，出金，振替の各伝票の起票と転記 　　c．五伝票制 　　　売上，仕入の各伝票の起票 　　d．伝票の集計 　　e．集計表から元帳への合計転記 　　f．各伝票から補助簿への個別転記	6．帳簿組織 　　a．帳簿組織の形態 　　b．特殊仕訳帳制 　　　現金出納帳 　　　現金収納帳 　　　・現金支払帳 　　　当座預金出納帳 　　　仕入帳 　　　売上帳 　　　受取手形記入帳 　　　支払手形記入帳

出所：公益社団法人全国経理教育協会（2015）より編集。

図表6-3-5　商工会議所電子会計実務検定試験出題区分表（初級・中級・上級）

電子会計データの流れ	各種原始証憑の見方・取り扱い，会計データの入力，各種電子帳簿書類の出力，電子会計データのバックアップとバックアップデータのリストア（復元）等
会計情報の活用	各種電子帳簿書類やキャッシュ・フロー計算書，外部ファイナンス情報等に基づく利益計画，資金計画，予算管理，部門管理，プロジェクト管理　等
電子会計情報の活用	● 各種電子帳簿書類の見方等 ● 決算書・資金繰り表等による損益状況や資金状況の捉え方　等
関連業務等からの業務データ等の活用	購買，製造，販売，在庫管理，給与計算等の関連業務から生成される各種業務データの活用，支店別・営業所別会計等からの会計データの活用
会計ソフトの導入・運用	会計ソフトの導入・運用の指導・支援，インターネットバンキングの仕組みの理解　等
電子会計データの保管・管理	電子会計データの保管・管理方法　等
会計データの電子保存と公開	電子帳簿保存法の理解，財務情報のwebサイトの公開
電子申告・納税システムの理解	電子申告，電子納税，電子申請・届出等の理解
企業会計以外の会計システムの理解	NPOや公益法人等の会計の仕組みの理解

出所：日本商工会議所電子会計実務ホームページより引用・編集。
　　　http://www.kentei.ne.jp/accounting/high，http://www.kentei.ne.jp/accounting/middle，
　　　http://www.kentei.ne.jp/accounting/beginner，2015年4月6日。

し，経理・会計事務の省力化，効率化を図るだけでは十分とはいえず，簿記の理論・知識をもとに，そこから得られる会計情報をいかに分析・活用し，経営に役立てることができるかが重要」[349]という問題意識から，電子会計の実践及びこれに対応できる人材の育成に資することを目的としている。コンピュータ会計能力検定試験では，「企業で実際に利用している会計ソフトを用いた検定試験」[350]としており，上級では意思決定支援に有用な情報を提供できるスキルを求めている。このように両試験とも，情報の活用に力点が置かれている。

349　日本商工会議所「電子会計実務とは」。
　　　http://www.kentei.ne.jp/accounting/about，2015年4月28日。
350　公益社団法人全国経理教育協会「コンピュータ会計能力検定とは」。
　　　http://www.zenkei.or.jp/license/computer.php，2015年4月28日。

図表6-3-6　全国経理学校協会コンピュータ会計能力検定試験出題範囲（1級・2級・3級・初級）

I　コンピュータ会計の知識	
コンピュータの知識	● パソコンの知識（機器の名称と取扱，ソフトウェアの起動と終了） ● 会計ソフトの知識（会計データの入力と出力，会計データのバックアップとリストア（復元），会社の登録，勘定科目・補助科目・部門等の設定，消費税の設定，繰越処理など） ● 表計算ソフトの操作 ● インターネットの利用 ● 会計データのエクスポートとインポート ● 情報セキュリティ
Ⅲ　会計情報の活用	
会計情報の活用	● 会計データの集計（日計表の集計（勘定科目別・補助科目別），元帳・補助元帳の集計，月次・残高試算表の集計（勘定科目別・補助科目別）） ● 日常の管理（売上状況のチェック，現金預金残高のチェック，代金回収状況のチェック，代金支払状況のチェックなど） ● 資金管理（資金繰り表の作成） ● 予算管理（予算と実績の比較） ● 経営分析（収益性・安全性・生産性・成長性の分析と付加価値，財務指標の期間比較と同業他社比較） ● 損益分岐点分析 ● 資金管理（見積実績比較資金繰り表の作成，売掛金年齢調査表の作成） ● キャッシュフロー分析（キャッシュフロー計算書の作成，キャッシュフロー計算書の分析） ● 利益計画（セグメント別損益計算書の作成，利益予測，設備投資の採算性，売上高人件費率推移表の作成）

出所：コンピュータ会計能力検定試験実施要項（全国経理教育協会ホームページ）より引用・編集。http://www.zenkei.or.jp/download/02examnation/03guideline/24_pc_syutudai.pdf，2015年4月6日。

　両試験における相違としては，電子会計実務検定試験では，図表6-3-7のように「受験者が簿記会計の知識・理論を修得していることを前提として，実際に会計ソフトを用いて上記の能力を問う」としているのに対して，コンピュータ会計能力検定試験では，簿記会計の知識や会計処理が出題範囲に入っていることがあげられる。ただし，IT会計帳簿を前提としているため，伝統的会計帳簿で掲げられていた図表6-3-4の5.証ひょうと伝票における「d.伝票の集計，e.集計表から元帳への合計転記，f.各伝票から補助簿への個別転記」のよ

図表6-3-7　商工会議所簿記検定と電子会計実務検定との相違

> 簿記検定との違い
>
> Q2 簿記検定試験とどこが違うのですか？
>
> 　商工会議所の簿記検定試験は，年間の受験者が50万人を超え，実務に即した内容で，企業の会計実務に携わる人材の育成に貢献しており，社会的にも高い評価を得ています。一方，実際の企業現場をみると，パソコン会計ソフト等を活用した「電子会計」が広く普及しており，電子会計を実践するに当たっては，簿記会計の知識（簿記検定の試験範囲）に加えて，会計ソフトの扱いとそこから得られた会計データの活用・分析能力等が求められます。さらに，今後は電子申告・納税，帳簿・証憑書類の電子保存など，ネット社会に対応した会計実務の知識・スキルも必要とされてきます。
>
> 　こうしたことから，「電子会計実務検定試験」では，受験者が簿記会計の知識・理論を修得していることを前提として，実際に会計ソフトを用いて上記の能力を問う内容・試験範囲としています。

出所：日本商工会議所電子会計実務Q&Aホームページより引用・編集。
　　　http://www.kentei.ne.jp/accounting/accounting_qa，2015年4月6日。

うな処理の記載は，自動で処理されることから図表6-3-6では見られない。

　商工会議所電子会計実務検定試験では，「電子帳簿保存法の理解」について，また，全国経理学校協会コンピュータ会計能力検定試験では，「情報セキュリティ」が出題範囲に入っているため，セキュリティを含めた内部統制について若干触れている。ただし，不正を意識するならば，IT会計帳簿では異なる場所での分散入力も行われていることから，実際の入力者の不正や誤謬を防ぐため，承認など内部牽制を加味した内部統制を意識する必要がある。また，会計倫理という，経理に関わる者が適切な経理業務を行うという心のあり方については含まれていない。会計情報の活用については，伝統的会計帳簿を前提とした試験に比べて重視しているが，求められる会計情報は信頼性のある情報であることから考えると，内部統制や倫理に関する観点が十分とはいえないと考える。

　IT会計帳簿が実際に利用されていることを前提とした検定試験であるが，伝統的会計帳簿を前提とした検定試験と比較すると，受験者数は大幅に下回っている。図表6-3-8は全国経理教育協会の試験における6年間の比較であるが，コンピュータ会計能力検定試験の実試験者は，1級から初級の合計人数でも簿記能力検定試験の上級の人数にも満たず，簿記能力検定試験の合計と比べると5％前後の割合でしかない。合格率は6年間の合計で計算すると，1級

図表6-3-8 コンピュータ会計能力検定試験と簿記能力検定試験の受験者等の推移

〈コンピュータ会計能力検定試験〉

実受験者	1級	2級	3級	初級	合計
平成28年度	137	710	1,388	124	2,309
平成27年度	107	522	1,510	246	2,385
平成26年度	118	505	1,552	185	2,360
平成25年度	154	548	1,896	192	2,790
平成24年度	156	691	1,989	114	2,950
平成23年度	257	942	2,124	256	3,579
平成22年度	254	885	2,219	133	3,491
平成21年度	268	927	2,575	244	4,014

合格者	1級	2級	3級	初級	合計
平成28年度	93	468	969	108	1,638
平成27年度	58	432	960	138	1,588
平成26年度	83	355	909	152	1,499
平成25年度	89	391	1,295	161	1,936
平成24年度	102	365	1,172	90	1,729
平成23年度	99	470	1,559	224	2,352
平成22年度	177	633	1,549	109	2,468
平成21年度	184	724	1,680	221	2,809

〈簿記能力検定試験〉

	実受験者			合格者		
	上級	その他	合計	上級	その他	合計
平成28年度	4,353	56,598	60,951	796	31,683	32,479
平成27年度	4,720	58,869	63,589	925	38,516	39,441
平成26年度	4,960	60,298	65,258	906	36,295	37,201
平成25年度	5,338	59,514	64,852	800	36,537	37,337
平成24年度	5,763	64,257	70,020	971	39,205	40,176
平成23年度	6,379	66,611	72,990	1,443	43,341	44,784
平成22年度	6,841	68,156	74,997	1,820	43,312	45,132
平成21年度	6,453	66,360	72,813	1,296	42,998	44,294

出所：コンピュータ会計能力検定試験実施要項（全国経理教育協会ホームページ）より引用・編集。
http://www.zenkei.or.jp/license/computer.php
http://www.zenkei.or.jp/license/bookkeeping.php，2017年9月25日。

から3級までは約6割，初級は約8割であり，合格率は上級の2割前後と比較すると高い数値となっている。また，上級以外は合格率が約6割であるため，簿記能力検定試験の合格率と近い数値となっている。

第4節 会計帳簿についてIT会計帳簿を前提とした教育の課題と提言

　第1節及び第3節において，高等学校学習指導要領，会計大学院コアカリキュラム，検定試験の現状を検討した。この中で，簿記論に関して，会計大学院コアカリキュラム及び関連する公認会計士試験・税理士試験は伝統的会計帳簿を前提としており，現在のIT会計帳簿の実務が一般的であることを考慮した内容とはなっていないことが判明した。これに対して，高等学校学習指導要領では，会計ソフトのメリットをあげており，実務の動きを取り込んでいる。また，検定試験では，日本商工会議所の電子会計実務検定試験，全国経理教育協会のコンピュータ会計能力検定試験という会計ソフトを対象とした試験も設定されている。また，会計大学院コアカリキュラムの監査論においても，IT支援監査技法という科目でIT会計帳簿を取り上げている。

　本節では，IT会計帳簿を前提とした教育はどのようなものが必要であるか検討していく。会計帳簿と関連する学問は簿記論であるが，沼田（1962）は，「簿記学は実務学である。」[351]とし，次の3つの条件による記帳を行いうることを意味するとした。
① 　正確な記帳を行うこと
② 　迅速な記帳を行うこと
③ 　既定の形式を遵守し，かつきれいな記帳を行うこと
　この3つの条件は伝統的会計帳簿でもIT会計帳簿でも同じであるが，これらに加え，近年の会計に対する関心の高まりから，④信頼性のある記帳を行うことが加わると考える。

351　沼田嘉穂（1962）『近代簿記』中央経済社，3ページ。

会計帳簿は経営者からすると，経営に活用するためには迅速に情報を入手したいという要望があるが，この前提として正確であることが求められる。さらに，誤謬や不正の発生を防ぐことが必要であることからも，会計帳簿の信頼性が求められる。特に，上場会社においては金融商品取引法による内部統制報告制度などからも，この要求は制度面からも求められている。上場会社ではなくても，経営者は誤謬や不正の防止を求めるのは当然であり，契約書や領収書を前提に正確な記帳がなされたとしても，取引の実態や金額の妥当性も含めて企業活動の実態を表した信頼性のある会計帳簿を求めることが経営において必要となる。架空の領収書により記帳がなされた場合に，会計帳簿は信頼性があるということはできないのであり，証憑も含めて帳簿組織としてとらえる必要があるのである。この概念を表したものが図表6-4-1である。

　図表6-4-1の背景に記載した動きは，平成17年改正会社法が機関設計の自由度を上げ，また定款自治による企業経営の余地を大幅に認め，資金調達面でも新しい株式の種類が認められ，組織再編の円滑化も図られたことが象徴となる[352]。さらに，企業の経営の自由度を大きく認める一方で，業務の適正を確保するための体制作りを促すという，内部統制やガバナンスの規制などが設けられている。また，平成20年から施行されている金融商品取引法による内部統制報告制度により，財務報告の信頼性を確保するための内部統制の整備・運用が求められた。これらは，事前規制から事後規制への変化であり，事前規制の役割を企業の自律的行動に委ねる動きであり[353]，国民の関心も自然と企業の自律的行動に向けられていることがあげられる。

　会計帳簿を伝統的会計帳簿からIT会計帳簿に移行することによって，転記や集計は自動的にプログラムにより正確に実行されることから経理業務の負荷は軽減される。この経理業務の負荷の軽減の発生により，経理部門の役割として誤謬や不正の防止という企業経営における重要な役割を担うことが可能となる。また，IT会計帳簿や関連する業務システムにおいて，上位者による承認機能や作業ログの記録や分析などITを活用した内部統制を利用することによって，より有効に誤謬や不正の防止という目的を果たすことが可能と

352　山口利昭（2013），74ページ。
353　山口利昭（2013），77ページ。

図表 6-4-1　簿記論へ求められる4つの条件

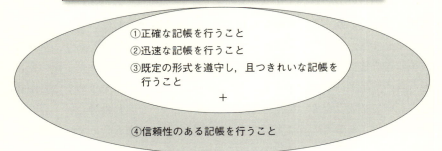

出所：沼田嘉穂（1962）『近代簿記』中央経済社，3ページより編集・加筆。

なる。沼田（1962）が，「簿記学は実務学である。」としていることからすると，信頼性のある会計帳簿を作成するために何が必要であるか，また，会計帳簿としてIT会計帳簿の利用が大部分であることから，IT会計帳簿を利用するために何が必要であるかという点を簿記論に組み込むことは重要であると考える。

また，沼田（1962）は，簿記教育では常に実務性を基礎におく必要があるとしている。そして，「実務で行われていることは，できる限り教育すること。」[354]として，「近頃でこそ機械簿記が屡々説明されるようになったが」と実務で機械簿記が利用されているがその詳細な説明がなく，簿記通信教育教材で最初に取り扱ったと述べている。機械簿記がさらに高度に発展し，分析や内部統制の強化などの機能が付加される中で，簿記論自体にも実務性を基礎にIT会計帳簿を前提とした内容としていくことが必要である。信頼性のある記帳を行うこと，IT会計帳簿が実務で利用されていることを踏まえた教育として，現在の伝統的会計帳簿を前提した教育に付加すべきものを示したものが図表6-4-2である。

354　沼田嘉穂（1962），37ページ。

図表 6-4-2　IT 会計帳簿及び内部統制を意識した簿記論

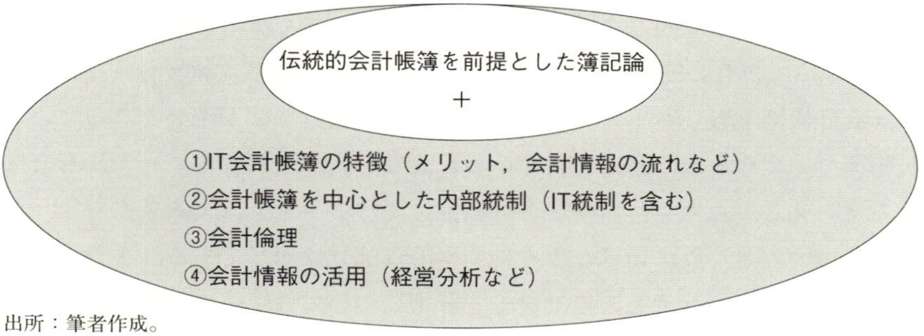

伝統的会計帳簿を前提とした簿記論
＋
①IT会計帳簿の特徴（メリット，会計情報の流れなど）
②会計帳簿を中心とした内部統制（IT統制を含む）
③会計倫理
④会計情報の活用（経営分析など）

出所：筆者作成。

　図表6-4-2に「会計倫理」をあげているが，第2節で述べたように信頼性ある会計帳簿の作成において，会計倫理は重要であり，公認会計士のみならず経営者や経理担当者など経理に関わる者は会計倫理を学ぶ必要があると考える。これは，会計に携わっている者は日常の活動のあらゆる場面で倫理に関わる問題に直面し，意思決定を迫られているからである[355]。すなわち，日常における非論理的な意思決定をいかに抑制し，倫理的な意思決定ができるかという倫理意識の向上のための会計倫理教育の重要性があるといえる。高等学校の学習指導要領解説商業編では，ビジネスの諸活動に従事する者としての規範意識や倫理観の育成が重視され，職業倫理について触れられている。また，会計大学院のコアカリキュラムでも公認会計士としての倫理について触れられているが，会計に関わる者としての会計倫理が教育において実施されなければ，信頼性ある会計帳簿の作成につながらないと考える。

　さらに，会社法や金融商品取引法の動きに加え，図表6-2-4において，「コーポレートガバナンス・コード原案における内部通報」を記載したが，経理担当者が倫理問題に直面したときに，倫理的な判断を行い，上位者に支援を求めることができない場合でも経営陣から独立した窓口への内部通報という手段を取ることが可能となる。あくまでも適用は上場会社であるため，中小企業にはそのまま適用できない面もあるが，金融機関など外部の利害関係者が

355　原田保秀・吉岡一郎・松脇昌美（2006）「会計倫理への一考察」『四天王寺国際仏教大学紀要』第42号，60ページ。

決算書に信頼性を求める動きは，土地などの担保からノンリコースローンのような財務諸表を重視した融資の割合が高まると強くなると考えられる。

　このような既存の簿記論をベースとして，信頼性のある記帳を行うことという，会計帳簿を取り巻く環境の変化，また，IT会計帳簿が中心となるという技術面での変化を取り込んだ新しい簿記論は，実務におけるニーズにも合致すると考える。ただし，伝統的会計帳簿における手書きによる多くのメリットを考慮すると，既に述べたように基本的な部分は同じである。また，ひとつの講座ですべて行うものではなく，詳細については関連する科目との連携により，結果として，受講する者が必要な内容を習得できれば問題ない。なお，学習の方法も単なる座学だけではなく，実際の会計ソフトや表計算ソフトを利用することにより，理解が深まると考える。さらに，検定試験や公認会計士試験や税理士試験が伝統的会計帳簿を前提とした簿記論となっているが，内容面での拡張が行われると，より受験生が信頼性ある会計帳簿の作成に関する関心を持つとともに学習を行い，結果としてより多くの信頼性ある会計帳簿が作成され，経済面でも透明性の高い会計情報による経済効果が期待されるであろう。

第7章
結論

　IT会計帳簿を対象として,伝統的会計帳簿との比較を意識しながら,ツールとして利用されている主要な会計ソフトに関しても発売時から現在までの変遷も含め機能分析するなど,調査・研究も踏まえて論じてきた。各章を要約するとともに,結論を述べる。問題提起で述べたように,多くの企業は,情報化の進展に合わせて,ITによって作成され電子媒体に保存されている会計帳簿,すなわちIT会計帳簿を利用しているという現状がある。また,会計数値の根拠となる証憑等についても,販売システムと連携しているケースなど紙媒体ではなく電子媒体となるケースが増加している。このような状況において,実務の中での疑問として,監査法人等の会計監査(IT評価)の観点,経営に活用するための会計情報の観点,会計帳簿に関する教育の観点という3つの観点から疑問を感じており,このような問題意識から,IT会計帳簿について研究するとともに,政策提言を行っている。

　第1章では,会計帳簿に関する概念について検討を行っている。会計帳簿は,会社法をはじめ法律等で作成が義務付けられている。しかし,会計帳簿に関する具体的な規定はなされておらず,会計帳簿は,適時,正確,また,正規の簿記の原則に基づくことが少なくとも要求される。また,本研究では沼田(1968)に基づき,帳簿組織(簿記上の固有の帳簿に限らず,証憑,伝票をはじめ,あらゆる取引上,伝達上,記録・計算・管理上及び監査上の書類を含むもの)という概念で整理しており,証憑書類の電子化にも対応可能となっている。

この章では，法律等により求められている内容及びその相違を，帳簿組織について整理している。また，伝統的会計帳簿は紙媒体によって作成され保存されている会計帳簿，IT会計帳簿は，ITによって作成され電子媒体に保存されている会計帳簿と定義した。IT会計帳簿を導入することにより，①決算書の作成までの流れとして，電子媒体として画面や紙への出力をしなければ見読ができなくなる，②改ざんの可能性が高まる，③監査による検証可能性のために一定の条件が必要になることを論じた。さらに，ITに関する統制面，すなわち，内部統制を十分に検討する必要性が生じることとなる。

　第2章では，伝統的会計帳簿の変遷及びIT会計帳簿の変遷を検討した。伝統的会計帳簿としては，世界最古の複式簿記書であるパチョリのズンマからの流れを取り上げているが，特に，誤謬・不正への対応の視点で検討したところ，パチョリの時代でも記入を訂正する方法や帳簿の繰越などでルールを決めて処理していた。日本の江戸時代の商家の帳合法でも同様である。このことは，伝統的会計帳簿に関する一定レベルの内部統制の整備・運用が行われていたことを示している。

　IT会計帳簿の変遷では，三形態に分類して検討するとともに，主要な会計ソフト（4社）でどのような変更がなされてきたか，カタログをベースとして検討した。主要ソフトでは財務報告に関する機能はすべて用意されていることは当然であるが，伝統的会計帳簿に対して業務の効率という観点のみならず，予算実績管理や資金繰り実績表，損益分岐点分析などの経営管理に有用な機能を備えており，優位性が高いことが判明した。また，他の業務システムからのデータ受入の機能も備えており，自動仕訳がある程度の範囲で可能となることも判明した。電子商取引などの拡大やクラウド会計による入力の自動化の動きもあり，この傾向は今後高まると考える。内部統制に関する機能も，内部統制報告制度の創設を契機に充実してきており，不正・誤謬の防止に有効となる。各種の調査報告を検討した結果，企業がIT会計帳簿を採用する傾向が増加していることが明らかとなった。また，電子帳簿保存法から求められるIT会計帳簿を検討している。

　第3章では，会計帳簿には信頼性のある数値が求められるが，このためには会計数値の根拠となる証憑等の信頼性も求められるため，帳簿組織として

とらえるとともに，内部統制の観点から検討した。特に，上場会社を中心とした会計不正が社会的にも注目されており，監査の立場では，IT会計帳簿における内部統制の観点からの検討が重要となっている。内部統制の概念を整理するとともに，内部統制を意識したIT会計帳簿はどのようなものか，特に，伝統的会計帳簿との相違を含めて具体的に検討している。さらに，IT会計帳簿を前提とした帳簿組織の設計における基本原則について検討している。

また，IT会計帳簿における内部統制として，具体的に手作業からIT化を進め，どのようなリスクが新たに発生し，そのためにはどのような統制が必要になるかを具体的な事例をもとに検討した。例えば，帳簿が改ざんされるリスクについて，伝統的会計帳簿ではボールペンなど容易に消すことができないものを使用するという対応から，IT会計帳簿では，帳簿の訂正は責任者が会計システム上で承認するなど，同じリスクでも内部統制の方法は異なり，IT会計帳簿のツールとしての会計ソフト（会計システム）の機能を適切に利用する必要がある。また，全般統制という，IT会計帳簿特有の統制が必要となる。

第4章では，まず，IT監査及びIT評価の概念を整理するとともに，会計不正と監査の発展の歴史を検討している。次に，会計監査で行われているIT評価におけるIT会計帳簿の有効性を具体例に基づいて検討した。また，会計不正について焦点を当て，IT会計帳簿を活用すると，試査というサンプリングによる方法からコンピュータ利用監査技法であるCAATによる，母集団を直接評価するIT精査（ITを活用した限定的な精査）を実施することが可能となる。現在の会計監査は，試査によって母集団を推定する方法が原則であるが，IT会計帳簿の活用により，母集団自体を入手することが可能となり，IT精査を会計監査での原則とすべきことについて提言している。

また，監査は事後的であるが，企業が利用しているシステム自体に監査の機能を組み込むことによって，継続的監査（リアルタイムの監査）の実施をすることが考えられる。これは，企業側がモニタリング機能として利用する場合，継続的モニタリング（Continuous Monitoring）として，内部監査や経営管理上利用することが可能となる。また，仕訳から取引の原始証憑に戻るのではなく，新たな監査上の手続として，監査人が仕訳を自動的に作成し，これを

被監査会社が作成した仕訳と比較するという2つの選択肢，Dual Trackingの実施を考えることが可能となってくる。さらに，被監査会社のみならず多数の会社の会計データ等を収集し，ビッグデータとして分析することによってAIの活用など深度ある監査の実現につなげることが可能となる。IT精査やDual Trackingなどを実現する必要性を提言するとともに，実現のためのデータの標準化や守秘義務などの課題を述べている。

　第5章では，IT会計帳簿の情報は，経営に有効に利用される必要があるため，経営に有用な情報という観点から，伝統的会計帳簿と比較したIT会計帳簿が提供する会計情報の変化について検討している。この結果，予算管理情報，資金管理情報など，伝統的会計帳簿では取扱いが難しい情報を正確かつ適時に処理できることが明らかとなった。特に，予算管理情報，資金管理情報は過去情報のみならず，将来情報でもあり，数値の変化をシミュレーションとして処理することもIT会計帳簿では容易である。さらに，IT会計帳簿が保有する情報として，金額以外の物量データも保有することは可能であるとして多次元簿記（多元簿記）についても検討している。また，非財務情報などの質の面，例えば減価償却に関して税務上の数値，経営上の想定使用期間での数値などを保有できるという量の面，情報の信頼性について検討している。

　経営上，自社の位置付けについて，経営指標などの財務面での把握は有用であり，この点は，上場会社よりも中小企業の経営者の意識が強いと業務を行っている中で感じている。しかしながら，上場会社ではEDINETによって勘定科目の統一化が図られているのに対し，中小企業では統一化されていない。また，決算公告により開示が要求されているが，大部分の会社が違反であったとしても開示を行っていない。官報と同様の要約での表示を認めたり，業種別などの統計情報を今後整備していくなど，情報を提出する容易性と情報活用の利便性を高める方策を推進する必要があると考える。また，情報の有効活用のためには，科目体系などのフォーマットの標準化が有効な手段であることから，科目体系や電子化された証憑類の標準化の必要性，会計情報の品質維持のためのIT会計帳簿の備えるべき最低限の機能を提言している。

　第6章では，現在の簿記教育を中心にIT会計帳簿に関する検討を行った。

検定試験で会計ソフトを前提とした簿記の試験が行われるなどの動きはあるが，基本は伝統的会計帳簿がベースであり，これは大学などでの教育においても同様となっている。伝統的会計帳簿における簿記の基本を理解することは重要であるが，第5章で述べたように情報の活用の重要性が高まる中で，IT会計帳簿は情報の活用を実現しやすいものであり，この特徴を意識した教育が求められる。

また，IT会計帳簿の中身がブラックボックス化することから，不正への対応という観点が重要となってくる。IT会計帳簿を踏まえた内部統制として，ID・パスワードによるセキュリティ対策など特有の統制を理解することは会計の実務において必要である。また，内部統制だけで会計不正を防ぐことは難しく，会計倫理の重要性が増している。実務がIT会計帳簿を前提としているのに対し，IT会計帳簿に関する体系的な教育がなされていないため，IT会計帳簿が利用されている現状を認識し，教育の体系に取り込むとともに，普及させていく必要性を提言している。

検討を行う中で，問題提起で述べた，沼田（1968）による「機械記入は単に記入手段についての特殊方法」という位置付けは，現在のIT会計帳簿では変化しており，現在のIT会計帳簿は単に記入手段から，新たな付加価値を持つものであることが明確となった。さらに，IT会計帳簿は現在も発展し続けており，会計の業務という面では，外部からのデータの取り込みが進んでおり，人間による入力はより減少していくと考える。特に，会計ソフト会社では会計データをビッグデータとして収集・分析する動きがあり，AIなどの利用を考えると大きな変化が生じる可能性が大きい。ただし，情報の信頼性の観点からは，伝統的会計帳簿と比較して，IT会計帳簿はよりブラックボックス化しており，内部統制の重要性がより高まっていく。

監査の観点で，会計監査におけるIT精査の原則化，継続的監査の普及やDual Trackingの実現を提言した。また，経営の観点で，科目体系や会計データ及び電子化された証憑類の標準化の必要性，会計情報の品質維持のためのIT会計帳簿の備えるべき最低限の機能を提言している。特に会計データを含めたビッグデータの視点は重要となる。さらに，教育の観点で，実務がIT会計帳簿を前提としている現状を認識し，教育の体系に取り込むとともに，普

及させていくこと及び会計倫理の必要性を提言した。新たな概念として述べたDual Trackingが具体的にどこまで可能となるかなど実現可能性について今後検討を続けていきたい。また，提言の実現に向けて関係機関等への働きかけを行っていきたい。

【参考文献】

序章　参考文献

沼田嘉穂（1968）『帳簿組織』中央経済社。

第1章　参考文献

淺地芳年・松土陽太郎・藤田厚生（1997）『財務諸表規則逐条解説（第3版）』中央経済社。
飯野利夫（1983）『財務会計論』同文舘出版。
尾崎安央（2011）「第432条会計帳簿の作成及び保存」江頭憲治郎・弥永真生編『会社法コンメンタール10―計算等（1）』商事法務。
企業会計基準委員会（2009）「会計上の変更及び誤謬の訂正に関する会計基準の適用指針」。
企業会計審議会（2011）「財務報告に係る内部統制の評価及び監査の基準」。
金融庁（2016）「「財務諸表等の用語，様式及び作成方法に関する規則」の取扱いに関する留意事項について（財務諸表等規則ガイドライン）」。
金融庁（2017）「財務諸表等の用語，様式及び作成方法に関する規則」。
久保田光昭（2011）「第433条（会計帳簿の閲覧等の請求）」江頭憲治郎・弥永真生編『会社法コンメンタール第10巻計算等（1）』商事法務。
国税庁（2015）「帳簿の記帳のしかた―事業所得者用―」。https://www.nta.go.jp/tetsuzuki/shinkoku/shotoku/tebiki2012/pdf/44.pdf, 2015年8月23日。
国税庁（2017）「法人税法施行規則」。
坂本孝司（2003）「適切な記帳を促す具体的方法」武田隆二編著『中小会社の会計』中央経済社。
佐藤正雄（1998）『簿記入門』同文舘出版。
鈴木茂（2006）「電子会計帳簿の要件と帳簿組織」『自由が丘産能短期大学紀要』第39号。
鈴木学（2010）「わが国における商業帳簿規定の史的考察」『龍谷大学経営学論集』第50巻第1号。
武田隆二（2003）「中小企業会計の見直しの必要性」武田隆二編著『中小会社の会計』中央経済社。
TAC簿記検定講座（2010）『合格するための過去問題集 日商簿記3級』TAC出版。
中小企業の会計に関する検討会（2012）「中小企業の会計に関する基本要領」。
内閣官房情報通信技術（IT）担当室編集（2005）『逐条解説e-文書法』ぎょうせい。

中村元彦（2012）「IT 監査下の会計帳簿論」『CUC Policy Studies Review』No.33・34。
中村元彦（2013）「IT 会計帳簿と内部統制の諸問題」『CUC Policy Studies Review』No.35。
日本公認会計士協会（2016）「非営利法人委員会実務指針第34号　公益社団・財団法人及び一般社団・財団法人における監査上の取扱い及び監査報告書の文例」。
日本公認会計士協会・日本税理士会連合会・日本商工会議所・企業会計基準委員会（2017）「中小企業の会計に関する指針」。
日本商工会議所（2017）「商工会議所簿記検定試験出題区分表」。https://www.kentei.ne.jp/wp/wp-content/uploads/2017/03/h29shokai1-3.pdf, 2017年9月17日。
沼田嘉穂（1968）『帳簿組織』中央経済社。
松土陽太郎・藤田厚生・平松朗（2010）『新版財務諸表規則逐条詳解』中央経済社。
弥永真生（2011）「会社法会計の現状と課題」安藤英義・古賀智敏・田中建二編『企業会計と法制度（体系現代会計学第5巻）』中央経済社。
弥永真生（2013）『会計基準と法』中央経済社。
吉田寛（2008）『新公会計制度のための複式簿記入門』学陽書房。
和久友子（2008）「会計帳簿・計算書類等」江頭憲治郎・門口正人他編『会社法大系機関・計算等』青林書院。

Kawasaki, Teruyuki, and Takashi Sakamoto (2014) *General Accounting Standard for Small- and Medium-sized Entities in Japan,* Wiley Publishing Japan K.K.

第2章　参考文献

アメリカ会計学会（1982）『基礎的監査概念』青木茂男監訳・鳥羽至英訳，国元書房。
アラン・シャンド（1979）『銀行簿記精法』西川孝治郎編集解説，雄松堂書店。
今井二郎（1991a）「コンピュータ会計の展開と先行会計情報Ⅰ」『JICPA ジャーナル』平成3年3月号。
今井二郎（1991b）「コンピュータ会計の展開と先行会計情報Ⅱ」『JICPA ジャーナル』平成3年4月号。
岩辺晃三（1993）『天海・光秀の謎──会計と文化──』税務経理協会。
上田正治（1992）「経理のシステム化に思う」『企業会計』Vol.44，中央経済社。
上東正和（2001）「コンピュータ会計の発展プロセスとその将来的展望」『高岡短期大学紀要』Vol.16。
片岡泰彦（2012）「複式簿記の生成・発展と「パチョーリ簿記論」への展開」千葉準一・中野常男編『会計と会計学の歴史（体系現代会計学第8巻）』中央経済

社。

河原一夫（1977）『江戸時代の帳合法』ぎょうせい。

経済産業省（2007）「システム管理基準追補版（財務報告に係るIT統制ガイダンス）追加付録」。

経済産業省（2009）「平成20年度企業のIT統制に関するアンケート調査結果」。

経済産業省（2017）「FinTechビジョン（FinTechの課題と今後の方向性に関する検討会合報告）」。
http://www.meti.go.jp/report/whitepaper/data/pdf/20170508001_1.pdf, 2017年9月17日。

国税庁（2017）「税務統計—19-8電子帳簿保存法に基づく電磁的記録による保存等の承認状況—」
http://www.nta.go.jp/kohyo/tokei/kokuzeicho/sonota2016/pdf/h28_19_denshichobo.pdf,2017年12月5日。

財務省（2015）「平成27年度税制改正の大綱」。

坂本孝司（2011）『会計制度の解明』中央経済社。

佐久間裕幸（2015）「電子帳簿保存法の歩みと今後の展望」『税務弘報』Vol.63，中央経済社。

ジェイコブ・ソール（2015）『帳簿の世界史』村井章子訳，文藝春秋。

独立行政法人情報処理機構（2012）「中小企業のIT活用に関する実態調査　調査報告書」。

髙野俊信（1998）『逐条解説電子帳簿保存法』税務経理協会。

田中浩（2005）「コンピュータ会計ソフトの利用可能性」『松本大学研究紀要』第3号。

W.S.バウレル（1967）『監査業務とEDP』江村稔監訳，日本経営出版会。

中央青山監査法人（2002）『よくわかる会計情報システム』税務経理協会。

中小企業庁（2008）「中小企業白書2008年度版」。

中小企業庁（2012）「平成22年度中小企業の会計に関する実態調査事業 集計・分析結果報告書」。

中小企業庁（2013）「中小企業白書2013年度版」。

中小企業庁（2016）「中小企業白書2016年度版」。

TKC全国会中央研修所編（2014）『TKC基本講座』TKC出版。

友岡賛（2010）『会計士の誕生』税務経理協会。

中野常男（2007）『複式簿記の構造と機能』同文舘出版。

中村元彦（2012），「IT監査下の会計帳簿論」『CUC Policy Studies Review』No.33・34。

中村元彦（2013）「IT会計帳簿と内部統制の諸問題」『CUC Policy Studies Review』No.35。

財団法人日本経営情報開発協会編（1970）『コンピュータ白書1970』コンピュータ・エージ社。

日本商工会議所・株式会社ノークリサーチ（2008）「中小企業のIT活用に関する実態調査」．
http://www.jcci.or.jp/it/2007jittaichosa.pdf，2015年2月19日。

日本電子計算開発協会編（1967）『コンピュータ白書1967年版』日本電子計算開発協会。

沼田嘉穂（1968）『帳簿組織』中央経済社。

橋本武久（2012）「株式会社の誕生と株式会社会計の起源」千葉準一・中野常男編『体系現代会計学第8巻 会計と会計学の歴史』中央経済社。

パチョリ（1975）『パチョリ簿記論』本田耕一訳，現代書館。

福澤諭吉（2003）『福澤諭吉著作集 第12巻 福翁自伝福澤全集緒言』慶應義塾大学出版会。

福澤諭吉（2009）『帳合之法』水野昭彦訳，高運堂印刷所。

リトルトン（1952）『会計発達史』片野一郎訳，同文舘出版。

渡邉泉（2014）『会計の歴史探訪』同文舘出版。

渡邉泉（2016）『帳簿が語る歴史の真実』同文舘出版。

Amazon Web Services, Inc.（2017）*Service Organization Controls 3 Report.*
https://d0.awsstatic.com/whitepapers/compliance/soc3_amazon_web_services.pdf，2017年12月4日。

Frey, Carl Benedikt, and Michael A. Osborne（2013）*The Future of Employment:How Susceptible Are Jobs to Computerisation?*, Oxford University Programme on the Impacts of Future Technology.

第3章 参考文献

株式会社AOKIホールディングス（2015）「第39期内部統制報告書」。

有限責任あずさ監査法人IT監査部（2013）『IT統制評価全書』同文舘出版。

池田唯一（2007）『総合解説内部統制報告制度』税務研究会出版局。

尾関幸美（2012）「第362条（取締役会の権限等）」江頭憲治郎・中村直人編『論点体系会社法3 株式会社Ⅲ』第一法規。

企業会計審議会（2011a）「財務報告に係る内部統制の評価及び監査の基準」。

企業会計審議会（2011b）「財務報告に係る内部統制の評価及び監査に関する実施基準」。

金融庁総務企画局（2011）「内部統制報告制度に関する事例集（〜中堅・中小上場企業等における効率的な内部統制報告実務に向けて〜）」。

京王電鉄株式会社（2013）「第92期内部統制報告書」。

経済産業省（2007）「システム管理基準 追補版（財務報告に係るIT統制ガイダンス）」。
清水恵子・中村元彦（2007）『IT専門家のための目からウロコの内部統制』税務経理協会。
鈴木輝男（2007）『財務報告に係る内部統制の構築・評価・監査の実務』清文社。
豊森照信（1997）『税務に活かすコンピュータ会計帳簿の考え方・整え方』税務研究会出版局。
中村元彦（2012）「IT監査下の会計帳簿論」『CUC Policy Studies Review』No.33・34。
公益社団法人日本監査役協会（2006）「会社法及び法務省令に対する監査役の実務対応」。
一般社団法人日本経済団体連合会（2016）「会社法施行規則及び会社計算規則による株式会社の各種書類のひな型（改訂版）」。
日本公認会計士協会（1990）「情報システム委員会（現：IT委員会）研究報告第9号　EDP化の進んだ我が国における会計帳簿の問題点について」。
日本公認会計士協会（2011）「IT委員会実務指針第6号　ITを利用した情報システムに関する重要な虚偽表示リスクの識別と評価及び評価したリスクに対応する監査人の手続について」。
沼田嘉穂（1968）『帳簿組織』中央経済社。
八田進二（2006）『これだけは知っておきたい内部統制の考え方と実務』日本経済新聞社。
八田進二・町田祥弘（2007）『内部統制基準を考える』同文舘出版，76ページ。
持永勇一・吉田良夫（2007）『内部統制の理念』第一法規。

Bhaskar, K.N. and R.J.W.Housden（1985）*Accounting Information System and Data Processing*, Heinemann published in association with the Institute of Cost and Management Accountants.
Romney, Marshall B. and Paul J. Steinbart（2014）*Accounting Information Systems（13th Edition）*, Pearson.
Summers, Edward Lee（1989）*Accounting Information Systems,* Houghton Mifflin Co..

第4章　参考文献

有限責任あずさ監査法人IT監査部（2013）『IT統制評価全書』同文舘出版。
アメリカ会計学会（1969）『基礎的会計理論』飯野利夫訳，国元書房。
アメリカ会計学会（1982）『基礎的監査概念』青木茂男監訳・鳥羽至英訳，国元書房。

奥西康宏（2010）「ISA540における「見積りの不確実性」の内容と役割に関する分析」『現代監査』No.20。

株式会社オービックビジネスコンサルタント（2015）「システム管理基準 追補版（財務報告に係るIT統制ガイダンス）追加付録」。

岡嶋慶（2004）「イギリス・プロフェショナル監査と不正の摘発」『三田商学研究』Vol.47。

沖電気工業株式会社（2012）「改善報告書」。
https://www.oki.com/jp/ir/filing/2012/f12017.pdf，2015年9月21日。

会計監査の在り方に関する懇談会（2016）「「会計監査の在り方に関する懇談会」提言―会計監査の信頼性確保のために―」。

企業会計基準委員会（2013）「企業会計基準第22号 連結財務諸表に関する会計基準」。

企業会計審議会（2004）「財務情報等に係る保証業務の概念的枠組みに関する意見書」。

企業会計審議会（2005）「監査基準の改訂に関する意見書」。

企業会計審議会（2011）「財務報告に係る内部統制の評価及び監査に関する実施基準」。

企業会計審議会（2013）「監査基準の改訂及び監査における不正リスク対応基準の設定について」。

企業会計審議会（2014）「監査基準」。

木村章展（2016）「会計データ収集の標準化の動向について～ISO/PC295 Audit Data Collectionにおける検討状況について～」『JICPAジャーナル』平成28年11月号。

栗濱竜一郎（2000）「財務諸表監査における内部統制の評価の意義」『北海道大学經濟學研究』第50巻第1号。

経済産業省（2004）「システム管理基準」。

経済産業省（2016）「情報セキュリティ管理基準」。

経済産業省（2007）「システム管理基準 追補版（財務報告に係るIT統制ガイダンス）追加付録」。

経済産業省商務情報政策局監修（2005）『新版システム監査規準解説書平成16年基準改訂版』。

国際監査・保証基準審議会（IAASB）（2015）「国際保証業務基準3000号 過去財務情報の監査又はレビュー以外の保証業務」日本公認会計士協会訳。

坂上学（2007）『XBRL入門』同文舘出版。

清水惠子・中村元彦（2007）『IT専門家のための目からウロコの内部統制』税務経理協会。

株式会社ダイオーズ（2009）「内部統制報告書」。

東京証券取引所（2015）「コーポレートガバナンス・コード～会社の持続的な成長と中長期的な企業価値の向上のために～」。

特定個人情報保護委員会（2014）「（別紙）ガイドライン（事業者編）（案）に関する意見募集の結果について」。
http://search.e-gov.go.jp/servlet/Public?CLASSNAME=PCMMSTDETAIL&id=240000003&Mode＝2，2015年9月20日。

内閣官房情報通信技術（IT）総合戦略室（2013）「今後のIT戦略　世界最先端IT国家創造宣言」。

長野計器株式会社（2014）「調査委員会調査報告書」。

中村元彦（1999）「企業会計・監査事例研究　情報システム導入時における監査上の留意点」『JICPAジャーナル』平成11年9月号。

中村元彦（2015）「会計監査におけるCAAT活用の影響と課題」『現代監査』No.25。

日本公認会計士協会（2001）「情報システム委員会（現：IT委員会）研究報告第21号　電子化された会計帳簿の監査対応」。

日本公認会計士協会（2003）「監査委員会研究報告第15号　経営環境等に関連した固有リスク・チェックリスト」。

日本公認会計士協会（2009）「監査・保証実務委員会研究報告第20号　公認会計士等が行う保証業務等に関する研究報告」。

日本公認会計士協会（2011a）「IT委員会実務指針第6号　ITを利用した情報システムに関する重要な虚偽表示リスクの識別と評価及び評価したリスクに対応する監査人の手続について」。

日本公認会計士協会（2011b）「監査基準委員会報告書500　監査証拠」。

日本公認会計士協会（2012）「IT委員会研究報告第42号　IT委員会実務指針第6号「ITを利用した情報システムに関する重要な虚偽表示リスクの識別と評価及び評価したリスクに対応する監査人の手続について」に関するQ＆A」。

日本公認会計士協会（2013a）「監査基準委員会報告書330　評価したリスクに対応する監査人の手続」。

日本公認会計士協会（2013b）「IT委員会研究報告第27号　監査人のためのIT教育カリキュラム」。

日本公認会計士協会（2013c）「IT委員会研究報告第43号　電子的監査証拠」。

日本公認会計士協会（2014）「IT委員会研究報告第44号　新EDINETの概要とXBRLデータに関する監査人の留意事項」。

日本公認会計士協会（2015a）「監査基準委員会報告書240　財務諸表監査における不正」。

日本公認会計士協会（2015b）「監査基準委員会報告書315　企業及び企業環境の理解を通じた重要な虚偽表示リスクの識別と評価」。

日本公認会計士協会（2016a）「監査基準委員会報告書（序）監査基準委員会報告書

の体系及び用語」。

日本公認会計士協会(2016b)「監査基準委員会研究報告第1号　監査ツール」。

日本公認会計士協会(2016c)「IT委員会研究報告第48号　ITを利用した監査の展望～未来の監査へのアプローチ～」。

日本公認会計士協会(2017a)「IT委員会実務指針第7号　受託業務のセキュリティ,可用性,処理のインテグリティ,機密保持及びプライバシーに係る内部統制の保証報告書」。

日本公認会計士協会(2017b)「監査・保証実務委員会実務指針第93号「保証業務実務指3000　監査及びレビュー業務以外の保証業務に関する実務指針」」。

日本公認会計士協会(2017c)「期末監査期間に関するアンケート調査結果の概要等(中間取りまとめ)」。

http://www.hp.jicpa.or.jp/ippan/about/news/files/3-99-0-4b-20171208.pdf, 2017年12月15日。

日本公認会計士協会(2017d)「十分な期末監査期間の確保について」。

http://www.hp.jicpa.or.jp/ippan/about/news/files/0-99-0-2-20171208.pdf, 2017年12月15日。

八田進二(2017)「終章　結論」八田進二編著『開示不正―その実態と防止策―』白桃書房。

堀江正之(2006)『IT保証の概念フレームワーク』多賀出版。

山浦久司(2015)『監査論テキスト第6版』中央経済社。

吉武一(2012)「第2章IT監査の実施方法」社団法人日本内部監査協会編『IT監査とIT統制』同文舘出版。

リソー教育株式会社第三者委員会(2014)「報告書(要約)」。

http://www.riso-kyoikugroup.com/ir/pdf/2014/20140210.pdf, 2015年9月21日。

リトルトン(1952)『会計発達史』片野一郎訳,同文舘出版。

ロブ・ファイヌマン／カイ・ハン・ホー／エードー・ローズ・リンデグレーン／ピート・ベルトマン他(2010)『IT監査の基礎と応用』有限責任監査法人あずさ監査法人IT監査部訳,中央経済社。

AICPA (2012a) *Evolution of Auditing: From the Traditional Approach to the Future Audit.*

http://www.aicpa.org/interestareas/frc/assuranceadvisoryservices/downloadabledocuments/whitepaper_evolution-of-auditing.pdf, 2015年9月21日。

AICPA (2012b) *The Current State of Continuous Auditing and Continuous Monitoring.*

http://www.aicpa.org/interestareas/frc/assuranceadvisoryservices/downloadabledocuments/whitepaper_current-state-continuous-auditing-monitoring.pdf，2015年9月21日。

AICPA（2015a）*Audit Data Standards. Base. July 2015.*

https://www.aicpa.org/content/dam/aicpa/interestareas/frc/assuranceadvisoryservices/downloadabledocuments/auditdatastandards/auditdatastandards.base.july2015.pdf，2017年12月17日。

AICPA（2015b）*Audit Data Standards. General Ledger Standard. July 2015.*

http://www.aicpa.org/InterestAreas/FRC/AssuranceAdvisoryServices/DownloadableDocuments/AuditDataStandards/AuditDataStandards.GL.July2015.pdf，2015年9月21日。

AICPA（2015c）*Audit Data Standards. Order to Cash Subledger Standard. July 2015.*

http://www.aicpa.org/InterestAreas/FRC/AssuranceAdvisoryServices/DownloadableDocuments/AuditDataStandards/AuditDataStandards. O 2 C .July2015.pdf，2015年9月21日。

AICPA（2015d）*Audit Data Standards. Procure to Pay Subledger Standard. July 2015.*

http://www.aicpa.org/InterestAreas/FRC/AssuranceAdvisoryServices/DownloadableDocuments/AuditDataStandards/AuditDataStandards.P2P.July2015.pdf，2015年9月21日。

AICPA（2017）*Audit Data Standards. Inventory Subledger Standard.* March 2017.

https://www.aicpa.org/content/dam/aicpa/interestareas/frc/assuranceadvisoryservices/downloadabledocuments/auditdatastandards/auditdatastandardsinventory.march2017.pdf，2017年12月18日。

Bartley J. Madden（2007）*More Choices, Better Health: Free to Choose Experimental Drugs shows the Food & Drug Administration's lengthy drug approval process causes needless pain and suffering.*

https://www.heartland.org/_template-assets/documents/publications/21194.pdf，2018年1月29日。

Brown, Gene（1962）"Changing Audit Objectives and Techniques," *Accounting Review,* October 1962.

International Auditing and Assurance Standards Board（2013）*ISAE 3000（Revised）, Assurance Engagements Other than Audits or Reviews of Historical Financial Information, International Framework for Assurance Engagements and Related Conforming Amendments.*

第5章　参考文献

ERP研究会（2002）『失敗しないERP導入ハンドブック』日本能率協会マネジメントセンター。

井尻雄士（1968）『会計測定の基礎』東洋経済新報社。

太田三郎（2004）『企業の倒産と再生』同文舘出版。

経済産業省（2007）「システム管理基準　追補版（財務報告に係るIT統制ガイダンス）追加付録」。

経済産業省（2017）「ローカルベンチマーク「参考ツール」利用マニュアル（2017年3月改訂版）」。
http://www.meti.go.jp/policy/economy/keiei_innovation/sangyokinyu/loca-ben/manual.pdf，2017年12月20日。

佐藤正雄（2004）『原価管理会計』同文舘出版。

佐藤正雄（2007）『現代原価計算論』多賀出版。

中小企業庁（2014）「中小会計要領に取り組む事例65選」。

出口弘（2000）『複雑系としての経済学—自律系エージェント集団の科学としての経済学を目指して—』日科技連出版社。

日本公認会計士協会（1996）「情報システム委員会（現：IT委員会）研究報告第14号　会計情報システムの一般的具備要件」。

日本公認会計士協会（2016）「IT委員会研究資料第8号　情報インテグリティ」。

日本公認会計士協会東京会コンピュータ委員会（2009）「ERPパッケージを導入している企業の会計監査を行う際の留意点について検討されたい」『公認会計士業務資料集』第49号。

日本公認会計士協会東京会コンピュータ委員会（2012）「公認会計士の職業領域のひとつとしてのITについて」『公認会計士業務資料集』第52号。

沼田嘉穂（1968）『帳簿組織』中央経済社。

山本守之（2013）『体系法人税法』税務経理協会。

山本守之（2015）『法人税の理論と実務』中央経済社。

弥生スクールプロジェクトメンバー編集（2015）『平成27年度版コンピュータ会計能力検定試験1級対策テキスト・問題集』実教出版。

AICPA (2013) *Information Integrity*.
http://www.aicpa.org/InterestAreas/FRC/AssuranceAdvisoryServices/DownloadableDocuments/ASEC-Information-Integrity-White-paper.pdf，2015年9月21日。

Moscove, Stephen A., Mark G. Simkin, and Nancy A. Bagranoff (2001) *Core Concepts of Accounting Information Systems*, John Wiley & Sons, Inc.

第6章　参考文献

O'Reilly, Vincent M., ほか（1998）『モンゴメリーの監査論』中央青山監査法人訳, 中央経済社.

株式会社クマザワ（2014）「第三者委員会の調査報告書受領と当社の対応方針について」.
http://www.kuwazawa.co.jp/common/dat/2014/1212/14183643801534950837.pdf, 2015年10月1日.

会計大学院コアカリキュラム検討委員会（2010）「会計大学院コアカリキュラム検討委員会　成果報告書」.

企業会計審議会（2011）「財務報告に係る内部統制の評価及び監査の基準」.

公認会計士・監査審査会（2017）「平成30年公認会計士試験の出題範囲の要旨について」.
http://www.fsa.go.jp/cpaaob/kouninkaikeishi-shiken/hani30-a/01.pdf, 2017年9月25日.

公認会計士・監査審査会（2015）「公認会計士試験Q&A」.
http://www.fsa.go.jp/cpaaob/kouninkaikeishi-shiken/qanda/03.html#07, 2017年12月16日.

コーポレートガバナンス・コードの策定に関する有識者会議（2015）「コーポレートガバナンス・コード原案」.

公益社団法人全国経理教育協会（2015）「全国経理学校協会簿記能力検定試験問題出題範囲（商業簿記・会計・会計学）」.
http://www.zenkei.or.jp/download/02examnation/03guideline/24_boki_syutudai.pdf, 2015年4月6日.

椿本興業株式会社（2013）「第三者委員会の報告書受領と当社の対応方針について」.
http://www.tsubaki.co.jp/ir/pdf/release/13/13050801.pdf, 2015年10月1日.

成田智弘（2012）「会計監査制度に影響を与えた出来事と公認会計士の職業倫理―わが国を中心に―」藤沼亜紀編著『会計プロフェッションの職業倫理』同文舘出版.

日本公認会計士協会（2010）「倫理規則」.

日本商工会議所（2015）「商工会議所簿記検定試験出題区分表（商業簿記・会計学）・改定箇所」.
http://www.kentei.ne.jp/wp/wp-content/uploads/2015/04/h28_kaitei.pdf, 2015年4月6日.

沼田嘉穂（1962）『近代簿記』中央経済社.

沼田嘉穂（1968）『帳簿組織』中央経済社.

パチョリ（1975）『パチョリ簿記論』本田耕一訳, 現代書館.

八田進二（2012）「倫理教育を起点とした枠組み」藤沼亜紀編著『会計プロフェッ

ションの職業倫理』同文舘出版。

原田保秀（2009）「会計倫理の3つの次元」『四天王寺大学紀要』第48号。

原田保秀・吉岡一郎・松脇昌美（2006）「会計倫理への一考察」『四天王寺国際仏教大学紀要』第42号。

原田保秀・矢部孝太郎（2014）「会計不正の抑制と倫理」『四天王寺大学紀要』第57号。

文部科学省（2006）「中央教育審議会 初等中等教育分科会 教育課程部会 産業教育専門部会第3回　資料2-3　専門教科「商業」の現状と課題等について」。http://www.mext.go.jp/b_menu/shingi/chukyo/chukyo3/031/siryo/07011612/004.htm，2015年3月22日。

文部科学省（2010）「高等学校学習指導要領解説商業編』。http://www.mext.go.jp/component/a_menu/education/micro_detail/__icsFiles/afieldfile/2010/06/01/1282000_14.pdf，2015年2月19日。

山口利昭（2013）『法の世界からみた会計監査』同文舘出版。

吉村孝司（2009）「企業経営における倫理に関する考察」『会計論叢』第04号。

ACFE (2014) *Report to the Nations of Occupational Faud and Abuse*（*2014 Global Fraud Study*）。http://www.acfe.com/rttn/docs/2014-report-to-nations.pdf，2015年9月21日。

第7章　参考文献

沼田嘉穂（1968）『帳簿組織』中央経済社。

著者紹介

中村元彦（なかむら　もとひこ）

千葉商科大学大学院会計ファイナンス研究科 教授
公認会計士，税理士，博士（政策研究），CISA（公認情報システム監査人），ITコーディネータ，公認不正検査士（CFE），英国勅許公共財務会計士（CPFA）
1988年　慶應義塾大学経済学部卒業
2015年　千葉商科大学大学院政策研究科単位取得退学
2016年　博士（千葉商科大学大学院政策研究科）
日本公認会計士協会IT委員会専門委員・非営利法人委員特定非営利活動法人専門部会部会長・非営利法人委員会公益法人専門部会専門委員公・会計委員会専門委員，経済産業省企業のIT統制に関する調査検討委員会作業部会委員（2007），経済産業省中小企業政策審議会臨時委員（中小企業政策審議会"ちいさな企業"未来部会委員）（2013），内閣府特定非営利活動法人の会計の明確化に関する研究会委員会委員（2011）等を歴任。
現在，日本公認会計士協会常務理事，日本公認会計士協会東京会港会会長，情報処理技術者試験委員を務める。

主要著書

『東日本大震災後の公益をめぐる企業・経営者の責任』（共著）文眞堂，2016年
『試験研究費の会計と税務』（共著）税務研究会，2015年
『目からウロコの公益法人100問100答』（共著）税務経理協会，2015年
『公益法人の会計・監査・税務』（共著）税務研究会，2012年
『ITのリスク・統制・監査』（共著）同文舘出版，2009年
ほか多数。

■ IT会計帳簿論
　―IT会計帳簿が変える経営と監査の未来―

■ 発行日──2018年2月26日　初版発行　　　〈検印省略〉
■ 著　者──中村元彦
■ 発行者──大矢栄一郎
■ 発行所──株式会社　白桃書房

〒101-0021　東京都千代田区外神田5-1-15
☎03-3836-4781　📠03-3836-9370　振替00100-4-20192
http://www.hakutou.co.jp/

■ 印刷・製本──藤原印刷

©Motohiko Nakamura 2018 Printed in Japan　ISBN 978-4-561-36220-3 C3034

本書のコピー、スキャン、デジタル化等の無断複製は著作権法上での例外を除き禁じられています。本書を代行業者等の第三者に依頼してスキャンやデジタル化することは、たとえ個人や家庭内の利用であっても著作権法上認められておりません。

JCOPY　〈㈳出版者著作権管理機構　委託出版物〉
本書の無断複写は著作権法上の例外を除き禁じられています。複写される場合は、そのつど事前に、㈳出版者著作権管理機構（電話 03-3513-6969, FAX 03-3513-6979，e-mail：info@jcopy.or.jp）の許諾を得てください。

落丁本・乱丁本はおとりかえいたします。

好 評 書

八田進二【編著】
開示不正 本体 3,500 円
　―その実態と防止策

中島真澄【著】
利益の質とコーポレート・ガバナンス 本体 3,600 円
　―理論と実証

樋口晴彦【著】
東芝不正会計事件の研究 本体 3,300 円
　―不正を正当化する心理と組織

越知克吉【著】
会計士物語(第3版) 本体 2,381 円
　―公認会計士の仕事と生活

永野則雄【著】
ケースでまなぶ財務会計(第8版) 本体 2,800 円
　―新聞記事のケースを通して財務会計の基礎をまなぶ

──────── 東京　**白桃書房**　神田 ────────

本広告の価格は本体価格です。別途消費税が加算されます。